# 동북아경제

이 용 희 저

# 머리말

21세기에 이목이 집중되는 지역은 동북아시아이다. 남북한과 중국, 일본, 러시아가 각축을 이루는 동북아에 세계가 주목하고 있다. 세계 2위의 경제대국인 일본을 앞지르려고 하는 중국이 21세기 중반에는 미국을 추월하여 세계 1위의 경제대국으로 부상될 수 있다는 미래학자들의 예측이 나오고 있다. 소련의 몰락과 함께 침체기를 걸었던 러시아의 경제가 다시 회복을 위해 국가적으로 총력을 기울이고 있다. 엄청난 에너지자원과 함께 전 세계에서 가장 넓은 영토를 가진 러시아가 경제부흥의 궤도 가운데 진입하게 되면 미국, 중국, 일본과 함께 세계 5위권 안의 영향력 있는 국가로 발돋움하게 될 것이다. 이미 일본은 아시아의 제 1위 선진국이며, 전 세계적으로도 2위의 경제대국으로 자리매김하고 있다.

전 세계에서 가장 인구가 많은 중국, 가장 국토가 넓은 러시아, 그리고 전자부문과 자동차부문을 포함하여 첨단과학과 기술력에서 가장 앞서고 있는 일본이 남북한을 둘러싸고 있는 지역이 바로 동북아시아인 것이다. 영국 중심의 팩스브리타니카(Pax Britanica)가 20세기 미국 중심의 팩스아메리카나(Pax Americana)로 이전된 이후, 이제 21세기는 팩스동북아 시대로 본다면 틀림이 없을 것이다. 이러한 세계사적인 흐름 속에서 동북아 주요 국가들의 경제를 분석해 보는 것은 매우 중요하다. 특별히 중국, 일본, 러시아에 비해 가장 국토도 작고 인구도 적을 뿐 아니라 정치·외교·군사적으로도 가장 약세인 한국의 입장에서는 세계열강인 주변 국가들과의 각축 속에서 함께 공존하며 동북아의 번영기를 이루어가기 위하여 특별한 노력이 요청되는 때이다.

지금부터 100년 전, 1910년 청나라와 러시아와 일본이 한국 식민지화를 위한 청일전쟁과 러일전쟁을 치르고 마침내 한반도가 일본의 식민지가 되었던 것을 돌아보아야 할 것이다. 남북한 분단 상황 속에서 진행되는 6자회담 당사국들 간에 정치· 외교· 군사적으로 첨예한 대립과 갈등이 지속되고 있는 상황 속에서 한국의 전략적인 대응이 요청된다. 이러한 정치적 긴장관계 속에서도 중국은 한국의 최대 무역 교역국이며, 또 일본은 지속적으로 한국의 최대 무역적자 발생국이다. 즉, 한국은 동북아 주변국과 아주 밀접한 경제관계 속에서 공생관계에 있는 것이다. 한국의 경제는 80% 이상을 해외교역에 의존하고 있으므로 가장 규모가 크고, 앞으로도 지속될 동북아 국가들과의 경제교류에 대한 올바른 분석과 연구가 절실히 필요하다.

본서는 이와 같은 국가적 필요와 동북아경제에 관심 있는 사람들의 요청에 부응하기 위하여 집필되었다. 그래서 동북아 주요 국가인 중국과 일본과 러시아의 경제를 분석함에 있어서 최근의 자료에만 머무르지 않고 오늘의 국가적인 상황들을 각각 이해할 수 있도록 역사적인 배경을 거슬러 올라가서 정치·경제적 시각에서 검토해 보았다.

중국은 봉건사회로부터 공산주의 혁명을 거쳐 최근의 사회주의 시장경제체제에 이르기까지의 경제발전사를 돌아보았고, 일본의 경우 메이지유신의 발생배경과 군국주의를 통한 침략전쟁과 제2차 세계대전, 그리고 패전 후의 일본경제에서부터 현재의 선진화된 일본경제까지 경제역사를 정리하였다. 러시아의 경우 1917년 볼세비키 혁명의 배경에서부터 공산주의 경제체제 형성과 몰락, 그리고 최근의 경제현황과 국가적 경제성장정책 등을 고찰해 보았다. 이와 함께 각 나라 경제의 특성과 문제점, 최근의 경제상황과 전망, 그리고 한국과의 수출입 현황 등 교역 내역을 분석해 보았다. 본서를 통하여 많은 사람들이 동북아 주요 국가들의 경제에 대하여 더 잘 이해할 뿐더러, 이 국가들과의 국제교류에 있어서 많은 도움이 되기를 바란다. 이와 같은 연구는 한국적인 입장에서는 더욱 진전되어야

하는 중요한 사안이다. 그래서 저자는 앞으로 계속되는 연구를 통하여 이 부분에 있어서 더욱 많은 자료와 분석과 의견들이 도출됨으로 동북아시대를 한국이 잘 감당할 수 있도록 함께 노력해 나가고자 한다.

끝으로, 본서가 나올 수 있도록 로서 헌신적으로 도와준 제자들(윤용남, 양영후, 권낙준, 이용우)에게 깊은 감사를 표한다. 또 이 책이 출판될 수 있도록 애써주신 도서출판 두남의 전두표 사장님과 이승구 상무님과 정유경 선생님께 감사를 드린다.

2010년 2월

저 자 씀

# 차 례

## 중국 China 中國

## 러시아 Russia Россия

## 일본 Japan 日本

# 중국 China 中國

# 중국 China 中國

## 개괄

- 위　치 : 동북아시아
- 면　적 : 9,561천 $km^2$(한반도의 43배 남한의 95.5배)
- 기　후 : 대륙성 및 아열대성
- 인　구 : 13.4억 명('08)
- 수　도 : 베이징 Beijing(1,633만 명)
- 민　족 : 한족(92%)
- 언　어 : 중국어
- 종　교 : 도교, 불교

- 독립일 : 1949. 10. 1
- 정치체제 : 사회주의 인민공화제
- 국가원수 : 후진타오(胡錦濤) 주석('10)
- 의　회 : 전국인민대표대회
- 주요정당 : 중국공산당
- 국제기구가입 : UN, IMF, IBRD, ADB, ILO, WTO 등

- 화폐단위 : 위안 元 (RMB)
- 산업구조 : ('08) 제조업 49.2%, 서비스업 40.2%, 농업 10.6%
- 주요수출품 : ('08) 전기기기 및 설비, 기계, 의류 부분품, 철강

■ 주요수입품 : ('08) 전기기기 및 설비, 석유, 기계, 광물, 화학제품

■ 주요부존자원 : 석탄, 석유, 천연가스, 철광석

■ 경제적강점 : 노동력 및 부존자원 풍부

■ 경제적약점 : 지역간 불균형, 높은 대외의존도

---

■ 평균수명 : 73세('07)

■ 1인당 GNI : 2,370달러('07)

■ 절대빈곤계층비율 : 데이터 없음

■ 1인당 $CO_2$ 방출량 : 4,300kg('05)

■ 이동통신가입자수(백명당) : 42명('07)

■ 도로포장률 : 71%('07)

■ 인터넷사용자수(백명당) : 16명('07)

■ 1인당에너지소비량(석유환산) : 1,433kg('06)

# Ⅰ. 중국경제 발전사

중국경제는 지난 반세기 동안 비약적인 발전을 거듭하며 어느 새 세계 제일의 부국인 미국을 위협하는 존재가 되었다. 시중의 각종 매체를 통해 연일 들려오는 중국의 발전 사례들은 다른 나라들의 벤치마킹모델이 되었고, 현재의 중국은 사회주의 경제체제라는 세계 유래 없는 경제 시스템으로 지금도 하루하루 발전을 거듭하고 있다. 이 단락에서는 중국이 지금의 자리에 이르기 까지 지난 1세기 동안의 경제사를 주요 지도자 별, 연도별로 알아보도록 하겠다.

## 1. 주요인물

### (1) 모택동

모택동(毛澤東 : 마오쩌뚱, 1893 ~ 1976)은 중국 인민의 지도자, 마르크스주의자, 무산계급혁명가, 전략가이고, 중국공산당과 중국인민해방군, 중화인민공화국의 창설자이다. 중국공산당 중앙군사위원회 주석(1936 ~ 1976), 중국공산당 중앙정치국 주석(1943 ~ 1945)과 중앙위원회 주석(1945 ~ 1976)을 역임하였다. 1893년 12월 26일 호남(湖南) 상담(湘潭) 소산충(韶山沖)의 한 농가에서 태어나서, 1976년 9월 9일 북경에서 세상을 떠났다.

#### 1) 모택동 경제 정책

① 배경 : 제1차 5개년 계획(1953 ~ 1957)은 특징있는 성과를 거두었다. 연평균 7%의 공업 성장률을 보였다. 그러나, 이 결과는 반드시 긍정적인 것만은 아니었다. 공업은 발전되었으나 농업은 낙후되었고, 따라서 도시와 농촌, 노동자와 농민간의 소득격차가 확대되었다. 1955년 말부터 1956년에 걸쳐서 격렬한 제도변혁이 있었고, 또 동시에 투자의 급증에 의한 경제의 과열현상이 있었다. 그에 따른 정

치적인 분쟁의 결과 대약진 운동은 향후 3년간 중국의 정치, 경제를 지배하게 되었다. 모택동은 혼란의 소지인 관료주의를 뿌리뽑고 계급투쟁을 전개해야 되겠다고 생각했으며 경제적으로는 소련식 발전모형이 중국경제의 현저한 구조적 성격, 저발전의 정도, 인구문제 때문에 중국사회에 적용할 수 없음을 비판하고, 소련식 발전모형과는 다른 새로운 사회주의 발전모형을 창출하게 되었다. 이로 인해 1958년에 시작된 제2차 5개년 계획은 추진된 지 불과 1년도 안되어 1958년 5월 대약진 운동으로 대체되었다.

② 전개내용

- 초기 : 1958년 5월 5일부터 23일까지 중공은 북경에서 8차당대회[1] 2차 회의를 소집하였다. 이 회의에서 모택동은 <큰 기개를 갖고 높은 목표를 향하여 보다 많이, 보다 빨리, 보다 좋게, 그리고 보다 경제적으로 사회주의를 건설하자는 총노선>을 제출하였다. 「사회주의 총노선」을 통과시키기 위하여 소집되었으며 이 회의에서는 이에 동의하고 이 노선을 철저히 수행하기 위하여 분투할 것을 전 당원과 전국민에게 호소하는 결의를 하였다. 대약진의 야심은 주은래의 말 가운데 잘 나타나 있다. 그는 "공업 생산량이 매년 20%정도 혹은 그 이상이면 소약진이고, 25%정도 혹은 그 이상이면 대약진이며 30%이상이면 대대약진"이라 하였다. 대약진인란 말은 <인민일보>의 1957년 11월 13일자 서론인 <전민을 발동하여 40조 강요를 토론하고 농업생산의 새로운 고조를 일으키자>에서 비롯되었다. 이 운동은 8전 대회 2차 대회 이후 급속도로 형성되어갔다. 그리하여 내부적으로 7년에 영국을, 8년 혹은 10년 안에 미국을 따라 잡는다는 전제아래 우선 공업 생산의 지표를 높였다. 중앙이 제출한 1958년의 지표는 철강이 원래 620만 톤이었는데 이를 800만 톤에서 850만 톤으로 늘려놓았다. 6월에

1) 중국의 정기국회소집 형태, 그 해의 정책 및 차기 주석 선정과 같은 중요사안을 결정한다.

는 각 대구에서 철강계획회의를 소집하여 1958년의 생산 목표를 1957년의 2배 이상인 1,070만 톤으로 늘려 잡았다. 이처럼 철강을 중심으로 전면 약진하자는 방침아래 그 밖의 다른 공업 생산 지표도 올려놓았다.

- 중기 : 중앙정부는 1958년 8월 13일부터 30일까지 북재하에서 정치국 확대회의[2]를 소집하였다. 이 회의에서 1959년의 국민경제계획을 토론하였고, 당시의 공업생산·농업생산·농촌사업 등의 문제를 연구하였으며, 회의 후에는 두 가지 문건, 즉 「전당과 전인민의 철강 1070만 톤 생산목표를 달성하기 위한 호소문」과 「농촌에 건설할 인민공사의 무제에 관한 결의」를 공개적으로 발표하였다. 1958년 하반기 각 지방에서는 수천만 명을 철강정련[3]에 동원시켜 용광로 60만여개, 소형탄광 5만9천여개, 소형 발전소 4천여개, 소형 시멘트공장 9천여개, 농기구 수리공장 8만여개, 대량의 재래식 비료공장. 식량가공공장. 착유공장. 제당공장. 재봉공장 등을 설립시켜 운영하였다. 또한 수리사업을 대대적으로 진행하였는데, 참가자는 최고 1억인 이상에 달하였다. 이와 같은 모든 것인 인민공사의 조직과 형식과 기반으로 하여 농촌의 인력·물력·재력을 대부분 무상조달로 실현시켰다. 이 시기에는 농업에 대한 예정 생산량을 지나치게 높이거나 허위보고 하여 식량의 높은 구매를 조성함으로써 농민의 불만을 야기 시켰다. 1958년의 식량수매량은 1175억 근에 달하여 전년대비 22.3%가 증가되었지만 동기 실제 생산량은 단지 2.5%만이 증가되었다. 수매량에 차지하던 실제 생산량의 비중은 전년의 24.6%에서 29.4%로 증가하였다. 동시에 농촌에서 대대적으로 시행된 평균주의를 토대로 하여 "생계유지에는 비용이 들지 않게 한다"를 추진한 결과 식량부족 현상이 발생하기도 하였다. 더욱이 당시에는 자금을 집중시켜 대규모로 공장

2) 우리나라의 국회소집과 같은 형태
3) 철강제련 후 목적하는 금속을 뽑아내기까지의 조작

을 운영한 결과 농업 대출금은 만기가 도래되지 않았음에도 불구하고 일률적인 강제회수를 단행하였다. 이러한 "첫째 균등, 둘째 징발과 배치, 셋째 대금"은 농민의 큰 불만을 야기 시켜 정부의 생산정책에 회의를 품게 함과 아울러 이를 배척하였다. 이러한 결과로 1958년 겨울부터 시장에서는 식량, 식용유, 돼지고기, 야채 등 농산품 공급에 심각한 부족현상이 나타나기 시작하였다. 농촌 인민공사의 시행으로 소유제 형식이 변혁되어 농촌의 관리체제가 변화되었고, 부분적인 수리공사로 생산수요가 증가되었으나 경솔하고 촉박하게 전국적인 인민공사운동을 시행함으로 인하여 경제 발전의 가능성은 오히려 희박해져만 갔다. 당시 농민들의 인식 또한 부정적이었으며, 농업생산의 발전에 심각한 악영향을 끼쳤다.

- 말기 : 중앙정부와 모택동은 인민 공사화 운동 중에 발생하였던 착오를 교정함과 동시에 대약진 가운데 폭로된 착오문제도 다소 발견하게 됨으로써, 1958년 11월부터 무창회의[4]를 개최하여 1959년의 계획을 5차례나 토론한 결과 점진적인 "분위기 압축"으로 결정하였다. 8기 6중전회(六中全會)[5]에서는 1959년 계획의 주요 목표를 조정하였는데, 이를 살펴보면 철강생산량은 2,700 ~ 3000만톤에서 1,800 ~ 2,000만톤으로, 선철은 4,000만톤에서 2,900만톤으로, 선반은 30만대에서 13만대로, 원탄은 3.7억톤에서 3.8억톤으로 기본건설의 투자총액은 500억원에서 360억원으로 대부분 하향 조정하였다. 1959년 7 ~ 8월 사이에 여산에서 중앙은 정치국 확대회의와 8기 8중전회를 잇달아 개최하였다. 7월 2일 소집된 정치국 확대회의가 시작되자 모택동은 당시의 형세를 "문제는 적지 않았지만 성과는 컸고, 전망도 밝다"고 지적하면서 농업을 향상시켜야 한다고 강조하였으며, 1960년 상반기에는 전국적으로 새로운 약진을 추구하는 운동이 일어났다. 이전에 조정된 기본건설투

---

4) 장강 중류에 있는 도시 무창에서 열린 회의, 무창은 신해혁명이 봉기한 장소이다.

5) 8차 당대회의 6번째 전체회의

자는 248억원에서 63.6억원을 증가시킨 311.6억원이 되었고, 한도액 이상으로 시공된 프로젝트도 788개에서 230개를 증가시킨 1,000여개로 결정하였다. 이처럼 1960년 상반기 불기 시작한 새로운 대약진으로 인하여 고지표·눈먼 지휘·허풍과 과장·공산주의 바람이 주요 내용인 착오가 "반우경"의 추진 하에서 새로운 절정에 이르도록 발전하였다. 당시 대약진이 조성한 손실과 곤란은 1598년 여름과 가을 사이에 비해서 더욱 심각하였고, 국민경제에 끼친 해독은 더욱 컸으며, 각 부문의 비례관계에도 더욱 심한 불균형을 가져왔다.

### 2) "대약진" 운동의 결과

중국의 대약진은 세계의 이목을 집중시켰다. 그러나 3년 간에 걸친 결사적인 노력에도 불구하고 또 대약진이 본질적으로 중국 경제의 기본문제를 해결하는 방향을 보여주었음에도 불구하고 1960년 중반에는 이 대운동이 실패로 돌아가고 있음이 거의 명백해졌다. 우선 농업이 대흉작이었다. 식량의 생산고는 1957년의 1억 8,500만 톤, 1958년의 2억톤에 대하여 1960년에는 약 1억 5,000만 톤으로까지 내려갔다. 그때까지 중국은 주로 농업생산물의 수출에 의하여 공업자재의 수입에 필요한 외화를 벌어들였던 것으로 그 후 곧 대량의 식량수입을 단행하지 않을 수 없었다. 공업생산은 아직 높은 수준에 있었으나 그것도 유지될 수 없게 되었다. 혹사당한 설비는 급속히 악화되어 안전조차 보장받을 수 없게 되었다. 또 계획경제의 붕괴에 따라 기업은 어디서 원료를 입수할지를 모르게 되었다. 중소기업은 코스트와 품질면에서 존속할 수 없게 되어 곧 전면적으로 폐쇄될 것이 자명하였다. 경제계획과 통계제도는 붕괴되어 정부는 경제정책을 수립할 방법이 없었다. 그 때문에 한편에서는 능률이 나쁜 토법로[6] 6나 소형용광로에서 대량의 석탄이나 철광석이 사용되어 무한이나 안산 등의 대 제철소가 원료 난 때문에 조업을 계속할 수 없을 듯한 사태가

6) 토법로(土法爐) : 원시 형태의 용광로

몇 번이나 발생하였다. 자국경제에서 어떤 일이 일어나고 있는지를 파악할 수 없게 된 정부는 <조사>의 필요성을 호소하기 시작하였다. 1960년 후반 중국의 신문이나 잡지는 <조사>기사로 넘쳐 있다. 1960년에는 농민이 노동의욕을 잃고 농작업에 나가려고 하지 않았다. 그 해 여름의 수확기에는 최악의 사태가 발생하였음이 명백해졌다. 「인민일보」는 연일 수확을 빨리 할 것을 호소했으나 그것으로도 효과가 없어서 공산당원이나 군대를 동원하여 농작업에 임하였다. 또 도시인구(1억인 이상) 가운데 2,000만 명을 <농업지원을 위하여> 농촌으로 보내는 운동이 행해졌다. 이것은 도시에 있어서 식량부족 및 중소기업의 폐쇄에 의한 실업인구의 증가를 완화시키기 위한 조치였다.[7]

### (2) 등소평(鄧小平, 덩샤오 핑)

중국의 혁명가이자 정치가이다. 등소평은 1904년 사천성(쓰촨성, 四川省) 광안(廣安)의 부유한 농가에서 태어났다. 1918년 프랑스로 유학, 1921~1924년 파리에서 공산주의운동에 참여하였으며, 그후 모스크바의 중산(中山)대학에서 수학하고 항일전 내내 공산당의 정치위원을 지냈고, 1949년 장강(長江) 도하작전과 난징[南京] 점령을 지도하여 중화인민공화국(중국) 수립에 공을 세웠다. 1952년 정무원(政務院)[8] 부총리, 1954년 당중앙위원회 비서장, 1955년 정치국 위원이 되었다. 1973년 3월 총리 주은래[周恩來]의 추천으로 복권되어 국무원 부총리가 되었으나, 1976년 1월 저우언라이가 죽자 마오쩌둥의 추종자인 4인방(四人幇)에 의하여 다시 권좌에서 밀려났다. 1977년 7월 등소평은 복직되고. 그 후 화국봉과 5년간의 권력투쟁 끝에 1981년 실질적인 권력을 장악하였다. 1939년 8월, 12세 연하의 탁림과 연안에서 결혼하여 둘 사이에 2남3녀의 자녀를 두었고 1997년 2월 19일 향년 93세 나이로 세상을 떠났다.

---

7) 오노에 오쯔조우, "현대 중공경제의 해명", 한밭출판사, 1982, pp.164~165.

8) 중국 과거의 행정집행기관으로 1998년 개정 헌법에 따라 폐지되었다.

### 1) 등소평의 경제 정책

① **등소평의 "흑묘백묘론"(黑猫白猫論)** : 검은 고양이든 흰 고양이든 쥐만 잘 잡으면 되지, 색깔이 중요하지는 않다는 말로 실용주의 사상의 대표적인 사례다. 흑묘백묘론이란 검은 고양이든 흰 고양이든 쥐만 잘 잡으면 된다는 뜻으로, 1970년대 말부터 등소평이 취한 중국의 실용주의적 사상의 경제정책이다. 즉, 고양이 빛깔이 어떻든 고양이는 쥐만 잘 잡으면 되듯이, 자본주의든 공산주의든 상관없이 중국 인민을 잘 살게 하면 그것이 제일이라는 뜻이다. 부유해질 수 있는 사람부터 먼저 부유해지라는 뜻의 선부론과 함께 등소평의 경제정책을 가장 잘 대변하는 용어라 할 수 있다.

② **남순강화(南巡講話)** : 시장경제 도입에 대한 확고한 의지를 밝힌 사건이다. 남순강화의 주요 내용은 삼개유리우(三個有利于) 표준으로 집약될 수 있다. 즉, 당시 중국이 처한 상황에서 중요한 것은 성사성자(性社性資) 논쟁[9](당시 중국이 걷는 길이 사회주의의 길이냐, 자본주의의 길이냐의 논쟁)이 아니라 사회주의 생산력의 발전과 사회주의 국가의 종합국력의 강화, 그리고 인민생활 수준의 제고의 세 가지 방면에서 어떻게 우위를 차지할 것이냐가 중요하다는 내용이다. 등소평의 남순강화는 당시까지 만연하던 성사성자 논쟁에 종지부를 찍으면서 계획경제를 주장하던 사람들에게도 일침을 가하며 중국의 개혁, 개방에 문을 열어주게 된다. 이러한 등소평의 성과를 체계화한 것이 현대 중국의 사회주의 시장경제 이론이라 할 수 있다.

9) 당시 중국이 걷는 길이 사회주의의 길이냐, 자본주의의 길이냐의 논쟁

**대외개방정책의 발전과정**

- 1단계 : 실험적 "경제특구"정책(1980-1984)
  - 동남연해 지역 일부 도시에 대한 "경제특구"정책
- 2단계 : "연해개방도시"로의 확대(1984)
  - 1단계 경제특구 정책이 기대이상의 효과를 달성하자 연해지역 14개 도시로 개방지역을 확대하여 외자도입을 적극 추진키로 함.
  - 점에서 선으로 확대
- 3단계 : "연해경제개방구"(1985-1989)
  - 선에서 면으로의 확대과정
- 4단계 : 전방위(全方位) 개방(4연 : 연해,연강,연변,연로)
  - 내륙지역으로 개방지역 확대. 사실상 전면 개방 실시.

### 2) 개혁개방 이후 중국 사회구조의 변화

우선 계급계층구조가 다양해졌다. 자영업자가 늘어났으며, '농가책임제'를 실시해 농촌의 잉여노동력이 대거 도시로 유입되면서 도시 지역의 하급 노동자군을 형성하기에 이른다. 계획경제 시기 국가에 완전히 포위된 사회영역이 개혁 이후 점차 국가의 통제에서 벗어난 자율영역으로 성장하고 있으나 서구와 같은 고도의 자율성은 갖지 못하게 된다. 마지막으로 등소평의 "선부론"[10)]에 기초한 불평등 사회로 전환이다. 현재 심각한 빈부격차는 중국사회의 최대의 불안요인으로 대두되고 있다. 이에 제 4세대 지도부는 경제성장정책의 기조를 '성장일변도'정책에서 '균형성장론'으로 전환하게 된다.

10) 선부론(先富論, Getting Rich First)은 1985년경부터 덩샤오핑이 주창한 개혁개방의 기본 원칙을 나타내는 것이다. 그 내용은 "능력있는 사람으로부터 먼저 부자가 되어라. 그리고 낙오된 사람을 도와라."라는 것이다.

〈표 1-1〉 중국 근현대 경제사

| 시대구분 | 5개년계획 | 경제정책 | 내외 정치변동 |
|---|---|---|---|
| 부흥기<br>(1949 ~ 1952) | 계획이전 | 사적자본(私的資本)과 부농(富農) 경제허용(1949)<br>토지개혁완료(1952) | 중화인민공화국성립(1949)<br>한국전쟁개시(1950)<br>사영상공업자 정치공격(1952) |
| 사회주의<br>건립기<br>(1953 ~ 1957) | 1차<br>(1953 ~ 57) | 사회주의 개조완료(1956)<br>전국 농촌의 고급농촌생산합작사로서의 강제 재편 완성(1957) | 모택동의 십대관계론(1959)<br>소련의 스탈린 비판(1959)<br>동구의 반소련 폭동(1956)<br>반우파투쟁 개시(1957) |
| 대약진기<br>(1958 ~ 1960) | 2차<br>(1958 ~ 62) | 모택동의 대약진 운동개시(1958)<br>전국농촌의 인민공사화(1958)<br>경제위기발생(1959 ~ 61)<br>경제조정개시(1961) | 팽덕회 국방상 파면(1959)<br>반우경파 투쟁개시(1959)<br>대약진에 대한 모택동의 자기비판(1962)<br>중국-인동 군사충돌(1962) |
| 경제조정기<br>(1961 ~ 1965) | 공백기<br>(1963 ~ 65) | | 중소논쟁 전면 확대(1963)<br>베트남 전쟁 격화(1964) |
| 문화혁명기<br>(1966 ~ 1975) | 3차<br>(1966 ~ 70) | 모택동의 [삼선건설]운동 개시(1966) | 문화대혁명개시(1965)<br>유소기 국가주석 해임(1968)<br>진보도의 중-소 군사충돌(1969) |
| | 4차<br>(1971 ~ 75) | 등소평 부총리 복귀(1973)<br>경제정비개시(1973) | 임표 실각 및 사망(1971)<br>미국 닉슨의 중국방문(1972) |
| 양약진기<br>(1976 ~ 1978) | 5차<br>(1976 ~ 80) | 화국봉의 양약진 운동 개시(1978)<br>경제과열(1978 ~ 80)<br>등소평의 개혁, 개방정책 전환(1978) | 1차천안문사태(1976년 등소평의 실각, 화국봉의 당주석 및 총리 취임, 모택동의 사망, 사인방 체포로 문화대혁명 종식)<br>등소평재복귀(1977) |

## 2. 중화인민공화국 수립

### (1) 1949년 ~ 52년은 경제부흥의 기반을 조정하는 시기[11)]

| 시대구분 | 5개년계획 | 경제정책 | 내외 정치변동 |
|---|---|---|---|
| 부흥기<br>(1949 ~ 1952) | 계획이전 | 사적자본(私的資本)과 부농(富農)경제허용(1949)<br>토지개혁완료(1952) | 중화인민공화국성립(1949)<br>한국전쟁개시(1950)<br>사영상공업자 정치공격(1952) |

11) 중국경제의 이해, 송기호, 2008, 청목출판사 부분인용 및 재작성

3년간의 국공내전[12]을 끝으로 중화인민공화국이 수립되었다. 새로운 공산당 정부가 수립하려는 사회는 신민주주의사회라고 불린다. 신민주주의 사회란 사회주의를 건설하기 이전의 과도기 단계에 세워진 민주주의 사회이다. 그 특징은 자본주의적 요소들을 전면적으로 부정하지 않으면서 봉건사회를 해체하는 민주주의 혁명을 거치면서 자본주의적 물적 기반에 의한 생산력의 발전을 도모하는 것이다. 신민주주의체제는 중국이 사회민주주의 체제로 변화해가는 과정에서 보여준 일종의 혼합경제라고 볼 수 있다.

당시 중국은 30여 년에 걸쳐 중국 내 좌우대립과 일본의 약탈로 국민경제의 기반이 무너지고 사회는 빈곤과 궁핍의 길로 접어들고 있었다. 당시(1949) 중국이 공업 생산액이 전쟁 전 대비 50%로 떨어져 있었다. 철도와 도로 등 대부분의 인프라 시설들이 파괴되었고 인플레이션이 만연하였다. 이러한 사회 분위기 속에 내전에서 승리한 중국 공산당의 당면과제는 이러한 피폐된 중국경제를 부흥시키는 일이었다.

신민주주의체제는 경제분야에서 2개의 목표를 갖고 있었다.

① 1937 ~ 1945년 중일전쟁 및 1946 ~ 49년 국공내전으로 피폐해진 국민경제를 부흥.

② 국민당 관료자본과 제국주의 자본의 몰수와 토지개혁에 의한 신민주주의 경제제도의 구축.

신정부는 국민경제의 부흥과 신민주주의 사회건설을 위하여 다음 세 가지의 정책수단을 동원하였다.

① **토지개혁을 완료** : 지주로부터 당을 몰수하여 소작농과 고용농에게 분배하여 많은 자작농을 만들었다.

② **국민당정부와 밀접한관련이 있는 관료독점자본을 몰수하여 국유화** : 이 규모는 100 ~ 200억 달러에 이른다. 또한 한국전쟁에서 미국과 대립

---

12) 국공내전(國共內戰) : 중국에서 항일전쟁이 끝난 후 중국 재건을 둘러싸고 국민당과 공산당 사이에 벌어진 국내전쟁.

했던 중국은 이를 계기로 미국이 1950년 중국의 미국 내 자산을 동결한 것에 대항하여 중국도 미국과 영국의 기업자산을 국유화하기도 하였다.

③ **경제운용수단의 장악** : 중국인민은행을 설립하고 새로운 통화의 발행에 착수하였다.

모택동은 토지개혁을 통해 지주의 토지를 농민에게 분배하지만 여전히 부농경제의 존재를 허락하였고 대공업과 대상업은 국유화하지만 그 외의 사적자본은 국민경제생활을 좌우하지 않는 범위내에서 용인하는 방침을 지시하였다. 건국초기의 중국은 공산당을 중심으로 하는 연합정권이었고, 사적자본과 부농경제의 존재를 용인하는 것이었다. 실제로 1952년 말에는 중농(中農)이 전체농가의 80%를 차지하고 있었다. 그러나 얼마 되지 않아 이러한 방침은 변화하기 시작하였다. 1952년 1월 사영 상공업자의 탈세와 뇌물 등을 반대하는 오반운동이 일어났는데 그 결과 사영상공업자의 발언권이 급속하게 위축되었고 경제 또한 바른 속도로 소련식 계획경제 모형으로 재편되었다.

불과 3년간의 신민주주의 경제부흥기 동안 중국경제는 급속히 발전하여 국민경제발전의 기반이 구축되었다. 연평균성장률은 20.3%에 달했으며, 산업별로 보면 농업생산량은 41.4% 공업생산량은 41.4% 증가율을 보이며 모두 괄목할만한 성장률을 보였다. 부흥기 동안의 경제적 성공을 토대로 중국지도부는 본격적으로 사회주의체제의 건설에 매진하게 된다.

### (2) 1953년 ~ 57년은 1차 5개년 계획 경제구조의 개조시기[13)]

| 시대구분 | 5개년계획 | 경제정책 | 내외 정치변동 |
|---|---|---|---|
| 사회주의 건립기 (1953 ~ 1957) | 1차 (1953 ~ 57) | 사회주의 개조완료(1956)<br>전국 농촌의 고급농촌생산합작사로서의 강제 재편 완성(1957) | 모택동의 십대관계론(1959)<br>소련의 스탈린 비판(1959)<br>동구의 반소련 폭동(1956)<br>반우파투쟁 개시(1957) |

13) 중국경제의 이해, 송기호, 2008, 청목출판사 부분인용 및 재작성

3년간의 경제부흥기를 통해 중국경제는 전쟁전의 경제력을 회복하고 새로운 사회를 건설하기 위해 노력하였다. 이에 모택동 정부는 사회주의 체제건설과 경제개발계획을 추진하기 시작한다. 부흥기를 이어 국민경제 발전 1차 5개년 계획(1953 ~ 1957)이 입안되고 시행되었다.

1차 5개년 계획은 두 개의 목표 아래 진행되었다.

첫째는 생산력 면에서 공업발전의 기초를 만들기 위한 사회주의 공업화

둘째는 제도적인 측면에서 사회주의 체제로의 전환.

사회주의 공업화를 위하여 중공업우선 발전전략이 채택되었고, 사회주의 체제 전환을 위하여 국유화와 집단 소유화를 추진하였다.

1차 5개년 계획은 중공업에 편중된 투자배분을 하는 소련형 중공업우선 발전방식을 기초로 입안된 것이다. 당시 소련은 중국에 있어서 대외경제교류의 가장 중요한 동반자였고, 중국 무역 총액의 절반을 차지하고 있었다. 1952년 7월에 계획의 초안이 완성되고, 8월에 주은래(周恩來)와 진운(陣雲)이 이 초안을 가지고 소련을 방문하여 계획에 대한 조언을 듣고 계획을 확정하였다. 스탈린은 초안을 본 후 경제의 퇴보 여지가 있으므로 공업의 발전속도를 조금 완화할 것을 지시하였다고 한다. 총투자 45.5%가 공업부문에 집중되었고, 공업부문 내에서 중공업부문 투자비율은 85%에 달하는, 중공업 편중 5개년 계획이었다.

1차 5개년계획은 소련의 지원에 의한 대규모프로젝트 중심으로 추진되었다는 특징을 지녔다. 소련으로부터 156개의 대규모 프로젝트 지원이 이루어졌고 군수, 기계, 전자, 화학, 에너지 등의 중화학 공업의 정비에 집중 배정되었다. 그렇지만 6개 프로젝트는 취소되어 최종적으로 150개의 프로젝트가 실행되었다.

이와 같은 대규모 프로젝트에 대한 중점투자는 중국의 공업화 기반을 구축하는 데 커다란 기여를 하였지만 과도한 비용 투자와 투자효율의 저하 등의 문제를 갖고 있었다. 모택동은 계획이 끝나기 전인 1956년 4월 십대관계론(十大關係論)을 통하여 이러한 중공업우선 소련형 발전방식을

반성하고 있다. 십대관계론은 중공업우선 발전 방침을 비판하면서 중공업, 연안지역, 국방건설, 국내 등에 편중된 발전을 지양하여 중공업과 경공업 및 농업, 연안지역과 내륙지역, 경제건설과 국방건설, 국내와 외국 등의 균형발전을 강조한다. 국방건설보다 경제건설을 우선하고 개인의 자발성과 독립성을 중시하며, 외국으로부터 배우는 것이 필요하다고 강조하는 십대관계론은 후일의 개혁과 개방 정책과 유사한 측면을 가지고 있다.

**십대관계론(十代關係論)**

모택동(毛澤東)이 언급한 중화인민공화국에서 사회주의를 건설하는 데 안고 있는 열 가지 기본적인 문제

1. 공업과 농업 사이 및 중공업과 경공업 사이의 관계
2. 해안 지역의 산업과 내륙 지방의 산업 사이의 관계,
3. 경제 건설과 국토방위 사이의 관계
4. 국가, 생산 단위들 및 개인 생산자들 사이의 관계
5. 중앙과 지방과의 관계
6. 한족의 민족주의와 소수민족의 민족주의와의 관계
7. 당과 비(非)당과의 관계
8. 혁명가와 반혁명가와의 관계
9. 옳음과 그름의 관계
10. 중국과 외국과의 관계

하지만 십대관계론에 담긴 경제자유화 정책은 이내 붕괴되었다. 1956년 2월, 소련의 후르시초프에 의한 스탈린 비판이 있었고, 이를 계기로 동구에서 반소련 및 반사회주의 폭동이 발생하여 반대파에 의한 공산당 비판이 고조되었다. 사회주의권의 심각한 정세 변화에 직면하여 모택동은 1957년 6월 반우파(反右派) 투쟁을 개시하여 공산당 비판세력을 철저하게 탄압하였다. 이러한 국내외 급격한 환경변화로 인해 십대관계론의 경제자유화 정책 시도는 이내 중지되었다.

한편 공업화정책과 병행하여 제도적 측면에서는 사회주의 체제 구축 작업이 가속화되었다. 정부는 도시의 자본주의 민족자본에 대해서 기업경

영에 개입하는 방식으로 국유화를 추진하는 한편, 농민과 개인 수공업자에 대해서는 집단화 방식을 적용하였다.

농촌의 경우, 전국농촌을 고급농촌생산합작사(高級農村生産合作社)로 재편하는 작업이 진행되어 1956년 말에는 전국 농가의 90% 이상이 고급농촌생산합작사에 가입하였고 농촌의 사화주의화가 완성되었다. 한편, 공업부문의 경우에도 1956년 말 도시수공업자의 합작화와 상공업의 실질적 국영화가 완성된다. 상공업의 경우, 공사의 출자에 의한 기업공동경영의 한 형태인 공사합영(公私合營)으로 전환하는 작업이 1954년 9월부터 시작되어 1955년 말까지 88,000여개의 사영기업 대부분이 개조되어 33,000개의 공사합영기업으로 전환되었다.

1차 5개년 계획이 책정될 시점에서는 사회주의로의 체제개편과정이 15년 이상 오랜 시간이 걸릴 것으로 예상했었다. 그러나 집단화속도를 가속화하라는 모택동의 지시에 의하여 사회주의화는 급속하게 진행되었다. 그 결과 1차 5개년 계획이 끝나기도 전인 1956년까지 기본적인 국유화와 집단화 작업이 대부분 완성되었다.

1차 5개년 계획기간 동안 중국경제는 계획목표를 초과하는 고도성장을 하였고, 이러한 고도성장은 1978년 이전 계획경제 기간 동안 가장 괄목할만한 것이었다. 국민소득의 연평균 성장률은 8.9%였고, 공업생산의 상승률은 18%로서 계획치인 14.5%를 훨씬 상회하였다. 산업구조도 중화학공업화로 인해 농업부문의 비중은 1949년 22%에서 1957년에는 29.2%로 크게 증가하였다.

### 1) 반혁명 세력을 진압한 운동

1950년12월부터 1951월10월까지 전국에서 활동 중인 반혁명 분자를 조사하고 진압한 정치운동이다. 국민당은 대만으로 퇴각 후, 중국본토에서 각종 스파이활동 및 테러활동을 벌였는데 이러한 반혁명분자가 300만명에 이르고 이들을 숙청하였다. 1950년 3월 중국정부는 반혁명 분자의 활동 척결에 대한 성명을 발표했다. 같은 해 겨울부터 전국 범위로 반혁명 분자의 진압활동을 전개했다. 스파이활동 및 테러활동 등 반혁명 분자를 목표로 본토에 남겨진 국민당 잔당분자를 숙청하는데 그 의의가 있다.

### 2) 3반 5반 운동 (三反 五反 運動)

3반 운동은 부패한 공산당원 간부와 국가관리기관을 대상으로 한

① 부패,

② 낭비,

③ 관료주의 반대운동이다.

중국공산당 지도부는 토지개혁 이후 당 간부와 정부 관리의 부패 및 관료주의가 민심을 저해하고 사회주의 건설을 저지하는 위험 요소라고 판단하고 이를 척결하는 운동을 전개했다.

한편, 중국공산당은 공산정권인 중화인민공화국을 수립하고 정치 경제 사회 문화등 모든 분야의 요추를 장악하기는 했으나 아직도 전문기술 분야뿐만 아니라 행정 분야에 있어서도 상당수에 달하는 국민당정부시대의 관리를 그대로 유지했다.

이에 공산당은 정권수립 초창기에 조직에서 발생할 수 있는 부패척결과 국민당 정부의 잔재 말소라는 두 가지 목적을 가지고 3반운동 전개했다.

5반운동은

① 뇌물

② 탈세

③ 국가재산 횡령

④ 사기

⑤ 국가 경제 정보 유출 등 국가 재산의 횡령에 대한 규탄운동이다.

모택동의 <인민민주독재론> 원칙에 따라 상인층과 자본가들에게 전면적인 계급혁명을 전개하기가 어려웠다. 이에 중국지도부는 정부가 상공업자들에게 합법적 이윤을 올릴 수 있도록 기회를 보장해주었음에도 불구하고 계획적으로 테러를 자행하여 애국증산운동(愛國增産運動)을 저해하고 묵과, 방치할 경우 국가의 존립마저 위태롭게 된다며 5반운동을 전개

하였다.

이 운동은 전국각지에서 전개되었으며 전인민을 동참케 하였으며 미래 사회주의 경제구축에 필요한 틀을 마련하였다.

### 3) 관료자본의 몰수

강(장개석, 蔣介石), 송(송자문, 宋子文), 진(진관부, 陈果夫, 진입부, 陈立夫), 공(공상희, 孔祥熙) 4대가족 위주의 자본의 몰수.

1929년 장개석의 남경정부 수립 이후 국민당이 일당독재를 해오면서 군벌관료들이 외국으로부터 차관, 원조, 철도건설, 기계수입 등으로 축적한 자본을 이용하여 외국의 이익을 위해 봉사하거나 민간기업을 지배하는 등 관료자본이 비약적으로 발전하였다. 그 결과 중화인민공화국 수립 당시 관료자본은 전국 은행자본의 2/3, 공업자본의 2/3, 교통운수업 고정자산의 4/5를 차지하고 있었다. 1951년 1월에 정무원은 관료자본가 및 반혁명 분자들의 재산을 몰수 할 것을 지시했다. 같은 해, 일반 사기업(私企業)중의 관료자본을 몰수했다. 국민당 정부가 전복된 후에 관료자본은 모두 중화인민공화국 정부에 몰수되어 국영경제로 전환되었다.

관료자본은 주로 소수의 관료자산계급에 의해 통제되는 국가자본주의 경제를 가리키는 것이다. 관료자본 몰수를 통하여 사회주의 발전 초기에 사회주의 국영 경제의 주요 기반이 마련되게 되었다.

### 4) 토지개혁

해방이전 중국은 반식민지 반봉건의 구중국 봉건제도를 유지하고 있었다. 농촌인구의 10%가 못 되는 지주와 부농이 전체 경작지의 70% 이상 소유하고 빈농, 고농(雇農)[14], 중농(中農)이 전체의 30% 미만의 경작지를 소유했다. 이 봉건토지제도는 농촌 경제와 신중국 사회 발전을 방해했다.

1950년 6월 30일에 중국인민정부 전국해방 후의 상황에 따라 <중화인민공화국토지개혁법>을 공표하여 봉건지주계급의 토지소유권을 폐지 할 것과 농민의 토지소유권을 실현할 것을 규정했다. 중국 동북, 화북 일부

14) 고농 : 자기 땅을 가지고 있지 못하여 지주나 부농에게 고용살이하는 농민

지역에서 건국이전 정령지역 전면적인 토지개혁을 추진하고 화중 화남지역에서 농민 약 2억 6400만 명을 대상으로 토지개혁을 전개했다. 지주의 토지 농기구 가축 동산 등을 몰수하고 부농 스스로 경작하는 땅은 남긴 후 임대했던 땅을 몰수한 후에 빈농, 고농에 분배했다. 중농은 “중농보호정책“에 따라 중농이상의 농민을 보호했다고 한다.

토지개혁을 통하여 많은 농민들은 토지를 분배 받게 되었으며 이로부터 2천여년간 중국에서 시행되었던 봉건지주계급 토지소유제는 완전히 폐지되고 농업구조는 새롭게 변화되었다.

### 5) 재정의 통일

중화인민공화국 수립 이후, 위기에 처한 재정경제의 난국을 극복하기 위해, 중앙정부에서는 1950년 3월부터 국가의 재정경제에 대한 통일된 관리와 지도를 시행하여 전국의 재정수지, 물자관리, 현금관리를 통일시켰다.

### 6) 제1차 5개년계획

1953년부터 중국정부는 국민경제 발전을 위한 제1차 5개년계획을 시행하였으며, 이로부터 중국경제는 정부가 통제하는 계획경제 시기로 접어들게 되었다.

156개 항목에 중심을 둔 공업건설에 경제력을 집중시키는 것이 기본목표였다. 과거에 매우 취약했던 기초공업 분야에 항공, 자동차, 트랙터, 발전소, 야금(冶金), 광산, 계측기 설비 등과 같은 새로운 공업부문을 설치하여 공업화를 위한 일차적인 토대를 마련하였으며, 농업, 수리사업도 매우 큰 성과를 거두었다.

공업총생산액은 연평균 27.5%, 농업총생산액은 연평균 4.3% 증가하여 중국의 국민경제는 비교적 순조롭게 성장하였다. 농공업 생산이 성장한 제1차 5개년계획 기간에 농업, 수공업, 자본주의 상공업에 대해서도 사회주의 개조를 단행함으로써, 중국은 공유제경제(公有制經濟)가 주축이 되면서 다양한 경제형태가 병존하는 사회주의 경제제도를 수립하였다.

### 7) 3대 개조

■ 농업, 수공업 집단화 → 농업, 수공업에 대하여 합작화
생산수단의 소유제를 → 전 인민소유, 집단소유로 전환

① **농업 집단화 배경** : 토기개혁에 의해 분배된 토지 면적이 너무 적어 가족들이 먹을 식량마저도 생산이 어렵고 토지개혁 이후 농촌에 빈부격차가 양극으로 심화되는 현상을 띄어가고 토지소작, 매매, 불법고용, 고리사채, 투기, 빈농착취 등이 대량으로 출현했다. 또 정부는 대안으로 집단화 합작화 방식을 채택해 사회주의적 대형농업경제 발전에 의한 농업생산기술의 제고, 기계화, 전기화 실현 등을 구상했다.

② **농업 집단화 정책내용** : 호조조(互助组) : 친족, 가까운 이웃이나 사이 좋은 5-8개 가구의 농가로 구성. 개별적인 농가가 자신의 토지에서 농사를 짓는 것을 말한다. 즉 개개인의 농가는 그대로 유지한 채 농번기나 필요한 경우 서로 돕는 방법이다. 1951년 12월에 중국공산당의 <농업생산호조합작에 관한 결의>가 통과된 후 전국적으로 확산되었고, 1952년 가을 약 전체 농가 의 40% 정도가 가입했다.

■ 공상업 집단화 → 공상업에 대하여 공사합영

① **배경** : 민족자산계급을 인민 범주에 추가됨에 따라 개별적으로 운영하던 공상업을 즉각 몰수하거나 병합시키지 않고 이들 자본주의기업의 경영과 발전을 허용하였다. 당시 사영공상업이 전체 국민경제에 차지하는 비중이 상당히 컸기 때문에 만약 사영공상업을 급진적으로 합병할 경우 경제가 일대 혼란에 빠질 수 있기 때문에 합병정책을 지연하였다. 이에 따라 공산당은 기술설비의 이용, 사용의 제한. 국영으로의 개조정책을 추구하며 자본주의 공상업을 개조하였다.

② **정책내용** : 초급형식의 국가자본주의경제는 가공(加工) 주문(注文)방식 채택, 즉 기업주가 기업을 직접 경영하지만 정부로부터 계획적 발주, 가공위탁 생산하도록 하여 원료 구입, 제품 판매에 대해서는 국

가 통제를 받도록 하는 방식이다. 고급형식의 국가자본주의경제는 공사합영 형태로 국가와 자본가가 공동 출자하여 공동 경영하는 형태이다. 국가는 만간기업에 투자하고 관리자를 파견하여 기업을 감독하고 기업의 수익은 국가와 자본가에게 출자분에 따라 분배하는 방식이다. 1956년 "전민적인 공사합영" 추진에 따라 자본가는 출자분에 대응하는 연리 5%의 이익배당만을 받게 되어 단지 이자취득자로서의 신분으로 남게 된다. 3대개조를 통하여 농업, 공업, 상업에 대한 개조를 마쳤으며 국민경제의 발전을 촉진하였으며 사회주의 기본제도를 초보적으로 건립하였으며 사회주의 초급단계에 진입하였다.

### (3) 1958년~60년은 모택동식 경제개발, 1961년~65년 경제구조의 조정정책[15)]

이 시기는 대약진정책이 이루어진 시기(1958~60년)와 대약진정책의 실패로 인해 경제정책의 조정이 이루어진 시기(1961~65년)의 두 기간으로 구분된다. 이 시기에는 성공적으로 이루어진 1차 5개년계획의 뒤를 이어 2차 5개년계획이 이루어질 계획이었으나 1958년 들어 사회주의 건설을 가속화하려는 모택동의 의지에 따라 2차 5개년 계획을 중도에 무산시키며 경제의 대약진운동(大躍進運動)이라는 전국적인 대중운동을 전개하였다.

| 시대구분 | 5개년계획 | 경제정책 | 내외 정치변동 |
|---|---|---|---|
| 대약진기<br>(1958~1960) | 2차<br>(1958~62) | 모택동의 대약진 운동개시(1958)<br>전국농촌의 인민공사화(1958)<br>경제위기발생(1959~61)<br>경제조정개시(1961) | 팽덕회 국방상 파면(1959)<br>반우경파 투쟁개시(1959)<br>대약진에 대한 모택동의 자기비판(1962)<br>중국-인동 군사충돌(1962) |

모택동은 1958년 5월 공산당 전국 대표회의에서 삼면홍기운동(三面紅旗

15) 중국경제의 이해, 송기호, 2008, 청목출판사 부분인용 및 재작성

運動)을 제창하였고 이는 당의 공식 경제정책으로 채택되었다. 삼면홍기는

① 사회주의 건설 총노선

② 대약진 운동

③ 인민공사 운동

세 가지를 상징적으로 일컫는 말로서, 삼면홍기운동은 '사회주의 건설의 총노선' 주도 하에 경제를 크게 약진시키고 인민공사를 설립하려는 전국적인 대중운동을 의미한다. 이후 대약진운동은 삼면홍기운동을 상징하는 용어로 정착되었다.

대약진운동은 주요농산품과 공산품의 생산량을 두 배로 늘리는 것이었다. 경제 각 분야에서 급속한 생산증대가 대중동원방식으로 독려되었다. 특히 1958년 5월, 모택동을 중심으로 한 중국 공산당은 사회주의 건설의 가속화를 결정하면서 곡물생산과 조강생산 목표를 1957년의 두 배로 하는 대중제철운동을 제창하였다. 철강은 가장기본적인 소재산업이었기 때문에 대약진운동의 목표 가운데 특별히 주목되었다. 전국 각지에 70만기의 재래식 토법로(土法爐)[16]가 건설되었지만 여기서 생산된 철은 그 질이 조악하였다. 밥 짓는 솥까지 몰수해서 지어진 제철소에서 생산된 철은 질적인 문제로 쓸모가 없었던 것이다.

한편 농업부문에서도 농업생산량의 두 배 이상 증가를 목표로 한 인민공사(人民公社) 운동이 전개되었다. 인민공사란

① 농업

② 공업

③ 상업

④ 교육

⑤ 군대 등의 다섯 주체를 통합하여 만들어진 군대식 농촌 조직으로서 전국농촌의 인민공사화가 강행되었다. 1차 5개년계획 기간 동안 형성된 고급합작사를 토대로 각 향(鄕)마다 하나의 인민공사가 만들어졌다. 인민

16) 토법로(土法爐) : 원시 형태의 용광로

공사는 향급 지방정부의 행정조직이자 생산조직으로 가능하였다. 하나의 인민공사는 다수의 생산대대(生産大隊)로 구성되고, 하나의 생산대대는 다시 다수의 생산대(生産隊)로 구분되는 3단계로 구성된 집단소유체제였다. 농산물의 생산과 구매에 대한 지령(指令)성 계획지표는 인민공사에서 생산대대, 생산대로 단계적으로 하달되었다. 하부조직인 생산대는 자립적 집단 생산과 경영의 실질단위로 가능하였다.

1958년에는 농가의 90% 이상이 인민공사 체제로 편입되었고, 이 수준은 1978년까지 계속되었다. 1980년 이후 농가청부생산제도의 급속한 확산으로 가족영농체제가 확립되었고, 그 결과 인민공사체제는 급격히 와해되어 1984년경에는 완전히 해체된다.

그렇지만 대중동원을 통한 경제성장의 가속화를 목표로 했던 대약진정책은 1959년부터 계속된 3년간의 자연재해, 소련의 경제원조 전면중단과 중·소 관계의 악화 그리고 대중동원방식의 허상 등으로 인해 중도에 좌절되었으며 국민경제에 커다란 후유증을 남기게 된다. 경제성장률은 1959년부터 3년간 마이너스를 기록하였다. 특히 농업부문에서는 농민이 공업노동력으로 동원되었던 탓에 농업생산성이 저하되었고 3년간의 자연재해가 겹치면서 심각한 위기가 발생하였다. 농업생산은 대풍작이었던 1958년의 2억 2,500만 톤에서 1960년의 1억 8,000만 톤으로 떨어졌고, 1960년의 농업생산은 1951년의 수준까지 후퇴했다. 이러한 혼란 가운데 1959~60년 동안 심각한 식량부족으로 인해 적어도 수천만 명의 아사자가 발생하기도 했다.

대약진정책의 실패로 인한 혼란과 참상은 참혹했다. 이러한 정책 실패에 대하여 어떻게 대응할 것인가를 두고 당의 내부균열이 초래되었다. 1959년 4월, 모택동은 당 주석에 유임되었지만 국가주석은 유소기(劉少奇)에게 양도하였다. 이어서 1962년 1월 모택동은 당중앙 확대공작회의에서 대약진운동의 실패에 대하여 자기비판을 하며 경제운용의 지도권을 스스로 사직하고 유소기, 주은래, 등소평, 진운 등에게 위임한다고 발표하였다. 1961년 1월, 공산당 제8기 9중전회는 '조정, 강화, 충실, 향상'의 팔

자방침을 채택하며 경제조정을 결정한다. 이데올로기와 정치를 중요시하는 모택동 노선은 비록 일시적인 것이었지만 유소기와 등소평 등이 주도하는 경제중시체제로 전환되었던 것이다. 그리하여 1961년을 기점으로 경제정책의 기조가 크게 전환되어 중국경제는 대약진운동으로 인한 폐해를 시정하는 경제조정기(1961 ~ 65년)를 맞이한다.

경제조정기의 새로운 정책은 과도한 평등주의에 반대하면서 노동에 따른 분배를 실행하고, 농촌의 가정부업과 자유시장을 개방하며, 개인수공업을 용인하였다. 계획과 재정의 권한은 중앙으로 집중되었고 경제효율의 향상이 우선시되었다. 말하자면 건국초기의 유연한 정책노선으로 회귀하였던 것이다. 1963 ~ 65년 사이에 공업부문의 중점적인 조정이 이루어져 경제는 급속히 회복되었고 1965년의 1인당 GDP는 1957년 수준으로 회복되었다.

한편 5개년계획의 경우, 중도에 포기되었던 2차 5개년 계획이 1958 ~ 62년을 대상으로 한 것이었기 때문에 3차 5개년계획은 1963 ~ 67년을 대상으로 책정되어야 했다. 그렇지만 1962년 당 중앙위원회는 대약진운동으로 인해 피폐해진 국민경제의 조정과 회복에 주된 관심을 가지고 있었다. 모택동도 1963 ~ 65년은 과도기적 시기로 남겨두고 경제조정이 종료되는 1966년부터 정식으로 3차 5개년계획을 시작하는 것을 제시하였다. 그리하여 1963년부터 시작되어야 할 3차5개년계획은 연기되었고 계획이 입안조차 되지 않았던 3년간의 5개년계획 공백기(1963 ~ 65년)가 초래되었던 것이다.

### (4) 1966년 ~ 75년 문화대혁명기의 경제정책[17]

| 시대구분 | 5개년계획 | 경제정책 | 내외 정치변동 |
|---|---|---|---|
| 문화혁명기 (1966 ~ 1975) | 3차 (1966 ~ 70) | 모택동의 [삼선건설]운동 개시(1966) | 문화대혁명개시(1965)<br>유소기 국가주석 해임(1968)<br>진보도의 중-소 군사충돌(1969) |
| | 4차 (1971 ~ 75) | 등소평 부총리 복귀(1973)<br>경제정비개시(1973) | 임표 실각 및 사망(1971)<br>미국 닉슨의 중국방문(1972) |

17) 중국경제의 이해, 송기호, 2008, 청목출판사 부분인용 및 재작성

유소기와 등소평은 경제효율을 중시하는 정책운용을 통하여 급속히 경제를 회복시켰고 3차 5개년 계획을 수립하여 실용주의적 기조를 유지하려고 했다. 비록 이들이 3년간의 경제조정기동안 주도권을 가지고 있었지만, 경제운용방식을 둘러싸고 좌우파의 대립이 지속되었다.

좌우파 대립의 와중에 정치일선에서 물러난 모택동에 의한 복권투쟁이 1966년 시작되었고, 이후 10년간 중국은 다시 이념투쟁의 혼란기인 문화대혁명(文化大革命)에 빠져들게 되었다. 문화대혁명은 광범위한 대중을 동원한 정치권력투쟁이었다. 이들은 정신을 강조하고 대중동원방식을 통하여 계급투쟁을 통한 사회주의건설을 강조하였다. 모택동의 비호를 받은 문화대혁명세력은 유소기와 등소평을 자본주의의 주범으로 몰아 이들의 실용주의 정책이 사회주의 건설을 방해하는 오류를 범했다고 비판하면서 이들을 체포하거나 당에서 추방하였다. 경제조정을 추진했던 실권파의 중심인물인 유소기가 1968년 10월 국가주석에서 해임되고 당에서 제명되었으며, 1970년에는 계획경제의 중추기구가 공격의 대상이 되어 중앙정부의 위원회는 80여개에서 27개로 대폭 감소되었다.

문화혁명의 한편에서는 삼선건설(三線建設)[18]이 추진되었다. 1964년 5월, 유소기, 주은래, 등소평 등으로부터 3차 5개년계획의 검토상황을 청취한 모택동은 계획의 주안점이 농업과 기초공업에 치우쳐있다는 것을 알고 격노한다. 이 때 모택동은 전쟁준비를 위한 삼선건설을 구상하여 같은 해 6월에 개최된 중앙공작회의에서 삼선건설 계획을 명확하게 밝힌다. 삼선건설이란 당시 국제정세의 긴박함에 대응하기 위하여 연해지역과 소련국 경지대를 제1전선, 사천성(四川省), 귀주성(貴州省) 등 내륙지역을 제3전선, 그리고 이 중간을 제2전선으로 중국전역을 삼분하면서 투자를 제3선에 집중하여 연해지역의 공업기지를 내륙지역에 강제로 이전하도록 추진된 정책을 말한다. 그런 이유로 1965년 5월 시작된 문화혁명은 모택동

18) 일선(一線)지구는 주로 동부연해지역과 동북의 일부지역을 포함하며 이선(二線)지구는 사천, 귀주, 섬서, 감숙, 청해, 영하, 광서, 호북, 호남, 산서 등 지역을 포함하고 삼선(三線)지구는 그 이외의 기타지역을 포함한다. '3선 건설'이라는 것은 바로 대량의 공장들을 산구(山區)로 옮겨가는 것

에 의한 탈권운동(脫權運動)이고 사회주의건설 노선의 부활이라는 성격을 가지는 것이다.

경제조정기 이후 유소기, 등소평 등의 실용주의는 공업 분야에서는 경제관료에 의한 효율적 관리를 강조하고 농업분야에서는 농가생산청부제도를 용인하였지만, 반면에 문혁파는 자신들의 힘만으로 어려움을 극복하고 청강(맑은 물)과 곡물을 각 지역 내에서 자급자족하는 것을 목표로 하고 정신적 무장을 강조하는 방식으로 혁명을 진전시켰다.

그런 문화혁명은 커다란 정치적 혼란을 야기했고 경제정책의 오류로 인해 심각한 불균형과 불안정을 초래하였다. 중국경제는 1967년과 다음해에 2년 연속 마이너스 성장을 경험하게 된다. 하지만 1969년 말부터 문화혁명이 점차 진전되면서 실용주의자들이 다시 복권되었고 이들에 의하여 4차 5개년 계획이 실시되면서 국민경제는 어느 정도 회복되었다. 1970년내 초반에는 경제가 일시적으로 안정되었지만, 중반에는 다시 모택동의 부인인 강청(江靑)을 중심으로 한 4인방이 정치적 주도권을 잡고 잠잠해진 문화혁명을 부활시켜 경제는 재차 침체되었다.

4차 5개년계획의 초안은 국제정세의 긴박성과 문화대혁명의 영향을 받아들여 맹목적으로 고도성장을 지향하는 내용이었다. 특히 전쟁에 대비하는 정책에 초점을 맞췄다. 1971년 9월에는 군부의 수장인 임표가 실각 후 사망하였고. 1972년에는 미국 닉슨 대통령의 방중으로 인해 정세변화가 초래되었다. 임표의 사망 후 극좌세력에 대한 비판이 일어나 문혁으로 실각했던 등소평이 부총리로 복권된 후 1975년에는 당 부주석으로 승진하였다. 하지만 등소평의 실용주의 정책은 문혁파로부터 다시 서양숭배주의라고 공격받았고 등소평은 1976년 재차 실각하게 된다.

5개년 계획의 측면에서 볼 때, 문화혁명기의 전반부 5년은 3차 5개년 계획 기간(1966~70년)이었고, 후반부 5년은 4차 5개년계획 기간(1971~75년)에 해당된다. 하지만 두 계획 모두 문혁파의 공격대상이었던 등소평을 위시한 실용주의파에 의하여 입안된 것이었다. 3차 5개년계획은 문화혁명의 등장으로 계획자체가 좌절되었고, 그 폐해로 1967년과 1968년의 마이너스 성장등 극심한 경제문제를 유발시켰다. 그러나 4차 5개년계획은 계획기간동안 연평균국민소득이 5.4% 증가하는 등 일정수준의 성과를 거두었다고 평가된다.

이 시기의 특기할 만한 경제정책으로서는 4차 5개년계획 기간 말에 주은래에 의해 제기된 4대현대화(四人現代化)를 들 수 있다. 1975년의 전국인민대표회의에서 주은래 수상에 의해 제시된 4대현대화 계획은 경제의 재건을 향한 새로운 운동으로서 문화혁명에 대한 반성의 산물이었다. 4대 현대화 계획은 20세기 말까지 농업, 공업, 국방, 과학기술 등 네 분야를 집중적으로 현대화 시켜 중국경제를 최선진국으로 만들려는 계획으로서 1978년의 개혁과 개방 이후 중국 경제발전전략의 기본방침으로 계승되었다.

| | 대약진운동 | 문화대혁명 |
|---|---|---|
| 시기 | 1958 ~ 1960 | 1966 ~ 1976 |
| 배경 | 중화인민공화국 성립 이후 3반5반운동 등을 통한 사회주의 개조 추진한 후 1차 5개년 계획과 함께 중국에서의 사회주의 건설을 촉진하여 빠른 시일 내에 완성하자는 취지에서 촉발되었고 대단위 공동체인 인민공사를 기반으로 시행됨 | 대약진운동의 실패를 책임지고 물러났던 모택동이 유소기를 중심으로 공산당 내에 새로운 계급화가 이루어지는 것을 비판하며 이를 개혁할 새로운 사회주의 교육을 제기하였으나 공산당이 이를 적극 수용하지 않자 군을 움직여서 군이 지원하는 '무산계급 문화를 창출하는 문화대혁명'으로 발전 |
| 목표 | 빠른 시간 내 영국을 추월하고 미국과 경쟁 | 무산계급 문화 창출 |
| 과정 | 인민공사를 기반으로 자본, 설비 없이 인민의 자발적 참여에 의한 순수한 인력으로만 경제개발 시도하였으나 목표와 자발적 참여의 괴리로 인한 생산력 하락만을 불러옴. | 모택동에 대한 공산당내 반발, 이에 대한 모택동의 당 외 세력 결집(홍위병[19] 태동) 문화혁명 조직 수립하고 혁명위원회 설치하자 기존 당 지도부가 적위대[20]를 조직하여 내전 발발 위험 커지자 군이 나서서 수습 |
| 결과 | 생활공동체인 인민공사와 전통가족제도의 갈등 발생, 생산능률 하락, 농산물 감소, 유통구조, 도로망 설비 미비, 공업 침체, 인민공사 구조개선 시도하였으나 중소분쟁 격화로 인하여 전반적인 실패 야기 | 4구(낡은 이념, 사상, 습관, 관습) 타파를 미명으로 지식인, 전문가 폭행, 피살, 사찰, 문화재파손 등 발생.<br>무엇보다 사상문화 자체가 아닌 사람을 공격 배척함으로써 사회발전에 필요한 전문인력 절대 부족 현상으로 경제, 사회적 발전 기회 박탈당함. |

### 5) 1976년 ~ 78년 양약진 경제정책[21]

| 시대구분 | 5개년계획 | 경제정책 | 내외 정치변동 |
|---|---|---|---|
| 양약진기 (1976 ~ 1978) | 5차 (1976 ~ 80) | 화국봉의 양약진 운동 개시 (1978)<br>경제과열(1978 ~ 80)<br>등소평의 개혁, 개방정책 전환(1978) | 1차천안문사태(1976년 등소평의 실각, 화국봉의 당주석 및 총리 취임, 모택동의 사망, 사인방체포로 문화대혁명 종식)<br>등소평재복귀(1977) |

1976년 4월에는 제1차 천안문사태[22]가 발생하여 등소평은 다시 실각하였다. 그렇지만 얼마 되지 않아 9월에는 중화인민공화국 수립 이후 오랜 기간 중국을 이끌었던 최고 지도자 모택동이 사망한다. 모택동의 사망을 계기로 문혁파는 일거에 와해되었고 중국의 경제정책은 근본적인 전환기를 맞이하게 된다.

모택동의 뒤를 이어 화국봉(華國鋒)[23]이 당 부주석과 총리에 취임하였다. 그는 모택동의 사망 직후에 문화혁명의 후반기를 주도한 4인방을 체포하여 문화혁명의 마침표를 찍는다. 개혁파의 실질적 지도자인 등소평은 1977년 다시 복귀했지만 모택동 노선을 충실하게 계승하려는 화국봉과 권력투쟁에 돌입한다. 이러한 권력이행과정에서 화국봉의 양약진(洋躍進) 운동이 실행되었던 것이다.

양약진운동의 추진을 위해 국민경제발전 10개년계획(1976 ~ 85)이 새롭게 입안되었다. 10개년계획은 주은래가 1975년 제기했던 4대현대화 계획을 수용하여 그 세부 실행계획으로서 추진되었으며, 서구의 근대기술을

---

19) 홍위병(紅衛兵) : 중국의 문화대혁명(1966~1976)의 일환으로 준 군사적인 조직을 이루어 투쟁한 대학생 및 고교생 집단

20) 적위대(赤衛隊) : 붉은 군대라는 뜻, 노동자 등으로 구성된 민병대 형태의 조직

21) 중국경제의 이해, 송기호, 2008, 청목출판사 부분인용 및 재작성

22) 제1차 천안문사태 : 1976년 주은래(周恩來) 총리 사망을 계기로 발생한 민중봉기운동을 중국당국이 탄압한 것을 일컫는 말이며 1919년의 5.4운동을 본떠 4.5운동이라고도 함

23) 화국봉(華國鋒,화궈펑) : 1921년 2월 16일 (중국)－2008년 8월 20일

적극적으로 도입하여 급속한 발전을 도모하려는 것이었다. 그렇지만 10개년계획의 세부정책들은 등소평 등의 실용주의파에 의해 입안된 5차 5개년계획(1976~80)을 대체하는 것이었고 그러한 의미에서 10개년계획은 4대현대화계획의 실천적 가능성보다 과시적 성과에 집착한 것이었다. 10개년계획은 1978년 3월에 열린 전국인민대표회의에서 공식적으로 채택되기도 하였으며 그 해 11월의 개혁과 개방 선언 이전까지는 주된 경제 정책기조로 지속되었다.

이 계획은 철강 및 화학을 중심으로 한 120개의 대형프로젝트 중심으로 구성되었다. 당시 중국 내에 풍부하다고 생각된 석유자원을 담보로 하여 외국으로부터 완성된 형태의 플랜트[24)]를 다량으로 추진하여 경제를 급속하게 전면적으로 발전시키려는 것이었다. 서양의 기술을 이용하여 모택동의 대약진과 같은 도약을 꾀하려는 것이었다. 그런 의미에서 화국봉의 경제정책은 모택동의 대약진과 비교되어 양약진이라 부르게 된 것이다.

그렇지만 양약진운동은 당시 중국 경제실정에 비하여 지나치게 높은 목표를 잡았고, 정책의 기본방향도 모택동식 중공업편중 불균형발전전략으로서 투자의 효율이 낮았으며, 현실을 무시한 선진기술도입으로 수입설비를 제대로 이용하지도 못하는 일이 생기는 등의 문제로 인해 결국 막대한 외채문제를 야기하였다. 1978~79년 서방측으로부터 중앙 및 지방이 경쟁적으로 계약한 플랜트설비가 73억불에 달하였는데 이는 중국의 지불능력을 크게 초과하는 것으로서 수입계약의 파기와 국제적인 배상문제까지 초래했다. 이러한 정책실패에 대하여 화국봉 당 수석 및 수상은 그 책임을 지게 되었고 1978년 공산당 11기 3중전회에서 등소평의 후원을 받는 효요방(哮耀邦)에게 당 주석을 이양한다.

화국봉의 양약진정책은 모택동이 결정한 정책은 모두 수호하고 지시는 모두 준수해야 한다는 양개범시론(兩個凡是論)에 입각한 것이었다. 이에 대하여 등소평은 실천이 진리를 검증하는 유일한 기준이라는 실천표준론(實踐標準論)을 제기하며 화국봉의 근대화노선을 비판한다. 등소평의 주장

---

24) 산업 기계, 공작 기계, 전기 통신 기계 따위의 종합체로서의 생산 시설이나 공장

은 사회주의 이념보다도 생산력의 발전과 경제효율을 보다 중시해야 한다는 것이었다. 등소평은 반복되는 중국경제의 실패와 성장의 필요성을 지적하면서 과거 30년간 지속되어온 경제구조와 경제정책의 전면적인 전환의 필요성을 강력히 제기한다. 그 결과 중국 공산당은 공산당 제 11기 3중 전회에서 경제체제의 전면적인 '대내 개혁과 개방'이란 획기적인 정책전환을 선언한다. 1978년은 중국경제사에 있어 역사적 의미를 지니는 전환점으로서 이 후 등소평의 주도하에 개혁과 개방을 통한 중국의 체제전환과 근대경제성장이 본격적으로 추진되었던 것이다.

## 참고서적


1. 김광수경제연구소 2009 세계금융위기와 중국경제 휴먼앤북스
2. 미나미 료신 2007 중국경제입문, 생능
3. 박천동 2008 현대중국경제의 이해 한울출판사
4. 백창제 2008 2010 차이나리포트 인간사랑
5. 송기호 2008 중국경제의 이해 청목출판사
6. 오노에 오쯔조우 1982 현대중공경제의 해명 한밭출판사
7. 이근 2007 동아시아와 기술추격의 경제학, 박영사
8. 필립 리처드슨 2007 중국근대경제사 1800~1950 푸른역사


## 참고연구자료


1. 2010년 중국경제 어떻게 견인할 것인가? KIEP 2009
2. 개혁 개방 이후 중국의 경제적 위상 변화와 향후전망 한국은행 2009
3. 세계경제통계 KIEP 2008
4. 신에너지산업 진흥계획의 주요내용과 신에너지 산업의 문제점 KIEP 2009
5. 중국의 대외경제 정책분석과 전망 KIEP 2009
6. 중국위안화의 기축통화 가능성? 삼성경제연구소 2009
7. 중국반도체,LCD 산업의 부상과 대응 삼성경제연구소 2009
8. 최근 중국경제 현황,문제점,거시경제정책방향 KIEP 2008
9. 최근 중국의 반덤핑 현황 및 시사점 KIEP 2009

## 참고웹주소

1. 네이버 백과사전 www.naver.com
2. 대외경제정책연구원 www.kiep.go.kr
3. 대한무역투자진흥공사 www.kotra.or.kr
4. 삼성경제연구소 www.seri.org
5. 위키피디아 www.wikipedia.org
6. 중국의 어제와 오늘. www.chinabang.co.kr
7. 한국은행 www.bok.or.kr

# Ⅱ. 중국경제특성과 문제점

## 1. 특성

### (1) 인구

#### 1) 중국의 인구 성장

인구발전상에서 구중국은 출생률과 사망률이 모두 높고 성장률은 낮다. 중화인민공화국 수립(1949년) 이후 전반기 20여년은 출생률은 높고 사망률은 낮으며 성장률은 높다. 그러나 1980년대 이후 중국 정부에서 산아제한 정책을 시행한 결과 출생률과 사망률, 성장률 모두 낮아지는 추세로 변화하고 있다.

1949년 중화인민공화국 정부 수립 이후 중국의 인구성장은 다음과 같이 4단계로 나눌 수 있다.[25)]

- 제1단계 : 1950 ~ 1957년까지 첫번째 절정기이다. 인구는 8년 사이에 5억 4,167만명에서 6억 4,653만명으로 1억 486만명이 늘어나 연평균 1,311만명 증가하였다. 이 기간 중 인구 성장률은 22%이다.
- 제2단계 : 1958 ~ 1961년까지 인구성장의 침체기이다. 인구는 4년 사이에 6억 4,653만명에서 6억 5,850만명으로 1,197만명이 늘어나 연평균 302만명 증가하였다. 이 기간 중 인구 성장률은 5%이다.
- 제3단계 : 1962 ~ 1973년까지 인구성장의 두 번째 절정기이다. 인구는 12년 사이에 6억 5,850만명에서 8억 9,143만명으로 2억 3,293만명이 늘어나 연평균 1,940만명 증가하였다. 이 기간 중 인구 성장률은 26%이다.
- 제4단계 : 1974 ~ 2000년대까지 인구성장률의 하강기이다. 이 시기는 다시 제4차 전국인구조사 시기(1990년 7월 1일)와 제5차 전국인구조사 시기(2000년 11월 1일)로 세분해 볼 수 있다.
  ① 1974 ~ 1990년 7월까지 약 16년 반 사이에 인구는 8억 9,143만명에

25) 각 단계는 절대적 기준이 아닌 이해의 편의를 위한 것임

서 11억 3,368만명으로 2억 4,225만명이 늘어나 연평균 1,300만명 증가, 성장률은 13.7%이다.

② 1990년 7월부터 2000년 11월 1일까지 10년 4개월 사이에 인구는 1억 3,215만명 증가, 성장률은 11.66%이다. 제4단계 이후에 접어들어 중국의 인구 성장률은 계속 완만하게 하강하고 있음을 알 수 있다.

### 2) 인구와 경제성장

기업의 생산성을 언급하는 과정에서 해당 국가의 인구와 인건비의 관계는 반드시 언급되는 사항이다. 저렴하고 풍부한 노동력은 기업에게 강한 경쟁력으로 작용하며, 많은 신흥시장국가들이 이를 무기로 선진국을 위협하고 있다. 특히 중국은 세계의 시장이자 세계의 공장으로 13억에 이르는 인구와 함께 경제개방 및 시장경제를 채택함으로 무서운 성장을 거듭하고 있다. 하지만 그러한 장점에도 불구하고 중국경제에 있어 인구문제는 항상 양날의 칼과 같아서 이면의 문제는 중국정부의 고질적인 과제이기도 하다.

중국의 경우에는 개발도상국이라는 특징과 함께 인구과잉과 인구의 고속성장이라는 문제에 직면하여 대대적인 산하정책을 시행한다. 현재 산하정책의 철저한 시행으로 어느 정도 인구증가를 억제하고 있지만 이것이 지속되지 못한다면 언제라고 인구위기를 맞게 될 것이다. 중국의 과다한 인구는 중국의 1인당 평균지표를 세계평균보다 낮아지게 하는 원인이 된다. 국가수립 이후로 국민경제의 고속 성장으로 총생산량과 주요 생산품의 총수량이 증가하여 부분적으로는 세계에서 수위를 차지하지만, 이것을 인구 1인당 평균 지표로 산출할 경우 그 값은 매우 작아진다.

중국은 전체 경제규모를 환산하면 미국의 뒤를 잇는 거대한 경제 대국임에는 이미 많은 경제지표들이 말해 주고 있다. 또한 세계10대기업에 이름을 올린 기업 중 다섯 곳 이상이 중국 기업[26]인 만큼 중국은 경제대국임에는 틀림 없다. 하지만 1인당 GDP는 2008년 기준 3천달러 수준으로

26) 시가총액기준 3곳, 매출액기준 6곳 2008년 기준

대한민국이 같은 기간 1만9천달러인 것과 비교한다면 매우 낮은 수준이다. 이유는 총생산액을 1인당 생산액으로 환산했기 때문이며 여기에 13억 인구의 문제가 숨어있는 것이다.

### (2) 개혁 개방 정책

중국의 개혁·개방은 1978년부터 시작되었다. 그 해 말에 중국 공산당은 제11기 중앙위원회 제3차 전체회의를 소집하여 중화인민공화국 수립 이후 30년 동안의 경험에서 얻은 교훈을 총 집결한 기초 위에서 경제건설 위주로 정책을 전환할 것을 결정하고, 동시에 개혁·개방정책을 실시하였다.

제11기 중앙위원회 제3차 전체회의 이후 개혁은 먼저 농촌에서 시작되었다. 중화인민공화국 수립 이후 중국의 농촌은 토지개혁과 합작화운동을 거치면서 매우 큰 변화를 겪었다. 그러나 이후의 경제체제와 경제정책은 농촌경제의 발전에 부응하지 못했는데, 주요 문제는 다음과 같다.

① 인민공사의 '일대이공(一大二公)[27]'을 강조하여 인민공사가 정부와 경제조직인 공사(公社)로 분리되지 않았으며, 그로 인한 경직된 관리 시스템은 농촌경제의 자율적 운영에 도움이 되지 못했다.

② 공동생산의 지나친 강조로 경영과 독립 채산단위가 지나치게 커짐으로써 농민의 생산 의욕을 충분히 고취시킬 수 없었다.

③ 식량증산을 경제시책의 중심에 두는 정책을 일방적으로 강조하여 각지의 실정에 맞게 대책을 마련하는 다각경영을 제한하였으며, 이는 농촌경제의 전반적인 발전에 악영향을 미쳤다.

④ 일괄구입과 일괄판매의 전면적인 시행은 농민의 매매행위를 금지하여 재산증식의 길을 차단하였다.

1978년 이후 이러한 기존의 농촌 경제세제의 폐단에 대하여 국가에서는 새로운 농업정책을 연속적으로 공포하여 과감한 개혁을 단행하였다.

---

27) 규모가 크고 집단화수준이 높다는 뜻으로 인민공사시절에 조직화의 중요 방침

그 주요 내용은 다음과 같다.

① **농업 관리체제 개혁** : 인민공사를 폐지하고 '정사분리(인민공사를 정부와 경제조직인 공사로 분리하는 것)'를 실행하여 새로운 경제연합을 발전시킨다.

② **집단 경제의 경영 형식 개혁** : 원래의 생산대 집단경영재산을 가족단위 생산책임제로 개편한다.

③ **농촌의 경제구조 개혁** : 식량생산 안정을 전제로 각지의 실정에 맞게 대책을 수립하는 다각경영을 지원하고 향진기업을 발전시킨다.

④ **농촌의 유통체제 개혁** : 농민의 잉여상품 매매를 통한 유통영역 진출을 허용한다.

이러한 중대 개혁 조치는 농촌경제의 활력을 극대로 증강시켰다. 특히 가족단위 생산책임제의 전면적인 추진은 농민의 생산의욕을 크게 고취시켰다. 이로 인하여 중국의 농촌경제는 오랫동안의 침체를 벗어나 왕성한 발전을 이룩할 수 있게 되었던 것이다.

농촌 경제체제 개혁의 성공으로 도시에도 경제체제 개혁이 전개되었다. 도시는 각종 경제 활동의 중심지이면서 도농 경제의 핵이다. 도시 경제체제 개혁의 중점은 기업 체제의 개혁이며, 동시에 기획, 재정, 금융, 상업, 외무 등 각 방면의 관리체제의 개혁과 관련되어 있다.

개혁 이전에 중국의 기업 체제에 존재하던 주요 문제는 다음과 같다.

① 관리에서는 정부와 기업의 직무가 구분되지 않아 기업에 대한 정부의 간섭이 지나치면서 기업은 자주권이 거의 없었다.

② 생산에서는 계획경제를 지나치게 강조하고 가치법칙, 시장경제의 역할을 경시하여 생산에 활력이 없고 효율이 낮았다.

③ 분배에서는 동등하게 대우하고 절대 평등주의를 실시하여 많이 일하는 것과 적게 일하는 것, 잘하는 것과 못하는 것을 동일하게 취급함으로써 근로자의 의욕을 불러일으킬 수 없었다.

따라서 기업 체제의 개혁은 아래의 세 가지 문제를 해결하는 데 중점을 두었다.

① 정부와 기업간의 관계를 확립하여 기업이 상대적으로 독립된 경제 실체라는 것을 인정하고 기업의 자주권을 확대시킨다.

② 근로자와 기업의 관계를 확립하여 다양한 형식의 책임제를 만들어 근로자의 노동효율과 근로소득을 밀접하게 연계시킨다.

③ 계획경제와 시장경제의 관계를 확립하여 국가의 통제능력을 보장하는 동시에 생산에 대한 시장의 지도적인 역할을 충분히 발휘하고, 가치법칙에 따라 일을 처리하여 점진적으로 사회주의 시장경제 체제를 수립한다.

결국 중국은 이러한 기업의 체제 개혁을 통하여 기업과 근로자의 의욕을 강하게 불어넣고 기업의 활력을 증강시켜 공업 생산의 발전을 촉진시켰다.

상업, 재정, 금융, 외무 등 기타 경제 영역에 대한 개혁의 중점도 역시 과거에 국가가 지나치게 통제하던 체제를 타파하는데 두었다. 즉, 중국의 현실에 맞게 해외의 선진 관리경험을 학습하고, 경제원리를 사회주의 시장경제에 접목시켜 다방면으로 의욕을 불어넣음으로써 중국의 경제를 살린다는 것이다. 중국의 경제 개혁은 매우 방대하고도 복잡한 체계를 가지고 있다. 개혁과 발전을 병행하면서 사회적 안정도 유지해야 하기 때문에 계획적이고 점진적으로 진행해야 하는데, 중국은 시종일관 이 점에 역점을 두었기 때문에 개혁의 진행은 비교적 순조로울 수 있었다. 현재 중국에서는 각 방면에 걸쳐 계속적으로 개혁이 진행되고 있으며 끊임없이 심화되고 있다.

### (3) 대외개방

개혁·개방정책 시행 이후, 중국은 개혁을 향한 발걸음을 크게 내딛는 동시에 단호하고도 대담한 대외개방을 추진하였다.

중국의 대외개방의 주요 내용은 국제교류와 협력을 확대하고, 서구의 자본과 선진기술을 대담하게 흡수하여 국내의 경제건설을 가속화하는 것이었다. 과거 오랫동안 중국은 단편적으로 '자력갱생(自力更生)'을 강조하였기 때문에 서구의 자본을 흡수하지 못하는, 사실상 반 쇄국 상태에 처해 있었고, 이는 자국 경제의 신속한 발전에 악영향을 미쳤다. 1978년 중국은 마침내 과거의 이념적 속박을 타파하고, 대문을 활짝 열어 국외의 자본과 선진기술을 적극적으로 받아들였다. 1979년부터 1990년 사이에 대외차관, 외국 기업가의 직간접투자를 포함하여 중국은 모두 29,693건에 이르는 외자이용에 관한 협정을 체결하였는데, 그 금액은 1,020.78억 달러이고 실제 이용외자는 680.75억 달러에 이른다. 이는 중화인민공화국 수립 이후 40여년 동안의 실제 이용외자 총액의 95% 이상을 차지하는 액수이다. 1992년에는 다시 48,858건의 외자이용 항목을 새로 체결하였는데 그 금액은 694.39억 달러이다. 대량으로 도입된 외국자본은 국내 건설자금의 부족을 보충하여 수출증대와 외환균형을 촉진시킨 동시에, 국외의 선진기술과 관리경험을 도입하여 경제적 발전을 촉진시켰다.

중국이 대외개방 중에 취한 중대한 조치는 바로 연해도시를 개방하여 경제특구와 경제개발구를 설치한 것이다. 1980년부터 먼저 심천(深圳), 주해(珠海), 산두(汕頭), 하문(厦門) 등의 4개 지역에 경제특구를 설치하여 대외개방의 역사적인 첫 걸음을 내디뎠다. 1984년에는 더 나아가서 상해(上海), 천진(天津), 대련(大連), 진황도(秦皇島), 연대(烟臺), 청도(靑島), 연운항(連雲港), 남통(南通), 영파(寧波), 온주(溫州), 복주(福州), 광주(廣州), 담강(湛江), 북해(北海) 등의 14개 연해도시를 개방하였으며, 1985년에는 장강삼각주, 주강삼각주와 민남 장주(閩南 漳州), 천주(泉州), 하문삼각구(厦門三角區)를 개발하여 개방식 연해 경제개발구로 만들었다. 1988년에는 해남성(海南省)을 설립하여 대규모 경제특구를 설치하고, 1989년에는 다시 상해 포동(浦東) 경제구의 개발과 개방을 선포하였다. 이로써 중국에는 연해지구의 전면적인 개방이라는 국면이 형성되었던 것이다.

경제특구와 14개 연해도시 및 경제개발구는 중국 대외개방의 창구이면서 전초 기지이다. 국외의 자본과 선진기술 및 관리경험을 끌어들이기 위하여, 중국 정부에서는 그곳에 특수한 관리 체제와 정책을 시행하였다. 경제특구의 주요 특징은 다음과 같다.

① 특구의 경제발전은 주로 외자이용에 의존하여 여러 종류의 경제가 병존하는데, 중외합자, 중외합작, 외상독자의 '삼자(三資)기업'을 위주로 하며 생산품은 주로 수출용이다.

② 특구의 경제 활동은 국가의 거시적인 통제 아래에서 시장조절을 실행한다.

③ 특구에 투자하는 국외와 홍콩, 마카오, 대만의 기업가들에게 대하여 세금, 토지사용료, 출입국관리 등에 있어서 특혜를 준다. 예를 들면, '삼자기업'에 대해서 15%의 기업소득세를 감면해 주고 상품 수출에는 관세를 면제해 주는 것 등이 있다.

④ 특구에서는 비교적 많은 경제적 자율권을 누린다. 예를 들면, 건설부문 도입에 대한 심사 허가권은 일반적으로 성급과 비슷하지만, 어떤 방면에서는 자율권이 성급보다도 많다. 14개 연해도시 및 경제개발구에 대한 정책은 특구와 다르지만 두 가지의 기본 정책은 일치한다. 하나는 중국에 투자하는 외국 기업가들에게 특혜를 주는 것이고, 다른 하나는 해당 지역 정부의 경제활동에 대해 더욱 큰 자율권을 주는 것이다. 그 목적은 연해지구의 경제를 우선적으로 발전시킨 다음, 이로써 외자이용, 기술도입, 경제정보 전달, 국제무역 확대, 수송인재 양성 등에서 내륙지역을 지원하여 중국 전체의 경제체제 개혁과 경제발전에 선도적인 역할을 하도록 하기 위한 것이다.

그 동안 중국은 경제특구와 경제개발구를 설치하고 연해도시를 개방하여 커다란 성과를 거두었다. 심천 경제특구를 예로 들면, 원래 그곳은 황량한 땅에 불과하였지만, 단 10년 사이에 홍콩에 버금가는 매우 번화한 현대화 도시로 변모하였다. 1989년에 심천시에는 이미 6,470개의 상공기업이 들어섰고, 공업 총생산액은 116.46억 위안에 달했는데, 그 중에서 외자기업 생산액이 59%를 차지했다. 현재 심천은 120여개 국가 및 지역과 무역관계를 맺고 있고, 무역수출액은 중국 전체 수출총액의 7분의 1에 상당한다. 2001년말까지 심천이 세계 70여개 국가와 지역에서 유치한 외국인 투자항목은 2만 7,000여개에 달한다. 실제 이용 외자액은 266억 달러이고, 심천에 투자한 세계 500대 기업은 이미 90여개나 된다. 외국기업들은 심천을 그들 상품의 가공공장으로 인식하기 시작했고, 현재는 '기업의 심장'이라 할 수 있는 연구개발센터를 앞다투어 입주시키고 있다.

높은 경제적 성장을 이룩한 심천은 주민의 생활수준도 매우 향상되었고, 주해, 산두, 하문 특구도 경제적으로 만족스러운 성과를 거두었으며, 기타 14개 연해 개방 도시의 경제도 비교적 빠른 속도로 발전하고 있다.

근래에 중국은 다시 장강 연안의 주요 도시와 내륙의 성정부 소재지, 자치구 인민정부 소재지 및 일부 변경도시, 현, 진을 개방하였다. 특히 1992년 봄, 등소평(鄧小平)은 심천, 주해, 상해를 순시하고 담화를 발표하여 개혁·개방의 적절한 시기를 놓치지 말아야 한다고 강조하였는데, 이로써 중국은 개혁·개방과 경제건설의 발걸음을 더욱 가속화 한 동시에 이론적으로도 중대한 인식 문제를 해결하였다. 같은 해 10월 소집한 중국공산당 제14기 전국대표대회와 1993년 3월 소집한 제8기 전국인민대표대회에서는 등소평의 남방순시(南方巡視) 담화의 정신을 높이 평가하고 개혁·개방 14년 동안의 성과와 경험을 체계적으로 정리하여, 등소평이 처음으로 제창한 중국식 사회주의 건설 이론을 합법적으로 인정하였다. 또한 중국에 사회주의 시장경제를 건설해야 한다는 것을 명시하고, 형식적으로는 제8차 5개년계획에서 정한 연평균 성장 6%의 경제발전 속도를 8%~9%까지 상향 조정하였다. 이로부터 중국의 개혁·개방과 경제건설은 다시 새로운 절정기를 맞이하였다.

중국의 경제특구는 빠른 발전을 지속하여 20년 동안 연평균 성장속도가 30%를 넘어섰다. 1998년 5개 경제특구(심천, 주해, 산두, 하문, 해남)의 GDP는 2,835억 위안으로 전년대비 13.36% 증가했다. 그 중 심천의 GDP는 약 4,000 달러에 달해 중국에서 경제가 가장 발달한 지역 중의 하나가 되었다. 1998년 경제특구의 대외무역 수출입 총액은 이미 677.4억 달러에 달해, 중국의 수출입 총액의 1/5을 차지했다.

현재 중국은 동에서 서로, 남에서 북으로, 연해에서 내륙으로, 모든 방향의 대외 개방 구조가 형성되어 경제건설의 속도는 더욱 가속화하고 있어, 그들 앞에는 밝은 미래가 펼쳐져 있다. 중국은 앞으로도 오랫동안 개혁·개방이라는 부국이민(富國利民) 정책을 확고하게 견지해 나갈 것이다.

중화인민공화국 수립 이전에 중국의 경제적 기반은 매우 빈약하였지만, 중화인민공화국 수립 이후 60여년 동안의 발전을 통하여, 특히 근래의 개혁·개방을 통하여 중국은 비교적 탄탄한 기반을 마련함으로써 대발전을 위한 유리한 조건을 갖추게 되었다. 많은 경제학자들 또한 중국이 현재의 노선과 정책을 계속 견지해 나간다면 머지않은 장래에 강대한 경제대국이 될 것이라 전망하고 있다.

### (4) 대외무역

중화인민공화국 수립 초기에 중국의 대외무역은 규모가 매우 적어 1952년의 수출입 총액은 겨우 19.4억 달러에 불과했다. 그러나 반세기를 거치면서 매년 큰 폭으로 성장하여 1987년에는 826.53억 달러에 달했는데, 이는 무려 1952년의 43배에 이르는 것이다. 1992년에는 다시 1987년에 비해 배로 늘어나 1,656.3억 달러에 달하였다. 중국의 대외교역액은 1978년 세계 32위, 1987년 세계 16위에서 1992년 세계 11위로 성장하였다.

2009년말 현재 중국의 대외무역은 개혁·개방정책을 처음 도입한 지난 1978년에 비해 비약적으로 증가하였다. 1978년 중국의 대외교역액은 206억 달러로 세계 32위에 그쳤으나, 2001년에 5,980억 달러로 세계 6위로 부상하였고, 2009년에는 1조 5,578억 달러로 세계 1위에 올랐다.

교역액의 성장 외에 수출입 상품의 구조면에서도 매우 큰 변화가 일어났다. 1950년대에 주요 수출 품목은 농산품으로 공산품은 거의 수출을 하지 못했다. 그 후에도 수출상품은 구조적인 면에서는 변화가 일어나긴 하였지만 기본적으로는 여전히 반제품과 일차 가공제품을 위주로 하였다. 1978년 공산품은 전체 수출액의 47%에 그쳤지만, 개혁 개방 이후 1979

부터 1987년까지 공산품 수출은 전체 수출액의 61.2%에 이르렀고, 1992년에는 다시 79.9%로 높아졌다. 과거의 많은 수입품목들은 이미 중국의 주요 수출품이 되었으며, 전기동력제품 기술집약적 제품 및 기술, IT IC 등의 하이테크제품 등의 수출도 부단히 증가하고 있다.

수입면에서 보면, 1950~60년대에는 생산필수품과 생활필수품의 수입이 차지하는 비중이 비교적 높았지만, 1970년대 이후에는 플랜트 공업기술설비, 전기동력제품, 당장 필요한 생산필수품과 기술도입의 수입으로 전환되었다.

수출입의 구조적인 개선은 중국 대외무역의 경제적 이익을 크게 향상시켰다. 1978년말 중국의 외환보유고는 겨우 1.67억 달러였으며, 1986년말에도 20.7억 달러에 불과했다. 그러나 1990년말에 이르러 중국의 외환보유고는 110.9억 달러로 급격히 증가하였으며, 1991년말에는 217억 달러로 거의 두 배 가량 증가하였다. 1992년 중국의 외환보유고는 400억 달러를 초과한 이후 급격히 성장하여 2000년 1,656억 달러에 불과하던 중국의 외환보유액이 2009년 6월 기준 2조 1,316억 달러로 세계 1위로 급부상하였다.

중국과 외국의 무역 방식은 주로 다음과 같은 유형이 있다.

① **외상무역** : 협정무역(協定貿易)이라고도 한다. 중국과 외국 정부가 체결한 협정에 의하여 상품을 수출 수입한 후에 매번 외환으로 결산을 할 필요 없이, 단지 장부에 기입만 하고 연말에 결산을 하는 것이다.

② **현금무역** : 일반적인 무역 방식으로, 매매는 쌍방이 국제시장 가격과 국제관례에 따르고 가격 상정과 물품인도 조건은 개별적으로 결제한다.

③ **위탁가공** : 외국의 공장에서 전체 혹은 일부의 원료 보조재 부품을 제공하고 중국에서는 협의에 따라 가공하며 국외에서 판매한다.

④ **보상무역** : 외국의 공장에서 빌린 돈으로 기술·설비 및 어떤 원료를 제공하고, 중국에서 제품을 생산하는 것으로 보상한다.

⑤ **임대무역** : 외국의 공장에서 직접 혹은 임대회사를 통하여 중국에 기기 설비 등을 사용하도록 제공하고 중국은 분기별로 임대료를 낸다.

이외에 무역회사를 합자 혹은 공동 경영하여 외국에 제품을 판매하는 형식도 있다. 이와 같이 개혁 · 개방 정책을 확대한 이후 중국의 대외무역 방식과 경로는 더욱 다양해졌다.

1949년부터 1978년까지 중국에서는 대외무역을 지속적으로 진흥시키기 위하여 대외무역의 체제를 정비하였다. 대외무역의 최고 행정관리 기구로 중화인민공화국 대외경제무역부를 설치하고, 그 아래에 무역품목에 따라 전문적인 대외무역공사를 두고, 통일된 지휘 체제 아래에서 수출입 상품의 종류 · 수량 · 가격 · 행정관리 · 심사비준 수속 등을 엄격하게 실행하였다. 1980년대에 접어든 이후, 특히 1988년부터 개혁 · 개방의 가속화로 중국은 대외무역의 체제상에서 다음과 같은 중대한 개혁을 단행하였다.

첫째, 대외무역의 경영권을 축소하고 경영 방법을 확대하였다. 대외무역의 경영권을 가진 12개의 대외경제무역부 직속 전문공사를 전국 각 지역, 각 부문 및 각종 기업으로 확대하여 4천여 개로 만들었다. 그리고 대외무역의 구조를 조정하면서 거시관리를 강화하고 미시관리를 완화하여, 수출입 총액과 국가경제 · 국민생활에 연관된 소수의 주요 수출입 상품 외에는 경영을 개방함으로써 무역경영은 더욱더 시장 조절에 의존하게 되었다.

둘째, 손해와 이익을 스스로 책임지는 대외무역 책임제를 시행하였다. 중국 정부는 무역과 가공(농업기술)의 결합, 외환분배 제도의 개혁, 지방과 기업의 외환보존 비율 확대, 외환조절 시장의 개방 등의 적극적인 정책으로 수출을 지원하였다. 그리고 대외무역 체제의 개혁을 통하여 중앙정부의 거시적 통제를 강화한다는 전제에서, 각 지역 부문과 각 대외무역 기업의 적극성을 충분히 동원하여 대외무역 경영 활동에 활기를 불어넣었으며, 이로써 중국의 대외 교역액은 빠른 속도로 증가하게 되었다.

세계 각지에 있는 중국정부의 경제무역기구인 경제상무참찬처(經濟商務

參贊處)는 모두 300여개에 이른다. 경제상무참찬처의 주요 임무는 중국과 주재국의 경제무역 협력 관계를 촉진시키고, 중국과 주재국의 각종 무역 업무를 협조하면서 체계적으로 관리하여, 주재국의 정부나 단체와 무역협상 무역협정 무역자문 등의 활동을 하는 것이다. 그리고 각 성・자치구・직할시 및 무역회사는 일반적으로 국외에 대표기구가 없기 때문에, 경제상무참찬처에서 그 지역・회사・주재국의 구체적인 무역 업무를 책임진다.

정부의 대외무역 관리 기구와 각종 대외무역공사 외에도 중국에는 중국국제무역촉진위원회라고 하는 민간 대외무역 기구가 있다. 간단히 줄여서 '무촉회(貿促會)'라고도 하는 이 기구는 1950년대에 성립된 이래, 주로 중국과 국외 경제무역계의 우호협력과 경제무역 관계의 발전을 촉진시키는 임무를 맡아왔다. 중국의 대외 경제무역 활동 속에서, 특히 중국과 외교관계를 수립하지 않은 국가와의 무역 우호관계를 발전시키는 과정에서, 그것은 특수한 역량을 발휘하였다. 최근까지도 '무촉회'는 여전히 방문단 구성과 초대, 전시회 개최와 인재양성, 정보・자문・법률 서비스 제공 등의 방식을 통하여 기업의 국제시장 진출에 중요한 교량 역할을 하고 있다.

### (5) 자원

#### 1) 토지자원

중국의 토지 유형은 세 가지의 큰 특징이 있다.

첫째, 산지가 많고 평지가 적다.

산지 구릉 고원의 총면적은 약 6,337,000㎢로써 전국 총면적의 66%를 차지하고, 평지면적은 약 3,263,000㎢로써 전국 총면적의 34%를 차지한다.

둘째, 가뭄 반가뭄 지역의 비중이 높아서 전국 토지면적의 약 절반 이상을 차지한다.

셋째, 토지자원의 분포가 매우 균형적이지 못하다.

약 90% 이상의 경지(耕地)와 내륙수역(內陸水域)이 동남부 지구에 분포되어 있고, 50% 이상의 임지(林地)가 동북부와 서남부 지구에 분포되어 있어, 농업 구역의 격차가 매우 크다.

중국에서 농업·임업·목축업을 발전시키는데 사용되는 토지면적은 모두 약 4,786만ha로써 전국 토지면적의 46.4%를 차지하는데, 이를 경지자원과 삼림자원·초원자원으로 나누어 살펴보도록 하겠다.

① **경지자원** : 중국의 경지면적은 약 957,220㎢로써 전국 토지면적의 10%를 차지하고 있으며, 그 중 평원경지는 전체 경지면적의 약 55%이고, 구릉 산지 경지면적은 약 45%를 차지한다. "3대평원"인 동북평원·화북평원·장강중하류평원과 주강삼각주·사천분지는 중국에서 경지가 가장 집중되어 있는 지역이다.

동북평원은 송화강(松花江)과 요하(遼河)의 충적으로 조성되었기 때문에 송료평원(松遼平原)이라고도 한다. 그곳의 대부분은 토지가 비옥하여 밀·옥수수·수수·콩 등의 농작물과 아마[28]·사탕무 등의 경제작물이 많이 생산된다.

화북평원은 지세가 평탄하고 토층이 두터운데, 그것은 황하해하(海河)·회하(淮河) 등의 진흙과 모래의 퇴적으로 형성되었다. 농작물로는 밀·조·수수·면화 등이 있고, 과일로는 사과·배·포도·감 등이 있다.

장강중하류평원은 지세가 낮고 평평하여 호수와 강이 많고, 중국에서 가장 큰 양대 담수호인 파양호와 동정호가 있다. 이곳에는 벼·감귤·유채·누에콩이 많이 생산될 뿐만 아니라 민물고기의 생산량이 가장 많기 때문에 쌀밥에 생선국을 먹는 살기 좋은 고향이란 의미로 "어미지향(魚米之鄕)"이라 칭해진다.

② **삼림자원** : 중국의 현 삼림면적은 115.3㎢, 삼림복개율은 12.8%, 삼림축적량은 94.41억㎥이다. 세계 평균 삼림복개율 30.9%에 비하면 중국은 삼림복개율이 비교적 낮은 국가에 속한다. 그러나 중국에는 조림(造林)할 수 있는 황폐한 산과 황무지가 약 78만㎢나 있어 임업 발전의 매우 큰 잠재력을 가지고 있다.

28) 쌍떡잎식물 쥐손이풀목 아마과의 한해살이풀

중국의 삼림자원의 분포는 매우 균형적이지 못하고 주로 변경 지역에 집중되어 있다. 전체적인 분포상황에서 보면 다음과 같은 4대삼림지구가 있다.

㉠ 동북삼림지구는 대흥안령(大興安嶺)과 장백산(長白山 : 백두산) 지구를 포괄하고 있다. 소나무·가문비나무·자작나무 등의 수목이 주종을 이루고 있는 가장 큰 천연 삼림지구로써 "임해(林海)"라 일컬어지고 있다.

㉡ 서남삼림지구는 횡단산맥(橫斷山脈)·티벳 동남과 운남 남부의 임지를 포괄하고 있으며, 중국에서 수목의 종류가 가장 많은 지구이다.

㉢ 남방삼림지구는 주로 진령(秦嶺) 이남과 운귀고원(雲貴高原) 이동의 삼림지구를 포괄하고 있으며, 중국에서 인공을 위주로한 최대의 경제 삼림지구이다.

㉣ 방호삼림지구(防護森林地區)는 "삼북(三北)"(화북·서북·동북)과 동남 연해 방호림(防護林) 등을 포괄하고 있다. "4대삼림지구" 중에서 동북삼림지구와 서남삼림지구가 전국 삼림면적의 약 절반을, 전국 삼림축적량의 약 3/4을 차지하고 있다. 중국의 삼림 식물의 종류는 모두 8천여종으로 매우 많다.

③ **초원자원** : 중국의 초원면적은 약 31.9㎢인데, 그 중에서 이미 개발된 곳은 약 24.1㎢이고, 아직 개발되지 않은 곳은 약 7.8㎢이다.

초원은 주로 해발 1,000m ~ 5,000m의 고원에 분포되어 있으며, 온대 반가뭄지구에 속한다. 동북에서 서남에 이르기까지 흑룡강 서부와 내몽고·영하·감숙·청해·신강·티벳 등을 포괄하고 있으며, 약 3000㎞에 이르는 초원이 길게 이어져 있다. 그리고 광활한 초원 위에는 목축업을 하기에 적합한 장소가 많이 분포되어 있다.

중국에서 가장 유명한 천연목장인 내몽고 대초원은 면적이 8.7㎢로써 전국 천연목장의 1/4을 차지하고 있다. 내몽고초원은 비록 건조한 기후에 속하지만 연강우량이 중국 서부보다 많기 때문에 곳곳에 크고 작은 풀들이 다양하게 자라고 있으며, 목장도 질적으로 대단히 우수하여 유명한 삼하우(三河牛)·삼하마(三河馬)와 내몽고 면양(綿羊)이 여기에서 생산된다.

그 다음으로 신강 북부의 천산(天山)과 알타이산(阿爾泰山) 사이에 있는 즁갈분지·타림분지·주위의 언덕과 계곡도 유명한 천연목장이면서 우량품종을 양성하는 장소이다. 여기에서는 유명한 이려마(伊犁馬)와 신강 세모양(細毛羊)이 생산된다.

이외에 청장고원 동남부의 초원도 면적이 매우 넓은데, 목축업이 청해·티벳의 주요한 경제적 지주로써 농업 총생산액의 절반 정도를 차지하고 있다.

중국의 목축업 중에서 소의 수량은 인도·브라질·구소련·미국 다음으로 세계 5위이다. 말과 돼지의 수량은 세계 1위이고, 면양은 3위, 산양은 2위이다. 그러나 사료와 품종 등의 원인으로 중국의 돼지·소·양의 사육율과 비중은 매우 낮은 편이다.

### 2) 광산자원

현재 전세계에는 이미 160여종의 광산이 발견되어 있다. 중국에는 이미 매장량이 확인된 광산 140여종, 광구(鑛區) 15,000여 곳이 있으며, 그 중 20여종의 광물이 세계에서 상위에 올라 있다. 중국은 세계에서 광산물의 종류와 매장량이 풍부한 몇몇 국가들 중의 하나이다.

① **동력광산** : 이미 매장량이 확인된 동력광산으로는 석탄·석유·천연가스·유모혈암(oil shale)·방사성광산우라늄과 토륨 등 6종이 있다.

석탄은 중국의 주요 동력자원으로 매장량이 45,000억톤에 이를 것으로 추산되는데, 이는 전세계 석탄자원의 약 1/3을 차지하는 것이며, 매장량과 생산량은 모두 세계 1위이다. 중국의 석탄자원은 분포지역이 매우 광대하며 주로 산서와 내몽고·동북 지구에 분포되어 있다. 산서는 일반적으로 "석탄의 고장(煤炭之鄕)"이라 불린다. 하북 개란(開滦), 요녕 무순(撫順), 하남 평정산(平頂山), 안휘 회남(淮南) 등의 탄광도 중국의 중요한 석탄 생산지역이다.

석유는 중국에서 두 번째로 큰 동력자원이다. 지금까지 조사된 바에 의하면 이미 240개의 유전과 77개의 천연가스지대가 일차적으로 확인되었고 석유의 매장량은 25.2억톤에 이른다. 이미 개발이 시작된 유전과 천연가스지대는 204개가 있는데 이것들은 주로 20개의 성(省) 시(市) 자치구에 분포되어 있다. 흑룡강의 대경유전(大慶油田)은 중국에서 최초로 개발되었으면서 현재 전국에서 가장 큰 유진으로 연간 생산량은 1976년 이래로 줄곧 5천만톤 이상을 유지하고 있다. 그 다음으로 산동의 승리유전(勝利油田), 요녕의 요하유전(遼河油田), 산동과 하남 접경의 중원유전(中原油田), 신강의 크라마이유전(克拉瑪依油田), 사천의 유기전(油氣田) 등이 있다.

중국의 원유 생산량은 세계 4위로 세계 주요 산유국 중의 하나이다. 근래에 해양 석유탐사가 매우 발전하여 발해만・황해남(黃海南)・동해(東海)・주강구(珠江口)・남해북부만(南海北部灣)・앵가해(鶯歌海) 등지에서 유기전(油氣田)이 발견되었다. 타림분지의 오일가스 자원의 수량도 매우 많아 이미 90년대 개발의 중심지에 편입되었으며 앞으로도 중국의 중대한 오일가스 생산지역이 될 것이다.

② **철금속광산** : 중국의 철광은 비교적 폭넓게 분포되어 있으며, 이미 확인된 매장량은 450억톤으로 세계 3위이다. 요녕의 안산(鞍山), 호북의 대야(大冶), 사천의 반지화(攀枝花) 등 10대 철광기지는 중국의 주요한 철광 생산지이다. 현재 전국 철광석의 연간 생산량은 약 2억톤이며, 강철의 생산량은 세계 4위이다. 이외에 망간・크롬・바나딘・티타늄의 매장량도 매우 풍부하여 확인된 매장량이 4억여톤에 이른다.

③ **비철금속 광산** : 이것은 철합금과 방사성 이외의 모든 비철합금 금속을 광범위하게 지칭하는 것으로 모두 83종이 있으며, 금・은・구리・납・주석・아연・알루미늄・안티몬・텅스텐・수은 등을 포괄한다. 중국의 금 매장량은 세계 4위이고, 구리 3위, 납 아연 1위, 보크사이트 8위이다. 텅스텐은 세계 1위로써 세계 텅스텐 생산량의 절반 이상을 차지하고 있으며, 주석과 안티몬도 세계 1위를 차지하고 있다.

이외에도 희소 금속광산, 희토류 금속광산, 비금속광산 등 기타 많은 품종의 광산자원이 있다. 중국 광산자원의 중요한 특징은 품종이 많고 매장량이 풍부하지만 분포지역이 매우 균형적이지 못하고 일부의 광석은 빈광(貧鑛)이 많고 부광(富鑛)이 적다는 것이다.

## 2. 문제점

중국은 세계 그 어느 나라보다 빠른 경제 성장을 이룬 만큼 부작용도 항상 나타났다. 해결 가능한 문제가 대부분이지만 문제가 누적되어 중국 자체의 만성문제가 되어버린 경우가 있다. 대표적으로 소득격차 확대, 금융부실화 가능성, 국유기업의 비 효율성, 과다 외환보유액 등과 같은 문제는 누적 되었던 문제점들이 밖으로 드러난 경우이다.

### (1) 소득불균형

개혁, 개방 이후 지역적으로는 동부연안지역 그리고 산업별로는 제조업 중심의 성장정책을 추진해온 결과 중국에서는 지역간, 계층간, 도시와 농촌간의 발전 및 소득격차가 확대되어 사회문제로 발전하게 되었다.

단순한 수치계산으로 알아보더라도 경제성장의 성과가 집중된 연안지역 상해와 그렇지 못한 내륙지역 귀주간의 소득 격차는 2008년 기준으로 8.3배이다.

### (2) 과잉투자

2000년대 이후 중국은 장기지속성장과 연평균 10%성장이라는 두 마리 토끼를 잡기 위해 투자위주의 성장전략을 추진하면서 과잉투자 문제가 심화되었다. 투자의 주체에 해당하는 지방정부간, 국유기업간, 과도한 경쟁으로 중복, 과잉 투자가 진행되면서 투자 효율이 저하되었다는 지적이다.

### (3) 금융부실화

금융기관의 부실화는 2003년 이후 진정되기는 하였으나 공식적으로 발

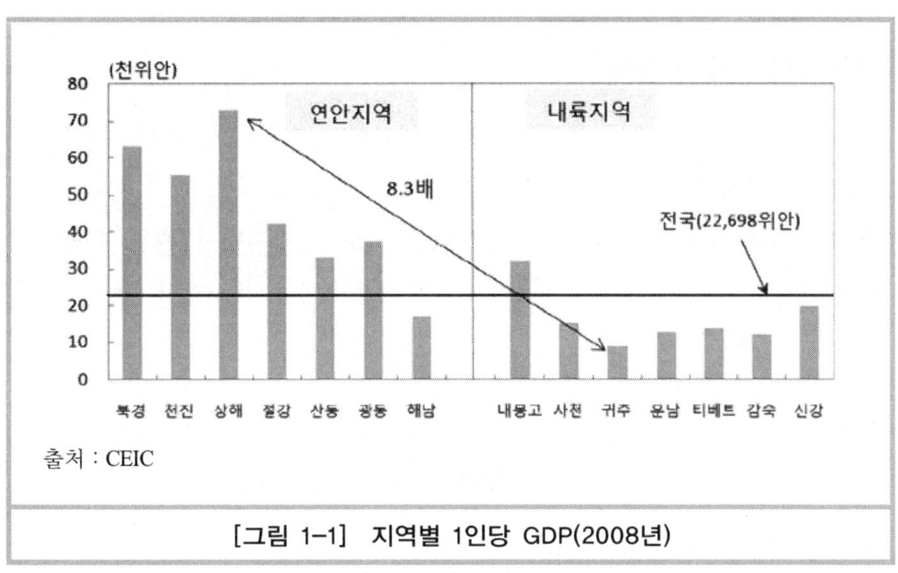


출처 : CEIC

[그림 1-1] 지역별 1인당 GDP(2008년)

표되는 부실채권 관련 통계에 대한 신뢰성이 부족할 뿐 아니라 정부주도의 부실채권 처리에 대한 비판도 제기되고 있는 실정이다. 2006년 회계법인 Global Big 4 가운데 하나인 미국의 ERNST & YOUNG(어니스트 앤영)에서 중국의 부실채권 규모가 의도적으로 축소되었을 가능성을 언급한 바 있으며 최근 부실채권비율이 하락했다는 사실에 대해 국제신용평가 Fitch社는 중국 은행이 채권을 분류하면서 부실위험을 감추는 경우가 많다고 지적[29]하는 등 부정적으로 평가하고 있다.

### (4) 국유기업의 비효율성

중국의 국유기업은 그 동안의 개혁에도 불구하고 방만한 경영에 따른 중복 과잉투자와 낮은 생산성의 문제를 갖고 있으며 향후 개혁과정에서는 기존 국유기업 근로자들의 실업증가와 자금조달의 문제, 외국자본의 국내산업 독점에 대한 비판 등 부작용이 예상된다.

29) 2009년 11월 11일 국제신용평가 Fitch社 발표내용 中

### (5) 외환보유액 문제

중국은 근래 수 년간 경제성장으로 대규모 무역흑자가 외환보유액으로 축적되는 과정에서 유동성 과잉, 통상 마찰 등의 문제를 겪고 있다. 달러 다량 매입과 시중 통화의 회수가 제한적으로 이뤄지면서 과잉 유동성이 발생하였고 위완화 환율이 사실상 고정되면서 미국 등 상대 교역국과의 마찰이 증가하고 있다.

## 참고서적


1. 강준완 2007 미래의 중국보기, 인민일보한국발행처
2. 김광수경제연구소 2009 세계금융위기와 중국경제 휴먼앤북스
3. 미나미 료신 2007 중국경제입문, 생능
4. 박천동 2008 현대중국경제의 이해 한울출판사
5. 백창제 2008 2010 차이나리포트 인간사랑
6. 송기호 2008 중국경제의 이해 청목출판사
7. 오노에 오쯔조우 1982 현대중공경제의 해명 한밭출판사
8. 유희문 외 2004 현대중국경제 교보문고
9. 이근 2007 동아시아와 기술추격의 경제학, 박영사
10. 필립 리처드슨 2007 중국근대경제사 1800~1950 푸른역사


## 참고연구자료


1. 13억인구의 중국-인구정책의 문제점과 시사점 KIEP 2005
2. 2010년 중국 경제 및 거시 정책 전망 KIEP 2009
3. 2010년 중국경제 어떻게 견인할 것인가? KIEP 2009
4. 개혁 개방 이후 중국의 경제적 위상 변화와 향후전망 한국은행 2009
5. 세계경제통계 KIEP 2008
6. 신에너지산업 진흥계획의 주요내용과 신에너지 산업의 문제점 KIEP 2009
7. 중국의 대외경제 정책분석과 전망 KIEP 2009
8. 중국위안화의 기축통화 가능성? 삼성경제연구소 2009

9. 중국반도체,LCD 산업의 부상과 대응 삼성경제연구소 2009
10. 최근 중국경제 현황,문제점,거시경제정책방향 KIEP 2008
11. 최근 중국의 반덤핑 현황 및 시사점 KIEP 2009
12. 통계자료 한국은행 2009

## 참고웹주소

1. 네이버 백과사전 www.naver.com
2. 대외경제정책연구원 www.kiep.go.kr
3. 대한무역투자진흥공사 www.kotra.or.kr
4. 삼성경제연구소 www.seri.org
5. 위키피디아 www.wikipedia.org
6. 중국의 어제와 오늘. www.chinabang.co.kr
7. 한국은행 www.bok.or.kr

# Ⅲ. 중국경제 현황과 전망

## 1. 경제현황

### (1) 경제성장

1978년 이후 중국의 실질GDP는 연평균 9.9%의 높은 성장률을 달성하였다. 이는 2008년 기준 명목GDP기준으로는 미국 일본에 이어 세계 3위의 위치이며, 구매력평가(PPP)[30] 기준으로는 일본을 큰 차이로 앞지르며 미국에 이어 세계 2위에 위치하게 되었다.

〈표 1-2〉 세계 주요국가 GDP 규모

(억달러)

| 순위 | 2005년 | | 2008년 | | | |
|---|---|---|---|---|---|---|
| | 국 가 | GDP | 국 가 | GDP | 국 가 | GDP(PPP) |
| 1 | 미 국 | 124,551 | 미 국 | 142,043 | 미 국 | 142,043 |
| 2 | 일 본 | 45,059 | 일 본 | 49,093 | 중 국 | 79,032 |
| 3 | 독 일 | 27,819 | 중 국 | 38,600 | 일 본 | 43,546 |
| 4 | 중 국 | 22,289 | 독 일 | 36,528 | 인 도 | 33,885 |
| 5 | 영 국 | 21,926 | 프랑스 | 28,531 | 독 일 | 29,252 |
| (순위) | 한국(11) | 7,876 | 한국(15) | 9,291 | 한국(13) | 13,580 |

자료 : World Bank

### (2) 산업구조

중국의 1차산업 위주의 산업구조가 2차 3차 산업의 비중이 높아지면서 선진형 산업구조로 변화하고 있다.

30) 구매력평가(PPP) : 환율은 양국통화의 구매력에 의하여 결정된다는 이론

〈표 1-3〉 산업비중의 변화

| | 1990년 | 2008년 |
|---|---|---|
| 1차산업 | 27.1% | 11.3% |
| 2차산업 | 41.3% | 48.6% |
| 3차산업 | 31.5% | 40.1% |

〈표 1-4〉 국가별 제조업 생산순위

| 순위 | 국가 | GDP중 제조업(억달러) | 전세계 제조업중 비중(%) |
|---|---|---|---|
| 1 | 미국 | 18,307 | 20.0 |
| 2 | 중국 | 11,057 | 12.1 |
| 3 | 일본 | 9,264 | 10.1 |
| 4 | 독일 | 6,705 | 7.3 |
| 5 | 러시아 | 3,617 | 4.0 |
| 6 | 이탈리아 | 3,455 | 3.8 |
| 7 | 영국 | 3,423 | 3.7 |
| 8 | 프랑스 | 2,963 | 3.2 |
| 9 | 한국 | 2,407 | 2.6 |

주 : 2007년 달러화(경상가격) 기준
자료 : UN, *National Accounts Statistics*

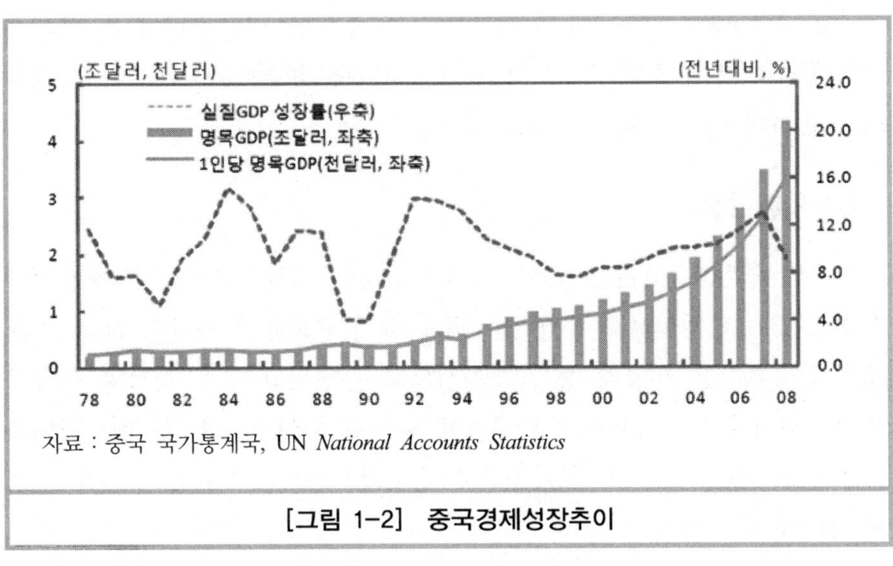


자료 : 중국 국가통계국, UN *National Accounts Statistics*

[그림 1-2] 중국경제성장추이

반면에 제조업은 노동집약적 경공업의 비중이 빠르게 하락(1997년 49.0% → 2008년 28.9%)하고, 자본, 기술 집약적 산업비중은 계속 상승하고 있다.

### (3) 수출입 현황

〈표 1-5〉 국가별 세계 수출 비중 및 순위

(%)

| | 2000 | 2002 | 2004 | 2006 | 2008 |
|---|---|---|---|---|---|
| 독 일 | 8.7(2) | 9.6(2) | 10.0(1) | 9.3(1) | 9.2(1) |
| 중 국 | 3.9(7) | 5.1(4) | 6.5(3) | 8.1(3) | 8.9(2) |
| 미 국 | 12.4(1) | 10.8(1) | 9.0(2) | 8.6(2) | 8.1(3) |
| 일 본 | 7.6(3) | 6.5(3) | 6.2(4) | 5.4(4) | 4.9(4) |
| 한 국 | 2.7(12) | 2.5(12) | 2.8(12) | 2.7(11) | 2.6(12) |

주 : 1) (　) 내는 국가별 순위
자료 : IFS

중국 수출은 2009년 상반기 기준으로 세계시장 점유율 9%를 상회하며 세계 1위를 달리고 있고 당분간 이 자리는 부동할 것으로 전망하고 있다.

품목별로는 1차 상품 및 잡화비중은 축소된 반면 기계 및 운송장비등 고기술 2차상품은 꾸준히 확대되고 있어 우리나라의 2차산업을 빠르게 압박해오고 있다. 또한 가공단계별로는 소비재 수출비중이 하락하고 자본재 수출 비중이 상승하는 모습을 보이고 있다.

### (4) 외환시장

중국의 외환보유액은 2000년 1,656억달러에 불과하였으나 2009년 6월 현재 2조 1,316억달러로 증가하며 세계 최대 규모를 유지하고 있다. 외환보유액은 대부분 미국채 등 외화자산으로 운영되고 있는 것으로 추정되며 이 외화자산은 브루킹스 연구소에 따르면 외환보유액 중 70～75%를 미 달러화 자산으로, 그 외는 엔화와 유로화자산으로 보유하고 있을 것으로 추정하고 있다.

### (5) 금융시장

중국은 전형적인 은행중심의 금융구조를 가지고 있다. 하지만 1990년 상하이 및 선전에 증권거래소를 개설하면서 상대적으로 정체되어 있는 자본시장 육성에도 노력을 기울이고 있는 모습을 관찰할 수 있다. 은행은 중국 내 금융기관 자산의 90% 이상, 금융기관 전체 자금 공급의 80%이상을 차지하는 매우 불균형적인 구조를 보여주고 있다. 하지만 그 규모만큼 자기자본 기준 세계 1,000대 은행에 중국계 은행이 52개 포함되었고 시가총액 기준으로는 중국공상은행, 중국건설은행, 중국은행이 세계 1 ~ 3위를 차지하고 있다. (2009년 6월 기준)

증권시장은 개혁, 개방 이후 주식 및 채권이 모두 소규모로 발행 및 거래되었지만 1990년 상하이 및 선전에 있는 증권거래소가 개설되면서 자본시장 성장이 본격화되었다.

## 2. 경제전망

중국경제는 지난 30년간 연평균 10%에 다다를 만큼 큰 폭으로 성장했다. 물론 완만한 성장 시기를 나타낸 때도 있었지만 1980년 ~ 2008년의 중국은 그 어느 나라보다 빠른 성장률을 기록했다. 하지만 2007년 말부터는 중국경제의 경기과열 양상과 인플레이션문제로 조정 시기에 들면서 글로벌금융위기 이전부터 이미 경제 조정을 받고 있었고. 2008년 하반기 이후에는 글로벌경제위기 영향으로 경기하락이 지속되었다. 그 와중에 중국의 소비시장은 유래 없는 빠른 성장률을 기록했다. 실질 소비 성장률은 2008년부터 빠른 성장률을 보여 2007년 이전의 성장률을 초월하였고, 결과 글로벌 경제위기 속 소비는 중국경제의 버팀목이라 할 수 있겠다.

〈표 1-6〉 중국의 GDP 성장률과 1인당 GDP

| 구 분 | 2005 | 2006 | 2007 | 2008 | 2009 1/4분기 | 2009 2/4분기 | 2009 3/4분기 |
|---|---|---|---|---|---|---|---|
| GDP 성장률 전년동기대비(%) | 10.4 | 11.6 | 13.0 | 9.0 | 6.1 | 7.9 | 8.9 |
| 1인당 GDP (미 달러) | 1,710 | 2,022 | 2,560 | 3,315 | - | - | - |

출처 : 통계청

2009년 2/4분기부터 중국의 자산도 사상 유래 없는 빠른 성장을 기록해왔으며 이는 중국의 4조위안 경기 부양책보다는 은행의 신규대출에 힘입은 것이라고 볼 수 있다. 4조위안 투자는 2년에 걸쳐 실현될 것이어서 결국 한해 투자율은 2조위안 정도이며 이 중 5천억 위안은 중앙정부 다른 5천억 위안은 지방정부에서 투자한 금액이다. 이에 비해 2009년 중국의 신규대출은 9~10조위 안에 육박하는 것으로 나타났으며 대출 증가율 또한 과거의 2배에 달하였다. 관련분석에 따르면 상반기 신규대출 중 51.6%가 인프라 산업에 투입됐고, 11.3%가 부동산 산업에 투입되어 건설부문에 투입된 액수가 전체 대출의 63%를 차지하였다. 외자유치의 측면에서는 신규 외자유치는 거의 없었으며 민영기업의 신규투자도 하락세를 나타냈다. 국유기업의 투자비중이 가장 높았으며 신규대출 중 대기업이 47%, 중기업 44%, 300명 이하 직원을 보유한 소기업은 불과 8.5%를 차지하였다.

중국의 자산시장도 빠른 성장세를 기록하고 있다. 2009년의 경기부양책에 힘입어 부동산 산업도 2008년의 하락세에서 빠른 회복세를 보이고 있다. 그림에서 알 수 있듯이 부동산 가격, 판매면적, 신규 분양 주택 면적 등이 모두 상승세를 보이고 있다. 중국의 주식가격 또한 2007년 최고점에서 2008년에 대폭 하락하였지만, 2009년 들어서 회복세를 나타내어 비교적 높은 수준에 도달하였고 신규 주식계좌 개설 수도 빠른 성장세를 기록하고 있다.

전반적인 중국경제는 다른 아시아 국가와 마찬가지로 빠른 회복세를 보이며 실물경제의 탄탄한 경제구조를 보여주고 있다. 하지만 아직 많은 문제점이 남아있는 것이 사실이다. 앞에서 설명한 바와 같이 이번과 같은 빠른 회복은 실물경제에 기반을 둔 경제구조에 경기부양책과 신규대출에 힘입은 것으로 성장모델이 커다란 리스크가 존재하고 있다. 자칫 미국의 금융대란과 같은 일이 발생할 수 있으며 중국경제는 이를 대비하기 위해 내, 외부 환경을 빠르게 개선하고 있는 실정이다.

중국 경제는 현재(2009.12) 경제성장률을 8.6%로 예상하고 있으며 이는 중국정부의 예상보다 높은 수준이다. CPI지수[31]는 2009년 마이너스 성장을 지속하였지만, 11월을 기점으로 플러스로 반전하였고 공업부문이윤 또한 4/4분기부터 호전세가 지속되어 향후 경제 성장은 좋은 양상을 보이고 있다.

기관의 연구에 따르면 중국의 경제 성장률은 8%대를 지속 할 것으로 예상하고 있다. 2009년에는 8.6%성장을 2010년에는 10.1%를 예상하고 있다. 중국 경제는 과거의 우려를 뒤로 하고 이미 상승단계로 진입하고 있다는 의견이 지배적이다. 2009년 1/4분기 경제 성장률이 6.2%를 기록한 이래 지속적으로 상승하여 4/4분기에는 11.1%에 이를 것으로 예상하고 있다. 2010년 1/4분기에는 11.8% 성장으로 정점을 기록할 것으로 예상하고 있으며 2/4분기 3/4분기의 성장률은 일정하게 하락 할 것으로 예상된다. 허나 이것은 2010년의 성장률이 상대적으로 높은 경우이기에 중국 경제가 악화된다는 의미는 아니다. 즉 2010년의 분기별 전기 대비 성장률은 지속적으로 성장할 것으로 예상된다.

### (1) 외수경제

2009년의 중국 외수 경제는 사실상 큰 폭으로 하락하였다. 세계금융위기로 선진국의 수입물량이 줄어든 것이 가장 큰 원인으로 생각되며 2009

31) CPI지수 : 소비자물가지수(CPI : Comsuer's Price Indes, Cost of Living Index, 消費者物價指數)

년 중국의 수출 증가율은 -16%~-15%로, 경제성장에는 마이너스 기여를 할 것으로 예상되며, 2009년 8.6%의 경제성장률에 대한 수출 기여도는 -2.5%p로 추정된다. 현재(2009.12)는 중국이 수출회복단계에 진입하여 전년 동기 대비 성장을 지속하고 있지만 회복세는 미약한 실정이다. 그러나 2010년 수출 증가율은 10.5%로 2009년의 마이너스 성장을 벗어나 호전될 것으로 예상된다. 그 이유로 우선 글로벌 경제의 회복에 따른 해외수요의 개선을 들 수 있다. 이에 따라 중국의 수출성장률은 10%정도로 반등할 것이고 GDP에 대한 기여도도 2009년 -2.5%p에서 2010년 1%p로 상승할 것으로 전망된다.

### (2) 내수경제

중국의 사회소비품 판매는 2009년 15.6%에서 2010년 18.1%로 증가하였고 2009년 중국경제의 성장을 이끈 투자율은 2009년 33.2%에서 24.9%로 하락할 것으로 예상된다.

2010년 중국의 경제성장은 투자가 주였던 2009년과는 달리 소비의 경제성장의 기여도가 높아질 것으로 예상된다. 2009년 경제성장률 8.6% 중에서 내수의 기여도는 11%p이상이고 그 중 투자가 7%p 이상일 것이며, 수출은 앞에서 언급한 바와 같이 마이너스 기여를 예상하고 있다. 이에 2010년 10.1% 성장률 중 수출기여도는 1%p, 소비기여도는 2009년보다 약간 높은 4%p, 투자기여도는 4%p로 예상되어 경제성장에 대한 소비기여도가 높아질 것으로 예상된다. 중국의 투자기여도 하락은 그 원인을 중국정부의 경기부양책에서 찾아 볼 수 있다. 2009년 경제성장에 대한 정부투자의 기여가 크다. 2008년 4/4분기부터 중국정부는 경기부양을 위해 4조위안을 투입하기 시작하였고, 2009년 정부의 투자액은 4천 800억 위안으로 2008년의 1,000억 위안에 비해 아주 큰 폭으로 상승하였다. 2010년 중국의 중앙정부에서는 5천 800억 위안을 투자할 계획이어서 2009년 대비 20% 증가가 예상되지만 정부투자 증가율은 2009년에 비해 상대적으로 낮아질 것이기 때문에 2010년에는 정부투자의 효과가 미미하게 나타날 것으로 예상된다. 이에 따라 2009년은 투자 중심의 내수확대가 경제 성장을 견인하였고 외수는 마이너스 작용을 하였지만, 2010년에는 내수와 외수 모두 플러스 작용할 것이고 내수 중심의 경제성장은 지속 할 것으로 예상된다.

### (3) 인플레이션

중국경제는 2009년 4/4분기 디플레이션에서 벗어나 인플레이션 단계에 진입할 것이고, 2010년에는 완만한 인플레이션이 발생할 것으로 전망된다. 중국의 CPI는 2009년 -0.7%에서 2010년 2.7%로 예상하고 있으며 경제회복으로 인한 물가상승, 식품가격의 상승주기 진입 및 수입인플레이션 재현 등의 요인으로 인플레이션이 플러스로 반전할 것이라는 내용이 주를 이룬다. 중국의 국제상품 수입량은 에너지와 원유 등 상품을 기준으로 전체 수입량의 50%에 근접하여 국제 주요상품 가격상승은 중국 상품 가격상승에 일정 영향을 미칠 것으로 예상된다.

### (4) 거시경제 전망

향후 중국경제에 대한 전망은 여러 가지이지만 공통적으로 크게 다음과 같은 전망이 지배적이다.

#### 1) 국가성장모델의 변화

현재 외수주도형 즉 수출 주도형의 국가성장모델을 내수주도형 성장으로 전환한다는 방침이다. 지난 30년간 연평균 10%대의 경제 성장률을 지속해오던 중국의 경제 성장모델은 외수주도형이었다. 하지만 2007년 후진타오의 등장이후 중국은 내수시장에 눈을 돌리기 시작하였다. 중국 사회에 만연한 빈부격차 문제와 지역불균형 문제를 해결하기 위해서는 내수시장의 성장과 고른 발전이 필요하다는 견해가 지배적이었다. 이는 가장 큰 경제성장의 틀이 변화하는 것으로 국가재정을 해외기업의 유치와 이익을 위해 소비했던 지난 세월과는 반대의 환경이 앞으로 펼쳐질 것으로 예상된다. 즉 중국의 기업들도 이미 글로벌기업화 되었거나 글로벌기업과 경쟁이 가능한 위치에 이르렀으며 더 이상 해외기업에 눈을 돌리지 않고도 중국의 경쟁력은 충분하다는 뜻으로도 해석이 가능하다.

### 2) 국가정책의 변화

국유기업 및 대, 중기업에 대한 관심에서 민간 및 소기업에 대한 관심으로 전환한다는 방침이다. 내수시장을 확대하기 위해서는 생산력의 근간이 되는 기업의 경쟁력이 필수적이다. 이미 중국에는 세계10위권의 국유기업과 대기업이 존재하지만 민간 및 소기업은 아직 근무환경 및 기업의 재정상태가 불안한 실정이다. 또한 국유기업 위주의 정부정책이 이제는 시장경제 논리에 따라 민간으로 이동하고 있는 상황이기에 국가정책의 변화는 불가피 한 상태이다. 앞에서 언급한 내수중심의 성장모델에는 필수적으로 균등한 발전이라는 전제가 따른다. 중국경제구조는 과거 남한의 경제모델과 비슷한 경우로 대기업의 성장으로 국가가 성장하는 모델이었으나 빈부격차나 농민공[32]과 같은 그 취약함이 곳곳에서 불거져 나오고 있다. 이에 중국의 국가정책이 변화할 수밖에 없는 것이다. 한편으로는 국가의 지속적인 발전을 위해서는 현재 국유 및 대, 중기업에 대한 국가정책이 변화하는 것은 위험할 수 있을 것으로 보인다. 자칫 전체적인 경제성장률 둔화가 예상 되며 이는 중국이 안고 가야 할 숙제이기도 하다.

### 3) 산업진입의 변화

독점 강화에서 투명 개방으로 전환하여 독점산업을 점차 개방한다는 전망이다. 신흥시장국가들은 대부분 초기 비슷한 정책으로 국가의 재산을 축적하는데 독점도 그 중 하나이다. 자국에서의 독점은 또한 글로벌 기업의 자국 진출 시 그대로 영향력이 행해지기 때문에 매우 폐쇄적인 경제정책 중 하나이다. 그렇지만 이번 전망으로는 중국이 독점하고 있는 사업을 개방한다는 것이다. 3자의 입장에서라면 과연 얼마나 개방을 할지 지

32) 농민공(農民工) : 농촌을 떠나 도시에서 일하는 임시 근로자를 가리키는 말로 중국의 농촌 출신 도시 근로자다. 열악한 근로환경과 임금으로 빈부격차의 대표적인 형태이며 중국의 가장 큰 사회문제 중 하나이다.

켜봐야겠지만 기본적인 정책 변화에 대해 기업들의 더 많은 시장 진출 가능성을 엿볼 수 있게 되었다. 또한 현재 세계에서 가장 빠른 속도로 성장하고 있는 중국의 입장에서는 더 이상 독점이라는 전략으로는 발전이 불가능하다는 것을 알게 된듯하다.

### 4) 금융기구의 변화

더 많은 은행이 소기업을 위해 대출을 제공할 것으로 전망한다. 내수성장에는 민간부문의 투자가 필수적이며 이는 기업들의 투자가 경제성장에 직접적인 영향을 준다는 이야기이다. 중국 내 300명 이하의 민간 기업은 전체 기업의 90%를 차지하고 있으며 전체고용의 60~70%를 담당하고 있다. 또한 GDP의 50%를 차지하고 있지만, 전체 신규대출에서 차지한 비율은 8%에 불과하다. 이런 이유로 많은 은행이 소기업을 위해 대출을 실시하도록 정책이 실행된다면 전체의 90%를 차지하는 민간 중소기업의 재정능력은 탄탄해지고 기업의 일자리 창출과 소비지수 또한 향상될 것으로 전망한다. 하지만 자칫 대출상환능력이 떨어지는 중소민간기업에 대한 대출을 우려의 시선으로 바라보는 경우도 존재한다. 미국의 서브프라임 모기지와 같이 실물경제가 근간이 되지 않은 대출 정책은 국가적 재앙을 불러일으킬 수가 있기 때문이다. 하지만 사실 중국의 내수시장은 제조업 근간의 실물시장이다. 이번 정책으로 세계의 공장이 다시 한 번 활력을 되찾을 수 있을 것으로 전망한다.

### 5) 재정정책의 변화

과중한 세 부담에서 감세 및 지원을 강화할 방침이다. 지난 수십 년간의 중국은 해외기업의 유치와 투자에 집중적인 노력을 해왔다. 경제특구와 세금감면 또는 각종특혜를 제공하면서 해외기업을 중국으로 불러들이려 노력했다. 그 결과 지금의 중국은 세계의 공장이라는 영광스러운 칭호와 함께 비약적인 경제발전을 이뤘다. 이제 중국은 그러한 혜택을 국내기업에게 제공할 전망이다. 지난 반 세기 동안 사회주의 시장경제체제는 유래 없는 독특한 구조로 많은 성공사례를 보여 왔다. 하지만 감세정책은 가장 시장경제논리다운 결정이다. 중국 내에서도 궁극적인 목표인 내수의 성장을 위해서는 감세가 불가피하다는 것을 인지하기 시작한 것이다. 감세는 또 다른 방식의 정부투자이며 이 또한 중소민영기업에 대한 지원의 한 맥락이라 볼 수 있다.

**[중국경제 어디로 가나] 지나친 저축이 성장독(毒) … '자물쇠 지갑' 열어라**

**• '내수 살리기' 성공할까**

중국은 올해도 경제 목표를 내수시장 활성화로 잡았다. 중국은 국제 금융위기 이후 지난 한해 대대적인 내수확대 정책을 펴면서 민간 소비 활성화를 추진해왔다.

올해에도 잇따라 대대적인 내수확대 정책을 내놓고 있다. 하지만 효과는 여전히 미미하고 실질적인 소비는 좀처럼 불붙지 않고 있다. 중국은 물론 전 세계 경제 회복을 위해서도 반드시 필요한 중국의 민간 소비가 제대로 살아날 수 있을 지가 올해 최대 관건이다.

**◇ 민간 소비 왜 안 살아나나**=중국은 '예금이자 한 푼 없어도 저축하는 사회'로 불린다. 중국의 보통 서민들은 노후대비, 자녀교육, 병원비 등을 위해 돈을 벌면 대부분을 저축한다. 사회적인 보장시스템이 미비한 상황에서 스스로 보장시스템을 마련해야 한다는 생각에서다. 그러다 보니 저축률은 과도하게 높고 소비율은 지나치게 낮은 기현상이 나타날 수밖에 없다.

경제협력개발기구(OECD)가 지난해 6월 발표한 2007년 주요국 가계저축률에 따르면 중국인은 가처분소득 가운데 37.9%를 저축한다. 소비성향이 높은 미국(0.6%)은 물론 우리나라(2.9%)와 일본(3.3%)에 비해 지나치게 많다. 반면 중국의 국내총생산(GDP) 가운데 민간소비가 차지하는 비중은 35.9%로, 미국(70.7%)의 절반 수준이다.

이처럼 낮은 민간소비 비중은 사회안전망 취약에 따른 높은 저축률 외에 상대적으로 보수수준이 낮은 노동집약적 제조업 중심의 발전 패턴, 개인 신용의 가용성 부족 등도 원인이다.

중국 국가통계국이 발표한 2000 ~ 2007년 기업소득은 연평균 17.8% 증기한 반면 가계소득은 13.4% 증가에 그쳤다. 따라서 전체 GDP에서 가계소득이 차지하는 비중도 2000년 63.4%에서 2007년 57.9%로 하락했다. 중국은 농업 등 저부가가치 산업의 종사자 비중이 여전히 높다. 또 그동안 서비스업에 비해 개인보수 수준이 낮고 고용유발효과가 적은 제조업이 경제발전을 주도해왔다.

중국은 대형 국유은행의 기업대출 중시, 개인신용 정보구축 미흡, 소비금융에 대한 인식 결여 등으로 가계대출도 초보단계에 있다. 실제로 가계대출 비중은 19.4%(2009년 9월 기준)로 한국(42.8%, 2009년 6월), 영국(50.0%, 2009년 8월), 미국(67.9%, 2009년 6월)에 비해 크게 낮은 수준이다.

**◇ 내수 위주 성장 정책으로 민간 소비 유도**=중국 정부는 올해 이 같은 구조적 문제를 해결하고 민간 소비를 확대할 수 있는 근본적인 정책을 추진키로 했다. 중국 지도부는 지난해 글로벌 금융위기를 거치면서 수출주도의 경제성장에 한계가 있다는 사실을 분명히 확인했다. 지난해 12월 중앙경제공작회의에서 수출 의존도를 줄이고 내수를 대폭 늘리는 쪽으로 올해 경제성장 방식을 전환키로 한 것도 이런 이유에서다. 원자바오(溫家寶) 중국 총리는 이후 열린 국무원 상무회의에서 "2010년 중국경제가 이뤄야 할 최대 과제는 내수확대"라고 선언하고 이를 위한 8개 항목의 소비활성화 대책을 밝혔다.

8개 대책은 자동차하향(汽車下鄕) 연장, 가전하향(家電下鄕) 지속, 이구환신(以舊換新) 연장, 농기구 구매보조금 지속, 절전형 상품 보급 확대, 소형차 취득세 인하 조치 연장, 부동산 양도세 면제 보유 연한 연장, 기업 사회보험금 납부 연기 등이다.

하지만 이 같은 대책은 실제로 '소비자의 지출'이라고 보기 어렵다. 소형차 구매시 보조금을 지급하는 자동차하향, 농민이 가전제품을 구입할 때 보조해주는 가전하향, 낡은 가전제품을 새 것으로 교환할 때 지원하는 이구환신 등 정책은 모두 '정부 지출'이란 성격이 강하다. 중국이 올 연말까지 내수부양책으로 책정한 4조 위안도 대부분 철도 등 사회간접자본(SOC)에 집중돼 실질적인 소비 확대에는 큰 도움이 안 되고 있다.

따라서 소비자가 직접 소비에 나설 수 있는 여건을 마련하는 게 무엇보다 중요하다고 전문가들은 지적하고 있다. 중국 당국도 이를 위해 교육·의료·양로 등과 관련된 사회보장제도를 최대한 빨리 마무리, 일반 가계의 저축 성향을 낮추고 소비를 촉진시킨다는 계획이다. 또 서비스산업 및 금융·유통 산업 발전, 도시화 촉진 등을 통해 산업구조를 변경시켜 나감으로써 민간 소비 비중을 확대해나갈 방침이다. 하지만 이 같은 정책이 현실화되기까지 적잖은 시간이 필요하다는 지적이다.

<출처 : 국민일보 2010년 1월 5일>

## 참고서적

1. 강준완 2007 미래의 중국보기, 인민일보한국발행처
2. 김광수경제연구소 2009 세계금융위기와 중국경제 휴먼앤북스
3. 미나미 료신 2007 중국경제입문, 생능
4. 박천동 2008 현대중국경제의 이해 한울출판사
5. 백창제 2008 2010 차이나리포트 인간사랑
6. 송기호 2008 중국경제의 이해 청목출판사
7. 유희문 외 2004 현대중국경제 교보문고
8. 이근 2007 동아시아와 기술추격의 경제학, 박영사

## 참고연구자료

1. 13억인구의 중국-인구정책의 문제점과 시사점 KIEP 2005
2. 2010년 중국 경제 및 거시 정책 전망 KIEP 2009
3. 2010년 중국경제 어떻게 견인할 것인가? KIEP 2009
4. 개혁 개방 이후 중국의 경제적 위상 변화와 향후전망 한국은행 2009
5. 세계경제통계 KIEP 2008
6. 신에너지산업 진흥계획의 주요내용과 신에너지 산업의 문제점 KIEP 2009
7. 중국의 대외경제 정책분석과 전망 KIEP 2009
8. 중국위안화의 기축통화 가능성? 삼성경제연구소 2009
9. 중국반도체,LCD 산업의 부상과 대응 삼성경제연구소 2009
10. 최근 중국경제 현황,문제점,거시경제정책방향 KIEP 2008
11. 최근 중국의 반덤핑 현황 및 시사점 KIEP 2009
12. 통계자료 한국은행 2009

## 참고언론출판물

1. 국민일보 2010.01.05

## 참고웹주소


1. 네이버 백과사전 www.naver.com
2. 대외경제정책연구원 www.kiep.go.kr
3. 대한무역투자진흥공사 www.kotra.or.kr
4. 삼성경제연구소 www.seri.org
5. 위키피디아 www.wikipedia.org
6. 중국의 어제와 오늘. www.chinabang.co.kr
7. 한국은행 www.bok.or.kr

## Ⅳ. 우리나라와의 경제 협력

### 1. 대중(對中) 무역

〈표 1-7〉 한-중 무역규모증가 추세

(단위 : 백만불)

| 연 도 | 수 출 | | 수 입 | | 수 지 | |
|---|---|---|---|---|---|---|
| | 금액 | 증가율 | 금액 | 증가율 | 금액 | 증가율 |
| 1999 | 195,177 | 8.1 | 165,779 | 18.1 | 29,397 | - |
| 2000 | 249,240 | 27.7 | 225,095 | 35.8 | 24,145 | -17.9 |
| 2001 | 266,661 | 7.0 | 243,567 | 8.2 | 23,094 | -4.4 |
| 2002 | 325,642 | 22.1 | 295,303 | 21.2 | 30,339 | 31.4 |
| 2003 | 438,473 | 34.6 | 413,096 | 39.9 | 25,377 | -16.4 |
| 2004 | 593,647 | 35.4 | 560,811 | 35.8 | 32,836 | 29.4 |
| 2005 | 762,327 | 28.4 | 660,222 | 17.7 | 102,105 | 211.0 |
| 2006 | 969,324 | 27.2 | 791,794 | 19.9 | 177,530 | 73.9 |
| 2007 | 1,218,155 | 25.7 | 956,261 | 20.8 | 261,894 | 47.5 |
| 2008 | 1,428,869 | 17.3 | 1,131,469 | 18.3 | 297,401 | 13.6 |
| 2009(1월 ~ 7월) | 626,425 | -22.0 | 517,742 | -23.7 | 108.683 | -14.6 |

출처 : 무역협회

중국의 WTO 가입(2001년) 이후 2002년부터 대(對)중국 수출 수입이 모두 큰 폭으로 상승한 것을 알 수 있다. 특히 국내외 원자재 가격의 상승과 수입관세율의 인하 등이 주요 요인으로 작용하며 수입 증가율이 수출증가율을 크게 상회하였다. 그 후 아시아권 주요 국가들의 주요 수출대상국으로 중국이 등장하였다. 이어 2005년 무역액이 1조 4,225억 달러를 기록하면서 세계 3위의 교역국으로 부상하게 된다.

2009년 1월에서 7월까지의 수출입은 세계 경기 침체의 여파로 2008년 동기 대비 14.6% 감소하였다. 이 중, 수출은 626,425억 달러로 2008년 동기대비 22.0% 하락했고, 수입도 23.7%의 감소세를 보이면서 517,742억 달러로 집계됐다. 2009년 상반기 무역흑자는 1,087억 달러로 전년 동기 대비 14.6% 감소했지만, 6월 이후 수출 감소세가 다소 둔화되고 있으며, 수입 감소세는 -15.1%에 그쳐 내수가 완만하게 회복되고 있음을 시사하고 있다.

## 2. 품목별 수출입 동향

### (1) 품목별 수출

〈표 1-8〉 품목별 수출실적

| 순위 | HS[33] | 품 명 | 2005 | | 2006 | | 2007 | | 2008 | | 2009.1～7 | |
|---|---|---|---|---|---|---|---|---|---|---|---|---|
| | | | 금액 | 증가율 | 금액 | 증가율 | 금액 | 증가율 | 금액 | 증감율 | 금액 | 증감율 |
| | | 총 계 | 762,327 | 28.4 | 969,323 | 27.2 | 1,218,155 | 25.7 | 1,428,869 | 17.3 | 626,425 | -22.0 |
| 1 | 85 | 전기전자 | 172,406 | 32.9 | 227,545 | 32.0 | 300,334 | 32.0 | 342,082 | 13.9 | 150,444 | -21.3 |
| 2 | 84 | 보일러, 기계 | 149,834 | 26.7 | 186,656 | 24.6 | 228,664 | 22.5 | 268,740 | 17.5 | 124,205 | -18.6 |
| 3 | 61 | 의류(편물) | 30,876 | 19.7 | 44,902 | 45.4 | 61,342 | 36.6 | 60,590 | -1.2 | 27,522 | -10.6 |
| 4 | 62 | 의류 | 35,083 | 20.9 | 43,709 | 24.8 | 47,339 | 8.3 | 52,430 | 10.8 | 26,146 | -7.1 |
| 5 | 94 | 가구, 조명 | 22,367 | 29.2 | 27,956 | 25.0 | 35,957 | 28.6 | 42,786 | 19.0 | 20,772 | -11.9 |
| 6 | 73 | 철강제품 | 19,031 | 38.4 | 26,792 | 40.8 | 36,719 | 37.1 | 48,344 | 31.7 | 19,836 | -20.8 |
| 7 | 90 | 광학기기 | 25,435 | 56.4 | 32,628 | 28.3 | 37,007 | 13.4 | 43,385 | 17.2 | 19,300 | -24.8 |
| 8 | 64 | 신발, 모자 | 19,084 | 25.3 | 21,814 | 14.5 | 25,305 | 16.0 | 29,651 | 17.2 | 15,716 | -5.0 |
| 9 | 86 | 선박 | 4,719 | 49.4 | 8,102 | 71.7 | 12,273 | 51.5 | 19,579 | 59.5 | 15,072 | 41.4 |
| 10 | 87 | 철도외 차량 | 16,601 | 40.5 | 22,382 | 25.0 | 31,862 | 42.4 | 39,316 | 23.4 | 14,992 | -36.6 |

출처 : 무역협회

33) HS Code : 국제통일상품분류체계에 따라 대외 무역거래 상품을 총괄적으로 분류한 품목분류 코드

對중국 10대 수출품은 전기전자, 보일러 및 기계류, 의류, 광학기기, 가구 및 조명기기, 일반 차량, 철강제품, 철강, 유기화학물 등이다.

특히, 중국의 산업경쟁력 향상에 따라 수출상품이 고도화되면서, 전기전자 및 기계류 수출이 전체 수출을 견인하고 있다.

이 가운데 1위 수출품목인 전기전자는 2007년 실적 기준으로 총 수출액의 23,9%를 차지할 만큼 강세를 보이고 있다. 중국 기업들의 기술력 향상, 외국인 투자기업의 생산 및 수출물량 확대에 따른 결과로 최근 4년간 30~40%의 수출 신장률을 지속하였으나, 글로벌 경제위기의 여파로 2008년도에는 증가율이 13.9%에 그쳤다. 하위 품목인 보일러 및 기계류, 의류, 광학기기, 가구 및 조명도 10%대의 증가율을 보이는데 그쳤다.

특히 철강의 수출액은 2008년 534억 9,400만 달러를 기록하여 무려 33.8% 증가했다. 주목해야 할 점은 2006년 지속 증가세를 보이던 의류제품이 2007년 들어서부터 큰 폭으로 하락세를 보인다는 점이다.

이는 수출 채산성이 높지 않은 의류제품의 특성상 최근 원부자재 가격 인상, 인건비 인상, 위안화 평가 절상 등의 영향으로 가격 경쟁력에 큰 차질이 생기고 있음을 의미한다. 의류제품의 수출은 향후 뚜렷한 회복세를 기대하기 어려운 상황이다.

2009년 1~7월 수출은 글로벌 경제침체 여파로 선박을 제외한 10대 수출품의 수출량은 모두 감소하였다. 중국 조선산업은 위기 속에서 세계시장 점유율을 높이고 있는 추세이며, 선박의 1~7월 수출액은 전년 동기 대비 41.4% 증가한 151억 달러로 집계되었다.

## (2) 품목별 수입

〈표 1-9〉 품목별 수입 실적

(단위 : 백만불, %)

| 순위 | HS | 품명 | 2005 | | 2006 | | 2007 | | 2008 | | 2009.1 ~ 7 | |
|---|---|---|---|---|---|---|---|---|---|---|---|---|
| | | | 금 액 | 증가율 | 금액 | 증감율 | 금 액 | 증가율 | 금 액 | 증감율 | 금액 | 증감율 |
| | | 총계 | 305,971 | 21.4 | 660,221 | 17.7 | 956,261 | 20.8 | 1,131,469 | 18.3 | 517,742 | -23.7 |
| 1 | 85 | 전기전자 | 74,326 | 22.0 | 174,912 | 23.1 | 257,607 | 17.6 | 266,639 | 3.5 | 124,224 | -19.5 |
| 2 | 84 | 보일러, 기계 | 11,068 | 9.8 | 96,418 | 5.4 | 124,440 | 13.7 | 138,707 | 11.5 | 66,937 | -18.1 |
| 3 | 27 | 광물성 연료 | 61,332 | 18.9 | 64,239 | 33.8 | 104,675 | 17.5 | 168,643 | 61.1 | 58,428 | -43.5 |
| 4 | 26 | 광, 슬랙[34], 회[35] | 10,862 | 21.6 | 25,923 | 50.1 | 53,911 | 68.7 | 85,236 | 58.1 | 35,757 | -31.6 |
| 5 | 90 | 광학기기 | 10,414 | 43.0 | 49,957 | 24.5 | 69,405 | 17.9 | 77,696 | 12.0 | 33,451 | -30.1 |
| 6 | 39 | 플라스틱 | 9,579 | 26.4 | 33,338 | 18.8 | 45,319 | 19.8 | 48,841 | 7.8 | 25,253 | -15.9 |
| 7 | 29 | 유기 화합물 | 9,051 | 43.2 | 28,022 | 17.7 | 38,385 | 28.6 | 39,301 | 2.4 | 19,898 | -22.8 |
| 8 | 72 | 철강 | 6,790 | 49.5 | 26,230 | 11 | 23,012 | 14.8 | 24,520 | 6.6 | 15,737 | -8.3 |
| 9 | 87 | 일반차량 | 9,009 | 9.5 | 12,890 | 23 | 27,172 | 58.2 | 26,085 | -4.0 | 14,548 | -11.5 |
| 10 | 12 | 종자, 과실 | 8,487 | 2.0 | 12,271 | -5.2 | 22,111 | 29.8 | 26,941 | 21.8 | 12,726 | -23.3 |

출처 : 무역협회

중국의 10대 수입품은 전기전자, 보일러 및 기계류, 광물성 연료, 광 및 슬랙, 회, 광학기기, 플라스틱, 유기화합물, 동 및 그 제품, 일반차량,

34) 슬랙(slag) : 광석을 제련한 후에 남은 찌꺼기

35) 회(灰) : 물질이 연소했을 때 뒤에 남는 가루를 가리키는 말

철강 등으로 수출상품 구조와의 유사성이 강한 편이다. 이는 중국의 대외 무역 구조가 외국산 원부자재를 도입하여 가공한 후에 재수출하는 가공 무역에 의존하는 비중이 여전히 높다는 점을 시사하고 있다.

2009년 1~7월 수입은 글로벌 금융위기 여파로 모두 마이너스 증가율로 나타났다. 품목별로는 철강과 종자, 과실을 제외한 10대 수입품의 감소가 둔화되고 있으며, 수입총액 또한 1분기 -31.0%의 감소세는 2분기 들어 다소 완화되고 있는 추세이다.

## 참고서적


1. 강준완 2007 미래의 중국보기, 인민일보한국발행처
2. 김광수경제연구소 2009 세계금융위기와 중국경제 휴먼앤북스
3. 미나미 료신 2007 중국경제입문, 생능
4. 박천동 2008 현대중국경제의 이해 한울출판사
5. 백창제 2008 2010 차이나리포트 인간사랑
6. 송기호 2008 중국경제의 이해 청목출판사
7. 오노에 오쯔조우 1982 현대중공경제의 해명 한밭출판사
8. 유희문 외 2004 현대중국경제 교보문고
9. 이근 2007 동아시아와 기술추격의 경제학, 박영사
10. 필립 리처드슨 2007 중국근대경제사 1800~1950 푸른역사


## 참고연구자료


1. 13억인구의 중국-인구정책의 문제점과 시사점 KIEP 2005
2. 2010년 중국 경제 및 거시 정책 전망 KIEP 2009
3. 2010년 중국경제 어떻게 견인할 것인가? KIEP 2009
4. 개혁 개방 이후 중국의 경제적 위상 변화와 향후전망 한국은행 2009
5. 세계경제통계 KIEP 2008
6. 신에너지산업 진흥계획의 주요내용과 신에너지 산업의 문제점 KIEP 2009
7. 중국의 대외경제 정책분석과 전망 KIEP 2009
8. 중국위안화의 기축통화 가능성? 삼성경제연구소 2009

9. 중국반도체,LCD 산업의 부상과 대응 삼성경제연구소 2009
10. 최근 중국경제 현황, 문제점, 거시경제정책방향 KIEP 2008
11. 최근 중국의 반덤핑 현황 및 시사점 KIEP 2009
12. 통계자료 한국은행 2009

## 참고웹주소

1. 네이버 백과사전 www.naver.com
2. 대외경제정책연구원 www.kiep.go.kr
3. 대한무역투자진흥공사 www.kotra.or.kr
4. 삼성경제연구소 www.seri.org
5. 위키피디아 www.wikipedia.org
6. 중국의 어제와 오늘. www.chinabang.co.kr
7. 한국은행 www.bok.or.kr

# 러시아 Russia Россия

# 러시아 Russia Россия

## ◎ 개괄

■ 위 치 : 북유라시아

■ 면 적 : 17,075.4천 km2(한반도의 76.8배 남한의 170.6배)

■ 기 후 : 대륙성

■ 인 구 : 142.4백만 명('07)

■ 수 도 : 모스크바 Moscow(1,010만 명)

■ 민 족 : 러시아인(79.8%), 타타르인(3.8%), 우크라이나인(2.0%)

■ 언 어 : 러시아어, 다수의 소수민족 언어

■ 종 교 : 러시아정교, 회교, 유대교

---

■ 독립일 : 1991. 6. 12(구소련)

■ 정치체제 : 대통령중심제(연방공화제)

■ 국가원수 : 드미트리 메드베데프 Dmitry Medvedev 대통령('10) (블라디미르 푸틴 Vladimir Putin 총리)

■ 의 회 : 양원제(상원 168석, 하원 450석)

■ 주요정당 : 통합러시아당(United Russia), 공산당(CPRF), 정의당, 자유민주당 등

■ 국제기구가입 : UN, CIS, IMF, APEC, G-8, World Bank, EBRD, OSCE, MIGA 등

---

■ 화폐단위 : 루블 Russian Ruble (RUB)

■ 산업구조 : ('07) 서비스업 60.5%, 제조업 28.8%, 농업 10.8%

■ 주요수출품 : ('06) 연료 · 에너지 64.8%, 금속류 13.8%, 기계 · 운송장비 5.8%

■ 주요수입품 : ('06) 기계 · 운송장비 39.8%, 화학제품 13.2%, 음식료 13.1%

■ 주요부존자원 : 원유, 가스, 철광석, 석탄, 비철금속

■ 평균수명 : 68세('07)

■ 1인당 GNI : 7,530달러('07)

■ 절대빈곤계층비율 : 20%('02)

■ 1인당 $CO_2$ 방출량 : 10,500kg('05)

■ 이동통신가입자수(백명당) : 데이터 없음

■ 도로포장률 : 81%('06)

■ 인터넷사용자수(백명당) : 21명('07)

■ 1인당 에너지소비량(석유환산) : 4,745kg('06)

# Ⅰ. 러시아경제 발전사

러시아는 20세기 중반 미국과 경쟁하며 세계의 한 축을 이루었던 나라였다. 공산주의가 시작된 나라이고 자유시장경제와 대립하며 소비에트 사회주의 공화국연방(이하 소련)을 건설했던 나라였다.

하지만 러시아는 달라졌다. 소련의 공산주의 체제는 무너졌고 소련은 다시 러시아로 모습을 바꿨다. 세계를 양분하던 지위는 추락하고 경제위기를 맞이하여 모라토리엄을 선포하기도 했다. 이제 러시아는 자유시장경제체제를 도입하며 방대한 양의 천연자원을 바탕으로 경제성장에 박차를 가하고 있다.

'강한 러시아'라는 표어를 내걸고 발전에 박차를 가하고 있는 러시아. 지금의 러시아를 이해하기 위해서는 러시아라는 나라의 과거를 되짚어 볼 필요가 있다.

## 1. 제정 러시아 시대(표트르 대제 ~ 니콜라이 2세)

공산주의 혁명이 일어나기 전에 러시아는 차르(char 황제)가 다스리는 제정국가였다. 산업 혁명이 일어날 무렵에도 러시아는 제정상태였으며, 표트르 대제가 등장하면서 러시아 전반에 걸쳐 새로운 시대를 향한 개혁을 실시하였다. 16세기 표트르 대제 때부터 장려되었던 러시아의 공업화는 18세기 후반 경이 되어서 비로소 이루어지기 시작됐다. 하지만 공업국가로 완벽한 변화가 이루어졌던 것은 아니었다. 이때는 아직 가스나 석유 같은 화석에너지의 개발이 이루어지기 이전이었기 때문에 풍부한 철광석 위주의 경제성장을 하였다. 18세기말 러시아는 주도적인 철 생산국이었다. 19세기 말경에 이르러서야 러시아는 정부의 정책과 해외 자본 유입으로 본격적인 공업화가 이루어졌다.

러시아 전반에 걸쳐 산업화가 진행되자 러시아의 농민들은 도시로 몰리기 시작했다. 소수의 대도시에 사람들이 밀집하기 시작했고 수천 명의 노동자들이 거대한 공장에 집중되었다. 산업혁명시대의 영국이 그러했듯 러시아도 마찬가지였다. 공장에 사람들이 몰리자. 노동조건은 심각하게 악화되었고 이에 따라 노동자들의 생활은 점점 비참해졌다. 러시아들의 노동자들은 결국 자신들의 권리를 보호하기 위하여 지금의 노조와 같은 상호 부조 단체나 여타 조직들을 결성하게 되었다. 이러한 노동력의 밀집이 훗날의 프롤레타리아트(무산계급)들로 하여금 혁명사상에 물들게 하는 계기가 되었다.

17세기, 18세기 무렵이 되자 러시아는 대대적인 공업화의 분위기 속에 여러 차례의 대규모 농민 봉기를 맞이하였다. 이 시기 까지도 러시아는 농노제도를 그대로 유지하고 있었는데 19세기 무렵이 되면서 농민봉기의 양상이 더욱 심해지자 일부 귀족들을 중심으로 농노해방을 받아들이는 분위기가 생겨났다.[1)]

18세기 후반이 되면서, 서유럽으로부터 서적이나 잡지가 수입되었고, 해외에서 온 학자들과 해외에서 공부한 러시아 귀족들을 중심으로 계몽사상이 확산되기 시작했다. 더불어 나폴레옹과의 전쟁 동안 자유 평등 박애의 프랑스 혁명의 정신이 퍼지기 시작하자 이러한 경향은 더욱 심해졌다. 사람들은 러시아의 차르제도[2)]에 불만을 품게 되었고, 마지막 황제인 니콜라스2세가 제위에 올랐다.

러시아는 여러 차례의 농민반란과 소요사태가 일어나는 와중에도 아시아에 대한 영향력을 증대시켰다. 1896년 만주 철도 부설권을 획득하였고, 1898년에는 중국과 한국(당시 대한제국) 사이의 여순항을 장기로 조차하였다. 또한 러시아는 대한제국에 대한 영향력을 증대시키기 위하여 대한제국의 국경선을 따라 벌목권을 획득하였고 군대도 증강시켰다. 이에 일본은 만주를 러시아에 넘기는 한편, 자신들이 대한제국에 대한통제권을 갖겠다는 외교정책을 제시하였으나 러시아는 이를 무시했고, 그 결과 러일전쟁이 발발하였다. 러시아는 러일전쟁을 낙관하고 이것을 차르체제를

---

1) 상기 문단까지 <러시아 현대사> 사회평론 존. 톰슨 김남섭 옮김. p.62 ~ 77 부분인용
2) 황제가 통치하는 사회제도. 즉, 제정(帝政)

굳건하게 할 수단으로 생각하였으나 결과는 러시아의 패배로 끝났고, 이것은 차르체제에 큰 흠집을 만들었다.

이후 러시아는 군사적 사태를 최대한 피하려고 하였다. 하지만 20세기 초 발칸반도를 중심으로 전운이 감돌기 시작하면서, 유럽사회가 군사력증강에 힘을 쏟게 되고, 1914년 여름 사라예보[3]에서 울린 총성과 함께 제1차 세계대전이 발발하게 되었다. 러시아는 다시 전쟁에 참가하게 되었고, 이것은 국가경제에 최악의 영향을 미쳤다. 1500만 명이 징집되었고, 러시아의 많은 영토가 독일 수중으로 들어갔다. 또한 수많은 공장들이 파괴되고 수천 킬로미터의 철도가 파괴되었다.

모든 부문에 걸쳐 생산 감소가 일어났다. 농작물의 파종면적은 12퍼센트가 감소했고, 곡물생산은 20퍼센트, 육류생산 역시 전후 4배나 감소했다. 공업은 2배 감소하였고, 무기생산만이 10~12배 증가했다.[4]

1916년 말 까지 러시아는 사망 150만 명, 부상 약 400만 명 등 러시아는 큰 손실을 입었고 1917년 2월 민중들이 일어나 2월 혁명을 일으켰다. 3월 니콜라이 2세의 퇴위와 함께 차르 시대(제정 러시아 시대)는 막을 내렸다.

---

3) 세르비아 왕국 출신의 대학생 가브릴로 프린치프(1894년~1918년)가 사라예보에 친선 방문했던 오스트리아-헝가리 제국의 황태자인 프란츠 페르디난트 대공과 그의 아내인 호엔베르크 소피아 황태자비를 암살하게 되었다. 이 사건을 사라예보 사건이라고 부른다. 출처 : 위키피디아

4) 러시아 경제사, 한길사, 따찌야나 미하일로브나 찌모쉬나 지음, 이재영 옮김, p.246.

 아나스타샤 사건5)

〈좌측은 아나 앤더슨 우측은 아나스타샤 공주〉

제1차 세계 대전이 끝난 후 안나 앤더슨이라는 여자가 자신이 아나스타샤라고 주장하자, 아나스타샤가 생존했었다는 소문이 급속도로 퍼지기 시작하여, 아나스타샤 전설이 태어났다. 또 이 내용을 기초로 할리우드에서 자신이 아나스타샤 공주라고 주장하는 여자가 공주로서의 교육을 받는다는 영화 《아나스타샤》 와 아나스타샤 생존설에 근거한 만화영화 《아나스타샤》 가 제작되었기 때문에, 아나스타샤 생존설을 믿는 사람은 여전히 적지 않다. 또한 아나스타샤 생존설에 의하면 아나스타샤는 총살을 당할 당시 총알이 아나스타샤의 몸을 관통한 것이 아니라 아나스타샤가 입고 있던 코르셋의 철제 단추에 박혀서 아나스타샤는 살아남았고 홀로 그 곳을 탈출한 아나스타샤는 프랑스군 장교(대위)와 같이 도피행각을 하다가 미국으로 건너갔다고 전해지고 있다.

이후 아나 앤더슨이라는 여자가 나타나 자신이 아나스타샤임을 주장하였다. 앤더슨은 전쟁이 끝난 후인 1920년대에 독일에서 옛 제정 러시아 황실의 유산 상속권을 요구하는 소송을 일으켰다. 그녀에게는 귀의 형태나 다리 모양 등 아나스타샤와 흡사한 신체적 특징이 있었던 데다가, 옛 황실에 관련된 측근 밖에는 알지 못했던 자세한 내막에 대한 지식이 풍부했다는 점 때문에 일부 옛 러시아 제국 귀족들을 포함한 많은 지지자를 얻었지만, 정작 러시아어를 유창하게 구사하지 못한 점과 중요한 대목에서는 기억이 애매모호한 점 등 의문점도 많아, 소송은 장기화되었으며, 최종적으로는 진위 확정이 불가하다 하여 각하되었다. 그 후, 지지자들의 후원으로 미국으로 이주하여 결혼까지 했지만, 1984년에 죽을 때까지 자신이 아나스타샤라고 계속 주장하고 다녔다.

1991년에 아나스타샤의 남동생인 알렉세이 황태자와 아나스타샤 또는 그 자매의 한 명으로 추정되는 여성의 유골이 러시아에서 발견되었다. DNA 감정 결과, 이 유골은 확실히 로마노프 왕조의 일원인 것으로 확인되었고 이에 따라, 앤더슨이 죽은 후 보관되고 있던 그녀의 치아와 머리카락의 일부를 이용한 DNA 감정을 하게 되었다. 그 결과, 에든버러 공과 유골의 DNA는 정확히 일치했지만, 앤더슨의 DNA는 그 어느 쪽과도 일치하지 않았다는 결과가 나오면서, 앤더슨과 아나스타샤는 전혀 다른 사람인 것으로 확정되었다.

<출처 : 위키피디아>

## 2. 공산주의 혁명과 소련의 탄생(레닌의 등장)

이런 혼란 속에서 러시아는 계속해서 통화를 발행하였다. 1915년 말 이미 10루블짜리 금화는 16~17 루블의 지폐를 받고 판매 되었다. 1917년이 되자 인플레이션은 더욱 심각해져 곡물의 가격은 이전의 16배, 감자

[그림 2-1] 레닌과 그의 묘지. 그는 미라가 된 채 아직도 붉은 광장에 있다

5) 제정러시아의 마지막 황녀. 니콜라이 2세의 딸로 2월 혁명 때 숙청되었다가 후에 살아있다는 소문이 퍼졌다. 자신이 공주임을 사칭하는 이들이 많이 생겨났고 이 사건은 영화와 소설 애니메이션 등으로 만들어졌다.

가격은 20배, 설탕은 27배 인상되었다. 인플레이션이 심화 될수록 국민의 분노는 쌓여갔고, 드디어 10월 역사적인 볼셰비키 혁명(10월 혁명)이 일어났다.

1917년 볼셰비키 혁명으로 러시아는 제1차 세계 대전에서 발을 뺐으며 임시정부를 전복하고 페트로그라드를 장악하였다. 이후 혁명세력들은 옛 러시아 제국의 주요도시와 마을을 무장으로 점령하기 시작했다. 1918년 볼셰비키는 제헌의회를 해산시키고 소비에트가 러시아의 새로운 정부라고 선언하였다. 이후 내전이 일어났고 연합국이 러시아 내전에 관여하다 철수하자 1922년 10월 25일 레닌의 붉은 군대가 블라디보스토크를 점령함으로써 내전이 종결되었다.

소비에트 정권 내부는 극도로 피폐해 있었다. 이에 볼셰비키 정권과 당은 레닌의 지도하에 시장 경제를 제한적으로 도입한 신경제정책(NEP)을 추진했다. 신경제정책(NEP)은 전시 공산주의로 파괴된 러시아 경제를 재건하기 위해 실시된 것으로써 공산주의 경제에 시장경제를 결합했다는 특징이 있다. 이러한 신경제 정책은 황폐화된 러시아의 경제를 어느 정도 되살리는 데 공헌을 하였지만 '자본주의로의 후퇴'라는 반대파들의 공격에 직면하게 되었다. 레닌이 사망하게 되자 신경제정책은 점차 축소되어 갔다.

## 3. 제2차 세계 대전의 발발(스탈린 시대)

레닌이 사망하자 스탈린이 정권을 잡고 러시아를 이끌어갔다. 스탈린의 주요 경제 정책으로는 '5개년 계획'과 '대약진 정책'이 있다. 스탈린은 "5개년 계획을 4년 안에 완수하자!"라는 것을 슬로건으로 이 정책을 실시하였는데 이 5개년 계획은 초기의 계획과는 다르게 스탈린의 주장으로 터무니없이 높은 목표치를 설정하였고 이 수치는 달성 되지는 않았지만 결과적으로 공업 분야에서 처음 계획했던 목표치를 달성할 수 있었다. 대약진 정책은 중공업을 중심으로 경제를 발전시키자는 계획으로 이것은 중국에서도 그대로 실시된 바가 있다. 이 5개년 계획과 대약진 정책은 비슷한 시기에 실시되었는데 그로 인해 공업 부문을 제외한 러시아의 산업은 심각한 타격을 입었다.

〈표 2-1〉 5개년 계획의 성과

(단위 : 백만 톤)

| | 1927 ~ 28 | 출발 목표 | 최적 목표 | 수정 목표 | 1932 실제 달성치 |
|---|---|---|---|---|---|
| 석탄 | 35.4 | 68 | 75 | 95 ~ 105 | 64 |
| 석유 | 11.7 | 19 | 22 | 40 ~ 55 | 21.4 |
| 철광석 | 5.7 | 15 | 19 | 24 ~ 32 | 12.1 |
| 주철괴 | 3.3 | 8 | 10 | 15 ~ 16 | 6.2 |

출처 : 러시아 경제사, 한길사, 따찌야나 미하일로브나 찌모쉬나 지음, 이재영 옮김 p.331

제2차 세계대전이 개전 될 무렵에는 소련과 서방연합군의 관계가 악화되고 있었다. 소련과 독일은 독 - 소 불가침 조약을 체결하였으며 소련은 전화에서 빗겨나가는 듯 보였다. 이후 1년 반 동안 독일과 소련은 전쟁물자 등을 교류하며 관계를 이어갔지만, 독일이 먼저 소련을 침공하면서(바르바로사 작전) 독-소 불가침 조약은 깨졌다.

스탈린그라드의 전투를 기점으로 소련은 독일에게서 승기를 빼앗았다.

[그림 2-2] 얄타회담의 세 정상 : 좌로부터 처칠, 루스벨트, 스탈린

소련은 서방연합국(미국, 영국, 프랑스 등)과 동맹을 맺고 전쟁에 참여하였으며 독일과 일본의 패망으로 승전국이 되었다.

소련과 서방연합국은 결국 전쟁에서 승리 하였지만 전후 국경 문제에 관하여 서로 간에 확실한 합의를 이루지 못하였다. 1945년 얄타 회담이 성사 되었지만 여기에서도 이렇다 할 성과가 나오지 않았다. 연합국이 승리한 후 미국을 비롯한 서방 연합군은 서유럽에 주둔하게 되었고, 소련은 동유럽에서 영향력을 행사했다.

전쟁 막바지에서 소련은 당초 독-소 불가침 조약에서 분할했던 나라들을 자국으로 직접 편입하여 하나의 블록을 형성했다.

이후 전쟁이 끝난 뒤에는 동독, 폴란드, 헝가리, 체코슬로바키아, 루마니아, 알바니아 등 다른 국가들도 소련에 들어갔다.

전후의 러시아는 심각한 피해를 입은 상태였다. 전체 국부의 3분의 1가량이 사라졌다. 1710개의 도시와 전체의 60%에 달하는 도회지 부락, 7만개 이상의 마을, 약 3만 2000개의 공업기업, 6만 5000킬로미터의 철도가 파괴되었다. 2300만 명이 집을 잃었고, 7백만 필의 말과 2000만 마리의 돼지가 죽었다.[6)]

## 4. 냉전의 시작[7)] (흐루시초프에서 고르바초프까지)

냉전의 시작을 보는 시각은 학자들마다 차이가 있지만 제2차 세계대전 이후에는 냉전체제가 확실하게 성립된 것으로 본다. 냉전체제가 성립되자 미국에서는 대통령인 트루먼이 연설을 통하여 트루먼 독트린을 발표했다. 이것은 미국 외교정책에 관한 원칙으로서 미국 민주당과 공화당의 초당적인 합의가 이어졌으며 그 내용은 공산주의 확대를 막고 그것을 위하여

---

6) 러시아 경제사, 한길사, 따찌야나 미하일로브나 찌모쉬나 지음, 이재영 옮김 pp.366~367.

7) 제2차 세계 대전 이후 소비에트와 서방 진영 사이의 지정학적 갈등을 일컫는 "냉전(Cold War)"이란 말은 미국의 재정가이자 대통령 보좌관 버나드 바루크가 처음으로 썼다고 한다. 기고가 월터 립먼도 1947년 '냉전'이라는 제목의 책을 출판해 이 말을 널리 퍼뜨렸다. 이것은 무기를 들고 싸운다는 의미의 전쟁(영어 : hot war 열전)과는 반대가 되는 말이다.

국가의 자유와 독립의 유지에 노력하며, 세계 여러 나라에 대한 군사적·경제적 원조를 제공한다는 것이었다. 트루먼 독트린의 발표로 미국의 국방 및 외교 정책을 놓고, 유럽에서는 다수가 서방의 동맹을 지지했다.

1947년 6월 미국의 국무 장관 조지 마셜에 의해 유명한 마셜 플랜이 계획되었다. 일명 유럽 부흥 계획이라고도 불리는 이 계획은 전후 파괴된 유럽의 민주주의 진영의 경제를 회복시키고 소련으로부터 공산주의가 확산되는 것을 방지하기 위함이었다. 이 마셜 플랜은 민주주의 유럽국가들 뿐만 아니라 소련에 속해있는 국가들에게도 동일하게 제시 되었는데 처음 소련에서는 거부하지 않았다. 실제로 폴란드와 슬로바키아에서는 이 계획에 환영의사를 밝혔다. 하지만 소련은 이 계획이 유럽에서 소련의 영향력을 약화시키기 위한 계획이라는 사실을 깨닫게 되고 마셜 플랜에 참여하는 것을 금지 하였다.[8] 또한 경제상호원조회의(Council for Mutual

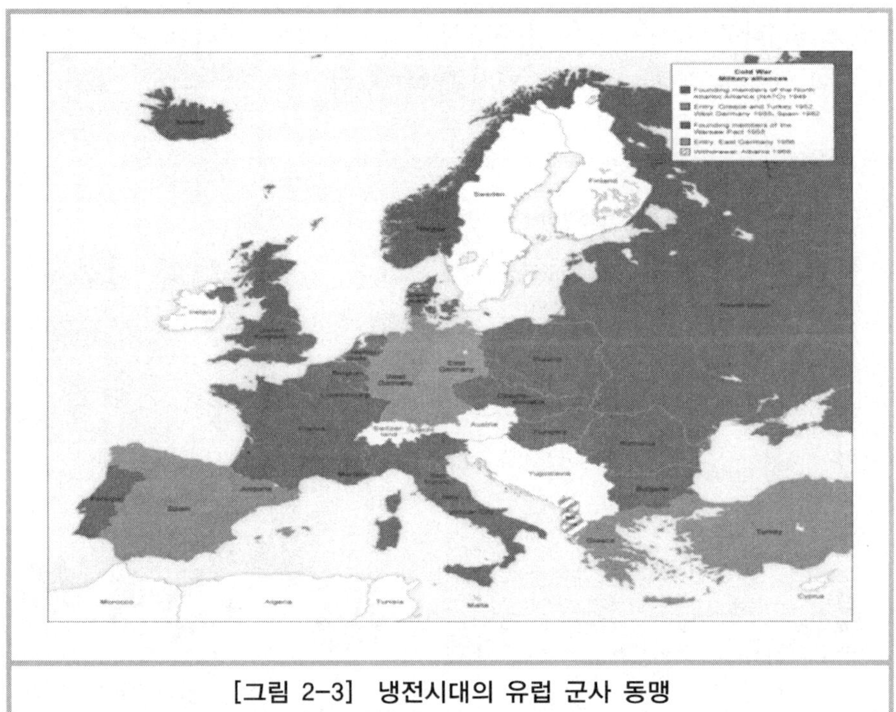

[그림 2-3] 냉전시대의 유럽 군사 동맹

8) 러시아 현대사, 사회평론, 존. 톰슨, 김남섭 옮김 p.469.

Economic Assistance, CMEA) 로 이에 대항하였고 이는 일명 코메콘(COMECON, Communist Economic community)으로 불리기도 한다.

소련의 서독에 대한 영향력 봉쇄가 미국과 유럽에 의하여 행해지고, 1949년 북대서양 조약기구(NATO : North Atlantic Treaty Organization)가 결성되었다. 이에 따라 냉전은 더욱 심화 되는 경향을 보였다. 1955년 동유럽에서는 이에 대항하는 바르샤바 조약기구가 창설되었다. 비로소 냉전은 전 세계로 번져 지구가 두 개의 세력으로 나뉘어 경쟁을 하기 시작했다.

1949년에는 러시아가 최초로 핵실험에 성공을 하게 되었고, 이로써 강대국 간의 핵경쟁 시대가 개막되었다.

미국과 소련이 본격적으로 핵경쟁에 돌입하자 직접적으로 상대방의 영토에 타격을 줄 수 있는 대륙간 탄도탄의 개발이 이루어졌다. 이것과 더불어 소련이 최초의 인공위성인 스푸트니크호를 발사하였고, 미사일의 대리 경쟁이라고 할 수 있는 우주경쟁이 시작되었다. 이러한 우주 경쟁은 미국의 달 착륙이 성사되면서 절정에 이르렀다.

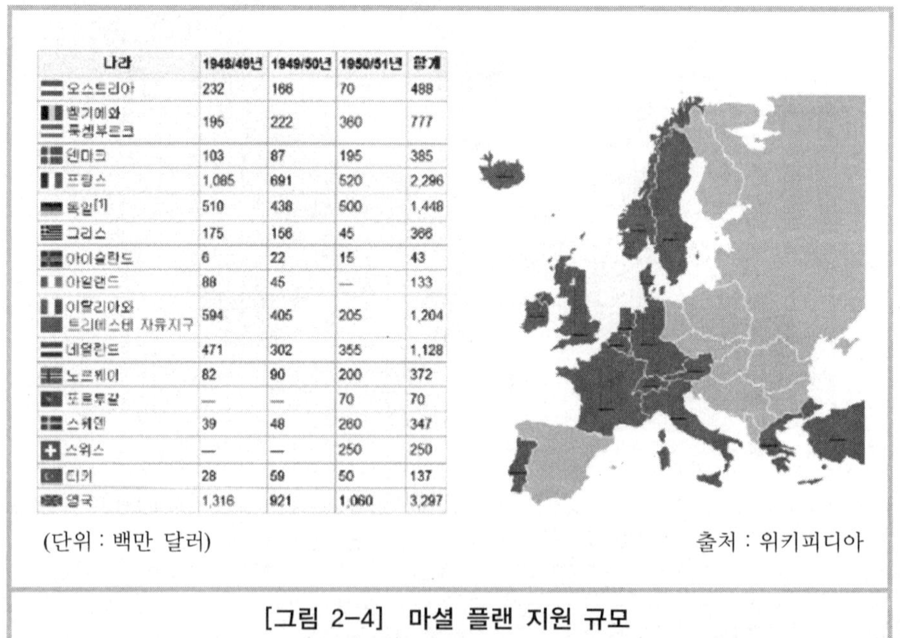

| 나라 | 1948/49년 | 1949/50년 | 1950/51년 | 합계 |
|---|---|---|---|---|
| 오스트리아 | 232 | 166 | 70 | 488 |
| 벨기에와 룩셈부르크 | 195 | 222 | 360 | 777 |
| 덴마크 | 103 | 87 | 195 | 385 |
| 프랑스 | 1,085 | 691 | 520 | 2,296 |
| 독일[1] | 510 | 438 | 500 | 1,448 |
| 그리스 | 175 | 156 | 45 | 366 |
| 아이슬란드 | 6 | 22 | 15 | 43 |
| 아일랜드 | 88 | 45 | — | 133 |
| 이탈리아와 트리에스테 자유지구 | 594 | 405 | 205 | 1,204 |
| 네덜란드 | 471 | 302 | 355 | 1,128 |
| 노르웨이 | 82 | 90 | 200 | 372 |
| 포르투갈 | — | — | 70 | 70 |
| 스웨덴 | 39 | 48 | 260 | 347 |
| 스위스 | — | — | 250 | 250 |
| 터키 | 28 | 59 | 50 | 137 |
| 영국 | 1,316 | 921 | 1,060 | 3,297 |

(단위 : 백만 달러)

출처 : 위키피디아

[그림 2-4] 마셜 플랜 지원 규모

소련에서는 지도자였던 흐루시초프가 실각하고 브레주네프가 정권을 잡게 되었다. 이런 중에 일본은 전후의 상처를 덮고 경제가 회복되어 갔으며 석유수출국 기구 등 제3세계의 영향력이 증대되었다. 그러면서 두 강대국들의 입지도 차차 좁아져 갔고 세계는 바야흐로 데탕트(해빙解氷 : 냉전이 차츰 줄어드는 것)시대를 맞이하게 된다. 소련의 지도자인 브레주네프가 미국을 방문하여 닉슨 대통령과 만났고 닉슨대통령은 1972년 2월 중국을 방문하고 연이어 모스크바를 방문했다. 이 모스크바 방문에서부터 미-소 양국은 핵무기를 제한하는 협정에 합의한다.

누그러져가는 듯 보이던 냉전의 기미는 소련의 아프가니스탄 침공으로 다시 깊어지게 되었다. 미국에서는 소련에 대한 적극적인 대항을 슬로건으로 내건 레이건 대통령이 당선되면서 소련을 "악의 제국"으로 규정하고 공산주의는 역사에서 사라질 것이라고 선포하였으며, 제2단계 전략무기 제한협정이 철회 되었다.

이때부터 다시 시작한 군비 경쟁은 소련을 경제 침체의 늪으로 빠뜨렸다. 소련은 국내총생산의 25%를 투자하여 군비를 유지하였다. 이러한 군비경쟁과 여타 냉전으로 인한 지출 때문에 러시아 경제는 침체될 수밖에

출처 : 위키피디아

**[그림 2-5] 냉전시대의 세계**

없었다. 1980년대 초가 되면서 소련이 미국을 상회하는 군사력을 보유하게 되자 미국도 군비에 대한 지출을 늘리기 시작했고, 새로운 군비경쟁은 냉전이 종식될 때까지 계속 되었다.

## 5. 냉전의 종식과 소련의 해체(고르바초프 시기)

흐루시초프가 실각하고 몇 번의 지도자가 교체된 뒤에 고르바초프가 소련의 새 지도자가 되었다. 고르바초프는 정권을 잡자마자 경제 부문의 개혁인 페레스트로이카(재건)와 글라스노스트(개방)을 추진한다.

페레스트로이카는 재편 혹은 재건이라는 뜻으로 러시아의 경제를 다시 되살린다는 개혁의 방안이다. 이 개혁의 가장 핵심적인 내용은 네 가지 정도로 요약해 볼 수 있는데

첫째는 사유재산을 허용했다는 것

둘째는 분배의 의미를 재규정 했다는 것

셋째는 개인의 자유의 영역을 확대했다는 것

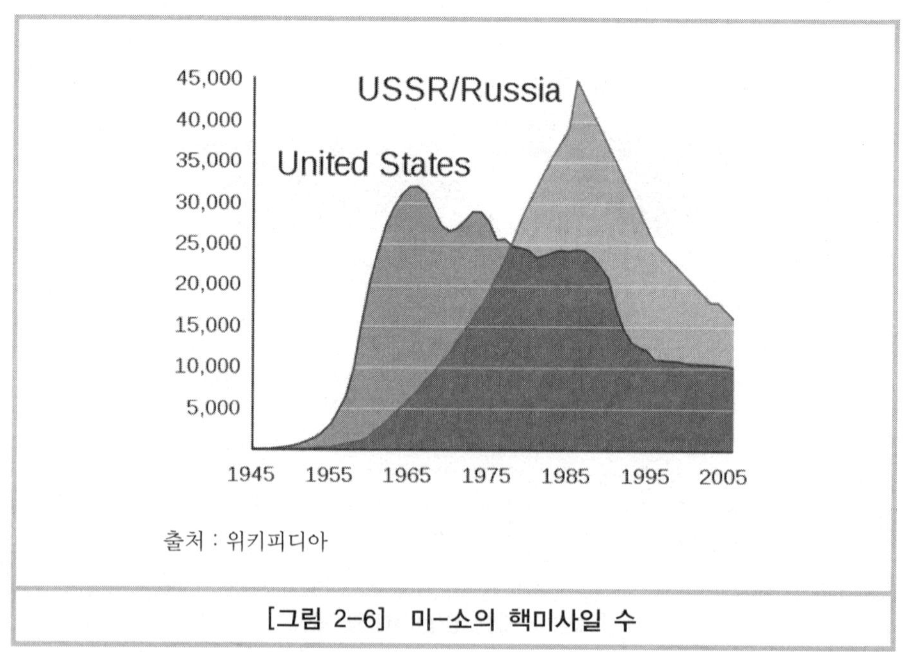


출처 : 위키피디아

[그림 2-6] 미-소의 핵미사일 수

마지막으로 막대한 군비지출을 줄여 민간부문에 투자 하였다는 것이다.

이러한 정책은 소련의 경제 구조에 대한 본질적인 변화였고 결국 이것으로 인하여 소련이 해체되는 직접적인 결과를 가져왔다고 할 수 있다.

글라스노스트는 '역사의 공백을 메우자'라는 슬로건을 내걸고 펼쳐진 언론과 출판의 자유화 정책이라고 할 수 있는데 금기시 되었던 정부에 대한 비판이나 과거 공산주의에 대한 비판을 자유롭게 열어둔 것이다. 뿐만 아니라 공산당 대회 등도 텔레비전 중계를 하여 많은 사람이 볼 수 있도록 했다. 하지만 이러한 글라스노스트는 민주주의로의 전환이라고 할 수는 없었고, 소련사회가 비판에 자유로워지고 정보가 공개됨으로써 자유가 확대되고 정부의 투명성이 재고되었다는데 의의가 있다.

이어 소련의 군사적, 정치적 양보에 힘입어 미-소간의 경제와 군비에 관한 회담이 재개되었다. 1985년 11월 스위스 제네바에서 첫 회담이 열리고 이 회담에서 양국은 핵 비축량을 50%로 줄이는데 합의 하였다. 이어지는 협상에서 핵무기에 대한 감축협상이 타결되면서 냉전의 분위기는 급격히 식어 갔으며, 1989년 모스크바 정상회담에서 제1차 전략무기 감축협상이 체결되었다. 소련은 동맹국의 내정에 더 이상 간섭하지 않겠다는 선언을 하였고, 이어 아프가니스탄에서도 철수하였다. 또한 1990년 독일통일에 소련이 동의함으로써 베를린 장벽이 붕괴되는 역사적인 사건을 맞이하였다.

1989년 소비에트 동맹체제는 힘을 잃었고, 소련의 지원을 받지 못하게 되자 바르샤바 조약 기구 국가들의 공산당 지도자들도 힘을 잃어갔다. 소련 내부적으로도 페레스트로이카와 글라스노스트로 인하여 동맹국간의 유대감이 약화되어갔다. 이에 소련에서 탈퇴하는 국가들이 늘어만 갔고, 1990년 고르바초프가 노벨 평화상을 수상한 가운데, 결국 1991년 12월 25일 소련은 공식적으로 해체를 선언하였다.

### 〈표 2-2〉 미-소간 핵무기 감축 협정

| 협정 |
|---|
| 1차 전략무기감축협정(START I) |
| 2차 전략무기감축협정(START II) |
| SALT I(Strategic Arms Limitation Talks) |
| SALT II(Strategic Arms Limitation Talks) |
| 전략 공격무기 감축 협정(Treaty on Strategic Offensive Reductions, SORT) |
| 포괄적 핵 실험 금지 조약(Comprehensive Nuclear-Test-Ban Treaty, CTBT) |
| 탄도 미사일 방어조약(Anti-Ballistic Missile Treaty, ABM) |
| 핵 확산 금지 조약(Nuclear Non-Proliferation Treaty, NPT) |
| 핵실험금지조약 (Partial Test Ban Treaty, LTBT) |

#### 소 공산당 완전 해체

끌어내려지는 "레닌"

23일 공산당활동을 금지한 리투아니아공화국 수도 빌니우스에서 레닌像이 철거되고 있다

- 73년사 종언 고르비 서기장 사임
- 인테르팍스 보도 옐친 발트 2국 독립승인
- 프라우다 등 6개지 정간
- 모스크바 레닌 동상 철거
- 연방체제 급속도로 와해
- 모스크바 장희경 특파원

미하일 고르바초프 소련 대통령이 24일 공산당서기장직을 사임하고 공산당도 해체 할 것이라고 독립적인 인테르팍스 통신이 이 날 보도했다.

이 통신은 "오늘 8월 24일 고르바초프 대통령은 공산당서기장직을 사임했으며 당자체도 해체할 것"이라고 전했다.

고르바초프의 한 대변인은 이에 대해 "지금으로서는 확인도 부인도 할 수 없다"고 말했다.

이에 따라 소련 공산당은 1917년 볼셰비키 혁명 이래 73년 만에 공식 종언을 고하게 됐다.

이와 함께 소련연방도 급속도로 와해되고 있다. 보리스 옐친 러시아 공(共) 대통령은 24일 발트 3국 중 에스토니아 공(共)과 라트비아 공(共)의 독립을 공식적으로 인정 하고 고르바초프 대통령에게도 이를 수용 할 것을 촉구했다.

타스통신에 보도된 옐친의 포고령은 고르바초프가에 에스토니아 공(共)과 소련연방간의 내부관계 확립을 위한 회담을 시작해야 한다고 밝히고 있다.

에스토니아는 쿠데타 실패 직후 완전독립을 선언했고 이에 앞서 라트비아, 리투아니아도 독립을 선언했다.

우크라이나 공화국의회는 24일 소련연방으로부터 독립을 선언했다.

우크라이나 공(共)의 독립선언은 오는 12월 공화국 주민들을 대상으로 한 국민투표에서 확정된다.

보리스 옐친 러시아 공화국 대통령이 쿠데타 분쇄 후 소련 내 최고지도자로 부상하면서 미하일 고르바초프 연방대통령보다 우위에서 급진개혁을 추진하기 시작했다.

옐친 대통령은 24일 두 공화국의 독립인정과 함께 고르바초프대통령에게 압력을 가해 소련공산당을 완전 해체토록 주문한 것으로 알려졌다.

이에 앞서 옐친 대통령은 고르바초프 대통령의 측근으로 분류될 만한 많은 인사들을 제거한 데 이어 프라우다 등 6개 공산당 기관지를 정간시켰다. 이에 따라 24일에는 이들 신문이 모스크바 가판대에서 사라졌다.

옐친대통령은 또 타스 및 노보스티 통신사장이 보수적이며 쿠데타 세력에 동조적이었다는 이유로 전격 해임했다.

모스크바 시와 레닌그라드 시는 레닌 동상을 철거키로 결정했으며 리투아니아 공(共)과 에스토니아 공(共)은 이미 레닌 동상을 크레인을 동원해 철거 한 후 치웠다.

가브릴 포포프 모스크바시장의 한 측근은 공산당 본부건물이 러시아 공(共) 의회에 의해 국유화 될 것이라고 밝히고 현재 당관리들이 쫓겨나고 있다고 말했다.

리투아니아 공(共)은 공산당을 불법으로 선언했으며 란스 베르기스 공화국 대통령은 볼셰비즘에 대한 뉘른베르크식 재판을 제안했다.

그루지야, 카자흐, 라트비아, 키르기스, 몰다비아, 타지크 공(共) 등에서도 공산당을 위헌으로 규정하거나 활동을 금지 시켰으며 일부 공화국국민은 당사를 점령했다.

이에 앞서 누르술탄 나자르바예프 카자흐공화국 대통령과 이슬람 카리모프 우즈베크 공화국 대통령은 중앙당정치국원에서 사임했으며 몰타비아공(共) 공산당 제 1서기는 정치국원과 당 중앙위원직에서 물러났었다.

<출처 : 경향신문 1991.08.25>

## 6. 러시아 경제의 몰락(고르바초프 ~ 옐친)

고르바초프의 개혁과 개방으로 소련이 해체되고 냉전은 종식되었지만 러시아 내부의 사정은 그다지 좋은 상황이 아니었다. 고르바초프의 경제개혁정책은 결과적으로 실패로 돌아갔다. 너무 급작스럽게 큰 변화가 소련을 강타한 이유도 있었겠지만 또 다른 원인은 러시아의 뿌리 깊게 지속되어온 구조 즉, 부패에 있었다.

러시아경제는 지속적으로 침체되었으며 낮은 경제 성장을 이어갔다. 1987 ~ 1988년의 경제 성장률은 2 ~ 3% 정도였다. 1989년에는 경제성장률이 아예 0으로 떨어졌고, 재정적자는 국내 총생산의 11%에 달했다. 1990년에는 경제성장률이 -8% 이었으며, 1991년에는 -20%까지 떨어졌고 재정적자는 16%에 달했다. 1991년 러시아의 대외부채는 600억 달러를 상회하였다. 사회적으로 보면 이 시기의 러시아는 수치가 설명하는 것보다 더욱 상황이 좋지 못했다. 러시아는 알 수 없는 부족현상에 시달렸는데 1989년에는 비누 및 그와 비슷한 종류의 상품들이 보이질 않았고, 1990년 8월에는 주요도시에서 전구를 찾아 볼 수가 없었다고 한다. 게다가 높은 인플레이션이 일어났다. 1990년의 인플레이션은 10%였는데 1991년말의 인플레이션은 25%에 이르렀다. 1991년에는 한 달에 8%가 오르기도 했다. 이는 지하경제의 번성을 불러왔고 국민들의 삶은 피폐해져 갔다.[9)]

옐친이 대통령에 당선 되었을 때의 러시아의 경제 상황은 앞서 언급한

9) 러시아 현대사, 사회평론 존. 톰슨, 김남섭 옮김, p.639.

바대로 최악의 상황이었다. 이에 옐친은 정부의 주요 과제로 시장경제로의 이행을 목표로 모든 경제 분야에서의 국가재산을 사유화하였고, 동시에 경제 안정화를 선포 하였다.

첫 번째 조치로 1992년 1월 상품과 서비스에 대한 자유화가 시행 되었고, 거의 모든 분배제도가 폐지되었다. 그러나 이것은 생산의 독점화를 가져와 1992년 말 임금이 10~15배 정도 인상된 데 반하여 물가는 약 100~150배까지 인상되었다.

1995년에서 1998년까지의 러시아는 낙관적인 분위기의 근거들이 나타나기 시작했다. 경제성장이 시작될 것이고, 개혁의 성과들이 나타날 것이라고 예상했다. 이 때 소비자물가 상승률이 1%대까지 저하되었고, 국가 금리가 크게 낮아졌으며, 러시아의 기업주가가 상승했다. 또한 루블의 대 달러 환율이 안정세에 접어들었고, 외환보유고가 1994년 40달러에서 1997년 6월 200억 달러까지 증가하였다. 뿐만 아니라 실업 증가율도 줄어들었다.

하지만 1997년이 되자 상황은 급격한 변화를 맞이하였다. 석유가 주요 수출품목인 러시아는 국제원유가격의 하락에 따른 수출이 감소하자 무역수지의 흑자규모가 대폭 줄어들었고 구 소련으로부터 승계한 1300억 달러의 채무가 압박으로 다가왔다.

**〈표 2-3〉 러시아의 주요 채권단**

| |
|---|
| 런던클럽(1995) : 325억 달러 7년 거치 25년 상환 조건 |
| 파리클럽(1996) : 400억 달러 6년 거치 25년 상환 조건 |

여기에 러시아의 채무까지 합쳐 러시아의 채무액은 2000억 달러에 육박했고 매주 15억 달러규모의 원리금 상환의 압박에 시달려야만 했다. 1997년 말 231억 달러의 외환보유고가 1998년 170억 달러로 감소한 것도 큰 걸림돌이었다.

뿐만 아니라 지하경제가 커서 납세가 제대로 이루어지지 않고 고금리의 국채를 발행함으로써 GDP의 7%나 되는 재정적자가 계속해서 누적되었다.

게다가 아시아에 불어 닥친 경제 위기의 파급효과로 신흥시장에 대한 불신이 깊어지고 러시아로부터의 자본이탈이 가속화 되었다.

결국 러시아는 1997년 7월 IMF의 226억 달러의 지원 제안에도 불구하고, 1998년 8월 17일 90일간의 외채상환을 연장시키는 모라토리엄을 선포하기에 이르렀다.

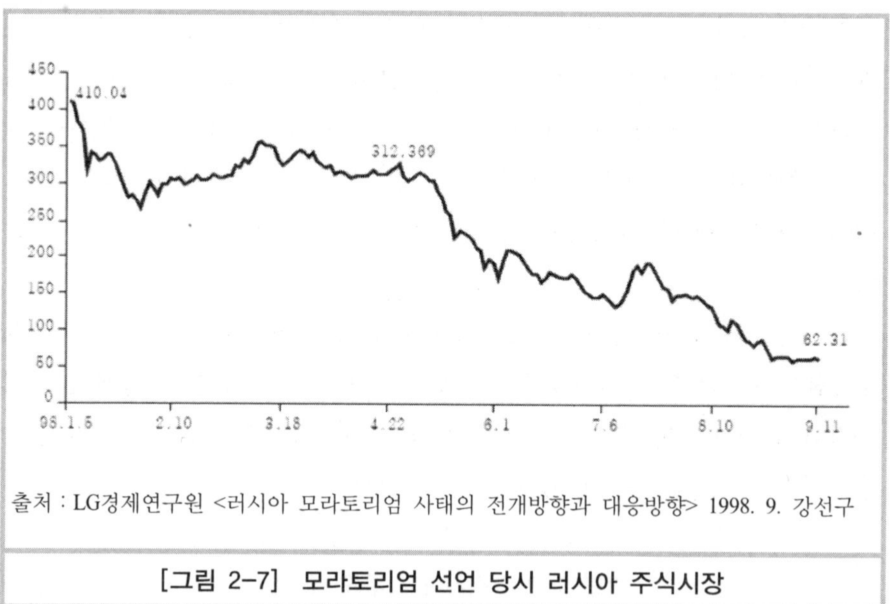


출처 : LG경제연구원 <러시아 모라토리엄 사태의 전개방향과 대응방향> 1998. 9. 강선구

**[그림 2-7] 모라토리엄 선언 당시 러시아 주식시장**

### 모라토리엄

라틴어로 '지체하다'란 뜻의 'morari'에서 파생된 말로 대외 채무에 대한 지불유예(支拂猶豫)를 말한다. 신용의 붕괴로 인하여 채무의 추심이 강행되면 기업의 도산(倒産)이 격증하여 수습할 수 없게 될 우려가 있으므로, 일시적으로 안정을 도모하기 위한 응급조치로서 발동된다.

원래 프랑스에서 비롯된 제도인데, 세계 각국에서 채용하게 되었다. 국제적으로 전형적인 예는 제1차 세계대전 후의 독일의 배상금 지불과 관련된 것으로, 당시 배상금은 1,320억 마르크라는 엄청난 금액이었다. 독일은 연차적으로 분할지급하고 있었으나 자금의 대부분은 외국으로부터의 단기차입금으로 충당되었다. 그러던 중 1930년 나치스의 대두로 독일 정치의 불안은 가중되고 외국 단기자본의 인상·유출이 격화, 독일은행은 차례로 도산하였다. 환시세의 폭락·화폐금융제도의 대혼란 등 비상사태가 발생, 이에 트랜스퍼 모라토리엄이 1933년 발동됨으로써 독일은 괴멸 직전에서 가까스로 회생하고 국제금융시장에 많은 문제를 남겼다. 또, 1931년 세계공황의 심각화에 대처하기 위해 미국의 대통령 후버가 유럽 제국의 대미전채(對美戰債 미국에 대한 전쟁채권)에 대하여 1년의 지불유예를 한 것이 그 예인데, 이를 후버 모라토리엄이라고 한다. 한국은 1997년 12월 극심한 경제위기와 그에 따른 수많은 기업의 도산으로 경제상황이 악화되자 3개월간의 지불유예 기간을 정하였다

지급 유예는 전체 부채에 대한 유예 혹은 부분적 유예의 형태가 있다. 예를 들어 페루의 알란 가르시아 대통령은 소위 "10 퍼센트 해결책"을 이행했는데, 이는 수출로 벌어들인 돈의 10%만 채무 변제에 사용한다는 것이었다.

1회 이상 모라토리엄을 선언한 국가로는 페루, 브라질, 멕시코, 아르헨티나, 미국, 러시아, 일본이 있다.

<출처 : 위키피디아>

## 참고서적


1. 따찌야나 미하일로브나 찌모쉬나 지음; 이재영 옮김 (2006) 러시아 경제사 한길사
2. 존 톰슨 김남섭 옮김 (2004) 20세기 러시아 현대사 사회평론


## 참고연구자료


1. <러시아 經濟改革의 地方別 波及影響> 대외경제정책연구원 1994
2. <러시아 모라토리엄 사태의 전개방향과 대응방향> LG경제연구원 1998
3. <러시아 경제 돌파구가 없다> LG경제연구원 1998
4. <러시아 경제 앞이 안 보인다> LG경제연구원 1999

5. <러시아 金融危機의 원인과 파급효과> 대외경제정책연구원 이창재 1998
6. <러시아 모라토리엄 선언과 영향> 삼성경제연구소 1998
7. <러시아 自由經濟地帶 推進 現況> 대외경제정책연구원 지역정보센터 1995
8. <러시아 주요 경제사회지표> 통계청 1995
9. <러시아에서의 私有化 進展과 外國人 投資 與件> 박제동 1992
10. <러시아研究, (第1輯)> 국방군사연구소 1993
11. <러시아研究, (第2輯)> 국방군사연구소 1994
12. <러시아研究, (第3輯)> 국방군사연구소 1995
13. <러시아聯邦 便覽,> 대외경제정책연구원 북방지역센터 1992
14. <러시아聯邦 便覽,> 대외경제정책연구원 지역정보센터 1993
15. <러시아聯邦 便覽,> 대외경제정책연구원 지역정보센터 1994
16. <러시아 便覽,> 대외경제정책연구원 지역정보센터 1996
17. <러시아의 체제전환과 자본주의의 발전에 관한 연구 : 푸틴의 신국가주의 노선의 전망을 중심으로> 대외경제정책 연구원 박제동 2000
18. <러시아의 한반도 군사관계사 : 영토확장·청일전쟁·러일전쟁을 중심으로> 국방부 군사편찬연구소 심헌용 2002
20. <러시아現況,> 국가안전기획부 1994
21. <러시아現況> 국가안전기획부 1997
22. [경향신문] 1991.08.25 '소 공산당 완전 해체'

## 참고웹주소

1. 네이버 백과사전 www.naver.com
2. 대외경제정책연구원 www.kiep.go.kr
3. 대한무역투자진흥공사 www.kotra.or.kr
4. 삼성경제연구소 www.seri.org
5. 위키피디아 www.wikipedia.org
6. 한국은행 www.bok.or.kr

# Ⅱ. 러시아 경제특성과 문제점

## 1. 경제적 특성

### (1) 풍부한 에너지 자원

러시아는 원유, 가스, 석탄, 철광석 등 풍부한 천연자원을 보유하고 있다. 그 중에서도 특히 에너지 자원을 바탕으로 하는 러시아 경제 성장은 러시아의 큰 특징이라고 할 수 있다. 러시아의 에너지 자원은 부존량을 기준으로 하여 석유는 세계 7위, 천연가스는 세계 1위를 기록하고 있다 (2008년 기준).

〈표 2-4〉 러시아의 천연자원

| | 석 탄 | 철광석 | 니 켈 | 석 유 | 천연가스 |
|---|---|---|---|---|---|
| 확인매장량 | 1730억 톤 (2위) | 506억 톤 (1위) | 660만m톤 | 794억 배럴 (7위) | 44,65조㎥ (1위) |
| 생산량 | 3억 860만 톤 (5위) | 9천만 톤 (1위) | 26.4만m톤 | 998만 배럴 (2위) | 6,074㎥ (1위) |

출처 : 러시아 통계청, 2005, BP statistical review of world energy, 2008

생산량을 기준으로 하면, 러시아가 세계에서 차지하는 비중은 더욱 높아지며, 앞서 언급한 부존량만을 논한다 하더라도 아직 미개발 상태인 동시베리아 지역의 개발을 염두에 둔다면 러시아의 에너지 자원은 엄청난 규모임을 예상해 볼 수 있다.10)

러시아는 옐친 대통령시절 대부분의 에너지 산업을 민영화하였다. 하지만 옐친이 물러나고 푸틴이 집권하자 푸틴은 가장 먼저 에너지 산업을

10) 러시아의 석유매장량에 대해서 대외경제정책연구원의 말을 빌리자면 "러시아는 석유매장량을 국가적인 비밀로 취급하고 있으며, 아직도 정확한 매장량에 대해서는 공식적으로 확인된 적이 없다."고 한다.

다시 국유화하였다. 그리고 이것을 석유부문은 루코일 Lukoil, 로즈네프트 Rosneft[11], 가스는 가즈프롬 Gazprom, 수송은 트란즈네프트 Transneft로 통합하여 독점적인 권한을 부여하였다.

### 1) 가즈프롬 (Gazprom)

세계 최대의 가스생산기업으로 시가총액 기준 세계3위의 국영기업으로 러시아 연방 가스 생산량의 84%, 러시아 GDP의 약 30%를 차지하는 러시아의 대표적인 국영 기업이다.

| 본 사 | 모스크바 |
|---|---|
| 총 직원 수 | 43만 2천명 |
| 가스매장량 | 전세계 16.5% |
| 가스생산량 | 전세계 19.4% |
| | 유럽 : 161.5bcm (27.9%) |
| | CIS 및 발틱국가 : 101.0bcm (17.5%) |
| | 러시아국내 316.0bcm (54.6%) |
| 주요 구매국가 | 독일, 이탈리아, 터키, 프랑스 |
| 시가총액기준 | 엑손모빌(4,486억 달러), 페트로차이나(4,066억 달러)에 이어 세계 3위(3,525억 달러) |

| 재무현황 (2006년 기준) | |
|---|---|
| 주요 재무지표 | ROE(9.4%), 영업이익률 (46.1%) |
| 매 출 | 836억 달러 |
| 순수익 | 246억 달러 |
| 주요주주 | 러시아 정부 (50%) |

### 2) 로즈네프트 (Rosneft)

1993년 소련의 석유가스부의 후신인 로스네프트가즈의 자산을 기반으로 하여 설립된 기업이다.

11) 네프트 neft라는 말은 러시아어로 석유를 뜻 함.

| 본 사 | 모스크바 |
|---|---|
| 총 직원 수 | 7만 4천명 |

| 재무현황 (2007년 기준) | |
|---|---|
| 매 출 | 492억 달러 |
| 순수익 | 129억 달러 |
| 주요주주 | 러시아 정부 (75.2%) |

### 3) 트랜스네프트 (Transneft)

1993년 소련의 석유가스부내 석유수송과의 후신으로 약 5만 Km의 송유관과 386개의 원유저장고를 보유하고 있으며 이것을 바탕으로 러시아 원유 수송량의 93%인 4억 5930만 톤을 수송한다. (2006년도 기준)

출처 : IEA, 2004

[그림 2-8] 러시아의 파이프라인

| 본사 | 모스크바 |
|---|---|
| 총 직원 수 | 8만 8천명 |

| 재무현황 (2006년 기준) | |
|---|---|
| 매 출 | 84억 달러 |
| 순수익 | 23억 달러 |
| 주요주주 | 러시아 정부 보통지분의 100% 와 특별지분의 25%를 보유 |

## 2. 사회적 특성

### (1) 관료주의와 부패

최근('08) 전(全)러시아 여론조사센터의 설문조사에서 러시아에서 개인의 기업활동에 가장 심한 장애 요인을 조사하였다. 이 결과 관료주의 장벽(42%)과 부정부패(43%)가 가장 큰 장애 중에 하나로 꼽혔다.[12] 마찬가지로 유럽개발 부흥은행과 세계은행에서 공동조사를 실시하였는데 조사결과 "러시아 내 기업 활동의 최대 장애요인은 SOC미비가 아니라, 후진적 제도와 관행이다."라고 비슷한 결과를 발표하였다.

특히, 지방의 경우에는 관료주의와 부패가 더욱 심각한 수준이다. 일부 공무원들이 정부의 권한을 자신의 이익을 위해 남용하고, 기업들 역시 공무원과 결탁하여 비리를 조장하고 있다. 이것은 아직 러시아 내에 사회주의체제에서 비롯된 유산 즉, 권위주의가 그대로 남아있음을 의미한다고 볼 수 있다. 일부 대기업만이 이러한 관행을 극복할 수 있으며 중소기업일수록 극복에 어려움을 겪고 있다. 이것은 결국 부정부패가 만연하다는 말과 같은 것이다.

러시아 정부의 한 고위 관료의 말에 따르면 러시아 정부 관료들은 1년에 2,400억 달러에 이르는 뇌물을 받고 있는 것으로 추정된다고 한다. 이

12) 중복응답허용 인력부족 52%, 조세부담 45%, 물가상승 37%, 불공정경쟁 29%, 재산권보장미흡 24% 비효율적 공공서비스 18% 등 <코트라> 해외투자속보 '러시아 내 비즈니스 애로사항' 2008. 4. 7.

것은 거의 러시아 정부의 1년 재정수입에 해당하는 금액이다.[13)]

이에 따라 OECD에서도 "정부 각 부문의 취약성, 비효율성, 부정부패 등이 러시아 개혁을 저해하는 요인"이라고 지적한 바 있다. 또한 러시아 INDEM[14)] 재단은 옐친 시대에는 야당, 언론의 자유, 독립적 사법기관 등을 통하여 어느 정도 부정부패를 해소 할 수 있는 방법이 있었으나, 푸틴 정권은 이러한 기능이 억제되어 부정부패를 해소하기 힘들다고 지적했다. 하지만 러시아 의회의 반부정부패위원회는 부정부패가 점진적으로 줄어들 것이라는 기대감을 보였다. 푸틴정부 시절 푸틴의 부패 척결의지는 높은 것으로 평가 되었으나 푸틴의 최측근들 역시 부패에 상당히 연루되어 있는 상태였고, 결국 별다른 성과 없이 정권이 이양되었다.

국제투명성기구의 조사에 따르면 러시아는 180개국 중 시에라리온, 카메룬, 에콰도르, 케냐, 동티모르, 우크라이나, 짐바브웨와 함께 146위를 차지하고 있으며, OECD국가들과 비교해도 큰 차이를 보이고 있다.

**국제 투명성 기구 발표 투명성 지표**

국제 투명성 기구(Transparency International; TI)는 세계 부패 척결을 목표로 피터 아이겐 박사가 1993년에 창립한 비정부 시민 사회 조직이다. 1995년부터 매년 국가별 부패지수(Corruption Perceptions Index; CPI)를 발표하고 있다. 부패지수는 10점 만점 기준으로 '0'은 매우 부패, '10'은 '부패도 낮음'을 나타내며 숫자가 낮을수록 부패했음을, 높을수록 투명함을 나타낸다. 2009년 반부패지수에 따르면, 뉴질랜드가 1위를 기록한 가운데, 우리나라는 39위를 기록하였다. 이는 일본(17위)보다는 낮고, 중국(79위)보다는 높은 순위이며, 점수 면에서는 5.5점으로 전 세계 평균보다는 높지만 경제협력개발기구(OECD) 30개국의 평균인 7.04점보다는 1.54점이나 낮았다.

러시아는 146위로 시에라리온, 동티모르, 우크라이나, 짐바브웨 등의 국가와 비슷한 것으로 채점되었으며 이는 OECD국가들 보다 못한 순위이며

13) The Associated Press, 2006. 11. 7.

14) INDEM(Information Science for Democracy) 1990년 설립된 러시아 최초의 NGO 중 하나

전체 최하위인 소말리아(180위)에 가까운 수치이다.

| 1위 | 뉴질랜드 (9.4점) |
|---|---|
| 2위 | 덴마크 (9.3점) |
| 3위 | 싱가포르, 스웨덴 (9.2점) |
| 5위 | 스위스 (9.0점) |
| 6위 | 핀란드, 네덜란드 (8.9점) |
| 8위 | 호주, 캐나다, 아이슬란드 (8.7점) |
| 11위 | 노르웨이 (8.6점) |
| 12위 | 홍콩, 룩셈부르크 (8.2점) |
| 14위 | 독일, 아일랜드 (8.0점) |
| 16위 | 오스트리아 (7.9점) |
| 17위 | 일본, 영국 (7.7점) |
| 19위 | 미국 (7.5점) |
| 20위 | 바베이도스 (7.4점) |
| 39위 | 대한민국, 브루나이, 오만 (5.5점) |
| 79위 | 중국, 부르키나파소, 스와질란드, 트리니다드 토바고 (3.6점) |
| 146위 | 러시아, 카메룬, 에콰도르, 케냐, 시에라리온, 동티모르, 우크라이나, 짐바브웨 (2.2점) |

<국제투명성기구 발표 반부패지수 2009.11.17 빈칸은 생략>

### (2) 지하경제

러시아의 특징이자 문제점으로 항상 지적되는 것이 바로 지하경제로 인한 불확실성 문제 이다. 러시아 연방통계청의 발표에 따르면 러시아의 GDP 대비 지하경제 비율은 20%~25% 정도로 매우 높은 수준을 보이고 있다고 한다.

지하 경제가 계속해서 활성화 되는 요인은 일반 시민과 중소기업의 소득이 낮아 생존을 위해 생겨나며 신흥재벌의 경우는 높은 수익을 유지하기 위해 지하 경제 활동을 하고 있기 때문이다.

지하경제는 조세 포탈의 위험성 증가로 인한 조세의 감소와 경제지표의 정확한 조사가 힘들어져 경제의 불투명성을 가중시키는 결과를 가져온다.

러시아의 경우 지하경제의 상당부분이 서비스업 분야에 집중이 되어있으며 특히 편법거래의 규모가 연간 2,400억 달러에 이르는 것으로 추산된다.15)

### (3) 사회불균형 (부동산 문제)

러시아의 특징이자 문제점 중의 하나로 지적되는 것이 지역 간의 불균형 문제이다. 러시아의 경제 활동을 살펴보면 모스크바와 상트페테르부르크 등의 서부 지역에 집중되어 있는 것을 알 수 있는 데 이에 반하여 타 지역은 개발도 덜 되었으며 특히 남부 지역의 경우 모스크바와의 소득 수준 차이가 거의 5배에 육박하고 있다.

〈표 2-5〉 러시아의 지역불균형

| | 모스크바 | 중부 | 북서 | 남부 | 볼가 | 우랄 | 시베리아 | 극동 |
|---|---|---|---|---|---|---|---|---|
| 1인당소득 | 8931.6 | 4024.8 | 2996.4 | 1822.8 | 2095.2 | 3220.8 | 2361.6 | 3082.8 |
| 자동차 | 218.9 | 168.2 | 165.0 | 138.1 | 134.6 | 155.3 | 139.3 | 168.1 |
| 전화기 | 531.9 | 323.8 | 347.4 | 184.7 | 246.2 | 281.1 | 225.9 | 239.6 |
| 휴대폰 | 671.3 | 385.0 | 371.5 | 203.0 | 181.8 | 179.0 | 139.0 | 107.4 |

1인당 국민소득은 루블화(05년 1월), 자동차, 전화기, 휴대폰 수는 천 명당 보유 수
출처 : 러시아경제 위원회

계층 간의 불균형 역시 이에 못지않은데 러시아는 세계에서 가장 부자가 많은 나라임과 동시에 절대 빈곤층의 인구 비율도 상대적으로 높은 편에 속한다.

---

15) Cotrol Risks, "Facing Up to Corruption : A practical Business Guide" 2006, BBC News 2006. 11. 7에서 재인용

러시아의 부자 36인의 재산을 합친 금액은 러시아 GDP의 24%를 차지하고 있으며 포브스가 2007년 발표한 세계 100대 부호에는 러시아인이 13명 포함 되어있다. 이러한 부호들이 생겨난 이유는 체제의 전환 과정에서 독점적 재벌들이 등장하여 부를 독차지했기 때문이다. 반면에 전 인구의 약 40%가 최저 수준의 생계유지에 급급한 실정이다.[16)]

러시아의 지니계수 역시 이러한 불평등을 보여주고 있다. 러시아의 지니계수는 1991년 0.26에서 2000년 0.40으로 두 배 가까이 상승하였고, 2007년에는 0.41을 기록하였다.

이러한 계층 간 지역 간의 불균형은 러시아 내에 새로운 부동산 문제를 야기하고 있다. 최근 한 조사에 따르면 러시아의 고급아파트의 가격이 동남아시아의 섬 하나 가격보다 더 비싼 것으로 나타났다.[17)]

1990년대 소련붕괴 후의 불안정한 시기 이 후부터 부동산 시장에 대한 투자는 계속되었고, 2006년에는 80~100%의 수익률을 보였다고 한다.

러시아의 부동산시장의 성장률을 살펴보면 2002년 27%, 2003년 32%, 2005년 30%로 높은 수준을 보이고 있으며 2006년에는 81%의 상승률을 보이면서 러시아 부동산 시장에 대한 거품론이 제기되었다.

러시아는 금융부문이 취약하고 공급이 부족하기 때문에 부동산시장을 제외하고는 투자대상이 별다르게 존재하지 않는다. 따라서 러시아의 부동산 시장은 계속해서 가격이 오를 것으로 전망되는데 때문에 다수의 부동산 관련 펀드들이 생겨나고 있으며, 해외의 투자도 늘고 있어 러시아 부동산 시장의 과열 현상은 지속될 것으로 보인다.

---

16) <황금시장 러시아를 잡아라> 삼성경제 연구소. 삼성경제 연구소 KOTRA 공저 pp.74~75 부분인용.

17) <로시스카야 가제타> 2006 조사 발표. <다시 깨어나는 거인 러시아> 올렉 키리야노프. 미래에셋투자교육연구소. 재인용 p.65.

## 3. 정치적 특성

### (1) 푸틴과 메드베데프 그리고 마피아

푸틴 대통령은 강한 리더십을 바탕으로 러시아경제를 이끌어 왔으며 최근에는 모라토리엄의 과거를 벗어나 순채무국에서 순채권국으로 전향하였다. 뿐만 아니라 경제의 전 분야에 걸쳐 괄목할 만한 성장을 일구어 내었으며, 이는 아래의 표에서 쉽게 확인 할 수 있다.

푸틴의 이러한 경제 성장의 원동력은 국제유가 상승을 바탕으로 한 에너지 산업에 있다. 푸틴은 대통령에 당선되자 옐친 시절 올리가르흐에게 팔린 국영 에너지 기업들을 다시 국가의 소유로 되돌리는 일부터 단행했다.

〈표 2-6〉 푸틴 집권기의 경제 지표

| 구 분 | | 2000년 | 2007년 |
|---|---|---|---|
| 재정수지(GDP대비) | | 1.5% | 5.5% |
| 중앙은행 외환보유액 | | 280억 달러 | 4,760억 달러 |
| | 수입개월수 | 8개월 | 25개월 |
| | 총외화부채대비 비율 | 18.0% | 103% |
| 민간자본 순유입 | | △248억 달러 | 812억 달러 |
| 외화 예금비율 | | 32.5% | 13.0% |
| 국가 외화부채 | | 1,286억 달러 | 464억 달러 |
| | GDP대비 비율 | 51.2% | 3.6% |
| S&P 신용도 | | CCC- | BBB+ |

자료: Alfa Bank

### 블라디미르 푸틴

레닌그라드(현 상트페테르부르크)에서 태어났으며 15년간 KGB(국가보안위원회)에서 일한 뒤 1998년에는 KGB의 후신인 FSB(러시아 연방보안국)의 국장으로 취임했다.

1999년 당시 러시아 대통령 보리스 옐친에 의해 총리로 지명되었으며 그 해 12월 31일 옐친이 사임하면서 총리로서 대통령직을 대행했다. 이듬해 3월 26일 열린 정식 대선에서 러시아의 2번째 대통령으로 당선되었다. 2004년 3월 14일에는 압도적인 표차로 재선되었다.

푸틴은 대통령 재임시 독립을 요구하면서 폭력항쟁을 벌이고 있는 체첸 반군들에 대해 강경책을 쓰는 한편 벨라루스, 우크라이나 등 구 소비에트 연방을 구성했던 공화국들에 대한 러시아의 영향력을 키우는 데 힘을 썼다. 그러나 그루지야와 우크라이나에서 잇따라 친 서방 정부가 들어서면서 러시아의 입지가 좁혀지기도 했다.

체첸 전쟁은 체젠반군들의 열렬한 저항으로 장기화되었으며 2004년 체첸인 테러리스트들에 의한 베슬란 인질 사태를 맞기도 하였다. 미국 주도의 이라크 침공을 반대했으나 서방 세계와 대체로 좋은 관계를 유지하고 있다. 그 자신이 러시아 정교회에서 신앙 생활하는 기독교인인 푸틴 대통령은 북조선 평양시에 정교회성당인 조선정교회 장백성당을 건립한 계기를 만든 것으로 알려져 있다. 당시 푸틴 대통령이 정교회 성화상을 김정일 국방위원장에게 선물하면서 성화상을 모실 교회를 만들어달라고 요청했고, 북조선에서 이를 수락하면서 평양에 정교회 장백성당이 세워졌다고 한다. 현재 대통령직에서 물러났으며 2008년 2월 2일 실시 된 러시아 대통령 선거에서 그의 후계자로 알려진 메드베데프가 70% 득표로 당선되었다. 메드베데프를 자신의 후계자로 지목하면서 푸틴은 자신이 대통령 직에 물러난 후에도 총리직을 맡겠다고 공언해 왔다. 2008년 5월 7일 메드베데프가 후임으로 러시아의 제3대 대통령으로 취임하자, 메드베데프에게 총리로 지명받아 2008년 5월 8일에 러시아 역사상 최초로 전임 대통령 출신 현직 총리가 되었다.

<출처 : 인물설명, 위키피디아>

푸틴이 러시아내에서 강한 권력을 가지고 정치를 할 수 있는 이유는 그를 둘러싸고 있는 인물들이 모두 러시아의 핵심 요직에 앉아있었기 때문인데, 푸틴과 같은 페테르부르크 출신의 '페테르 마피아'와 같은 KGB 출신의 '실로비키'가 바로 그것이다. 이러한 것은 그대로 메드베데프 현 대통령으로 이어지고 있다.

〈표 2-7〉 과거 푸틴의 주요 측근인사

| | 직 위 | 기업명 | 업 종 | 현 직책 |
|---|---|---|---|---|
| Sergei Chemezov | Chairman/ CEO | Rosoboronexport | 무기 수출 | |
| Sergei Ivanov* | Chairman | United Aviation | 항공기 제조 | 제1 부총리 |
| Viktor Ivanov* | Chairman of Board | Aeroflot; Almaz-Antey | 항공기 | 크렘린 부대표 |
| Igor Levitin | Chairman | Sheremetyevo Airport | 공항 | 교통부 장관 |
| Dmitry Medvedev | Chairman | Gazprom | 천연가스 | 푸틴의 전 참모, 제1부총리 |
| Sergei Prikhodko | Chairman | Tvel | 핵연료 거래 | 외교보좌관 |
| Igor Sechin* | Chairman | Rosneft | 석유 | 크렘린 참모 |
| Anatoly Serdyukov | Chairman | Khimprom | 화학 | 국방부 장관 |
| Yevgeny Shkolov | Board of Directors | Transneft | 송유관 | 대통령 측근 |
| Igor Shuvalov | Board of Directors, Chairman | Russia Railways; Sovcomflot | 철도 | 대통령 경제보좌관 |
| Sergei Sobyanin | Chairman | Tvel | 핵연료 생산 | 푸틴 수석참모 |
| Vladislav Surkov | Chairman | Transnefteproduk t | 천연가스 | 크렘린 참모 |
| Vladimir Yakunin* | President | Russia Railways co. | 철도 | |

* : KGB 출신
자료 : 푸틴 러시아의 정치권력과 석유가스> 해외 경제 연구소 2007. 8. 17.

정치세력이 마피아라고 불리는 경우는 이해가 되지 않을 수도 있는데 여기에 대해서는 좋은 설명이 있다. "러시아와의 비즈니스를 생각할 때 가장 먼저 떠오르는 단어는 아마 러시아 마피아일 것이다. 러시아에도 조폭 같은 무리가 있지만 그들은 세계 어디에나 있는 깡패, 폭력배일 뿐 마피아가 아니다. 마피아란 구소련 시절 권력의 핵심과 주변에 있던 인물과 조직들이 체제 전환 과정에서 비합법적인 방법으로 재산과 권력, 위치 등을 승계한 다양한 파워 집단이라고 보면 된다. 예를 들자면 유력 정치인, 러시아 대기업 지도부, 경찰이나 세무서, 세관 간부 등을 대표적인 마피아로 볼 수 있다. 즉, 자신의 활동 영역에 따라 적합한 마피아가 따로 있는 셈인데, 어떻게 보면 중국의 관시(關係)가 바로 러시아식 마피아인 것이다."[18]

 **메드베데프**

1965년 9월 14일에 레닌그라드의 한 대학 교수 가정에서 태어났다. 1987년에 레닌그라드 국립 대학교에서 법학을 전공하여 졸업하였다. 2007년 12월 17일 블라디미르 푸틴 러시아 대통령이 후계자로 지목하였고, 2008년에 실시된 러시아 대통령 선거에서 70% 이상의 득표율로 대통령직에 당선되었다.

그는 러시아 최대의 가스 회사인 가즈프롬의 이사장을 역임했다.

### (2) 올리가르흐

올리가르흐라는 말은 그리스의 과두정치[19]라는 말에서 비롯된 것으로 우리나라의 재벌과 비슷하다고 할 수 있으며, 러시아 마피아의 핵심이라고 일컬어진다. 러시아에서 이 말이 정확히 언제부터 쓰이게 되었는지는 불분명하다. 하지만 두각을 드러내기 시작한 것은 옐친 대통령 당선 이후이다.

올리가르흐가 부를 쌓을 수 있었던 원천은 옐친 대통령 시기의 민영화 정책이다. 이 때 이들은 석유 가스 및 전력 등 국가의 핵심 사업들을 헐값에 매입하였고, 옐친 대통령의 세력을 후원하였다. 따라서 푸틴 정권이

18) <러시아를 주목해야 하는 5가지 이유> LG주간경제 2005. 3. 23 오영일.

19) 소수의 사람이나 집단이 사회의 정치적·경제적 권력을 독점하고 행사하는 정치 체제로서, 한 명의 군주나 독재자에 권력이 집중된 독재정치(autocracy)나 다수의 사회 구성원에게 권력이 분산된 민주정치(democracy)와 구분된다. 출처 : 네이버 용어사전

들어서기 전까지는 정부의 비호아래 성장 할 수가 있었다. 때문에 푸틴 대통령이 당선되고 실시된 국영화 정책에 가장 큰 타격을 받았다고 할 수 있는 것이 이 올리가르흐이다.

이 들의 활동범위는 원래 경제에 걸쳐 있지만 러시아의 정치에 강한 영향력을 행사하고 있으며 푸틴 정권이 들어선 이후에는 푸틴 정부와 마찰을 빚고 있다. 그 중에서도 유코스 사태는 큰 화제가 되었다.

**〈표 2-8〉 국영화 및 국영기업 통합사례**

| 분야 | 연도 | 추진 사례 |
|---|---|---|
| 석유 | 2004 | 국영 석유기업 로즈네프트가 종전 최대 석유기업인 유코스 강제 해체 이후 주요 부문 인수 |
| 가스 | 2005 | 국영 가스기업 가즈프롬이 민영 석유기업 시브네프트 인수 |
| | 2007 | 가즈프롬이 러·영합작기업 TNK-BP의 코빅타 가스전 인수 |
| 자동차 | 2005 | 국영 무기제조기업 로소보론엑스포트가 최대 자동차기업인 아프토바즈 인수 |
| 우주항공 | 2006 | 2015년까지 세계 3위 항공기 제작업체를 목표로 수호이·일루신 등 8개 항공관련업체를 통합한 국영 항공사(UAC) 설립. UAC의 핵심 사업은 설계·제작·판매·유지보수 등 항공산업 전 분야를 포괄 |

출처 : 한국은행 <해외경제 포커스 제2008-16호> 2008. 4. 13 ~ 4. 19

 **유코스 사태**

러시아 최대의 석유재벌인 유코스의 회장 호도로브스키가 탈세혐의로 구속된 사건이다.

표면적으로는 정부가 탈세기업에 대해 법을 집행하는 것이지만, 전문가들은 이사건의 본질이 푸틴 정권과 러시아 신흥재벌 간의 갈등이라고 평가하였다.

호도로브스키가 자신의 기득권 보호와 석유자원 관련 이권 확대를 위해 푸틴의 반대측에 정치자금을 지원했는데, 이것에 대한 경고를 한 것이다.

2005년 5월 31일 모스크바 법원은 호도로브스키에게 9년 형을 확정 판결하였다.

<출처 : [주목 받는 러시아의 성장잠재력] 삼성경제연구소 2005. 6. 8.>

## 4. 문제점

### (1) 천연자원의 지나친 의존성

에너지 산업이 어느 정도로 중요한 위치를 차지하고 있는지는 현재 러시아 정계인사들을 보면 바로 알 수 있다. 푸틴 전 대통령은 현재 가즈프롬의 임원이며 현 대통령인 메드베데프는 가즈프롬의 회장직을 맡고 있다. 뿐만 아니라 가즈프롬은 러시아 내에서 합법적으로 군대를 보유 할 수 있는 권한까지 가지고 있다.

이러한 것에서도 알 수 있듯이 최근 러시아는 이것을 토대로 경제를 발전시켜 왔다고 해도 과언이 아닐 정도로 에너지산업에 큰 비중을 두고 있다. 러시아 경제는 석유·천연가스 생산이 GDP에서 차지하는 비중이 30%에 육박하고 광물제품의 수출비중이 60%를 상회하는 등 에너지자원에 과다하게 의존하는 경향이 있다.

특히 최근 석유와 천연가스 등의 가격급등으로 광물제품의 수출비중이 1996~2000년 47.4% → 2006년 65.9%로 크게 상승*하는 등 에너지자원 의존이 심화되었다.

〈표 2-9〉 주요 수출품목 비중 추이

| | 1996 ~ 2000 | 2000 ~ 2005 | 2006 |
|---|---|---|---|
| 광물제품 | 47.4 | 58.0 | 65.9 |
| (석 유) | 18.8 | 29.8 | 33.9 |
| (천 연 가 스) | 17.6 | 14.5 | 14.5 |
| 금속·금속제품 | 20.0 | 14.7 | 13.9 |
| 기계류·장비제품·수송차량 | 10.1 | 8.4 | 5.8 |
| 화공품·고무제품 | 8.1 | 6.7 | 5.5 |

출처 : 러시아 중앙은행·통계청

뿐만 아니라 러시아 주식시장 전체의 시가총액 70%가 에너지 기업이며 파이낸셜타임즈가 선정한 세계 100대 기업에 포함된 4개의 러시아기업 중 3개가 에너지 기업이다. 뿐만 아니라 외국인 직접투자의 비중도 에너지 산업에 치중되고 있다.

이로 인하여 러시아는 거시경제 정책에 큰 위협을 받고 있다. 에너지자원은 상대적으로 가격변동이 크기 때문이다. 원유가격과 러시아의 경제성장률, 외환보유고를 비교해보면 상관관계가 있음을 추론 할 수가 있다.

〈표 2-10〉 세계 100대 기업 중 러시아 기업과 주요 산업별 외국인직접투자 비중

(단위 : 10억 달러)

| 세계순위 | 기업명 | 시가총액 | 분야 |
|---|---|---|---|
| 4 | Gazprom | 299.764 | 석유/가스 |
| 65 | Rosneft | 95.913 | 석유/가스 |
| 89 | LUKoil | 72.723 | 석유/가스 |
| 91 | Sberbank | 69.637 | 은행 |

(단위 : %)

| | 2005 | 2006 | 2007 |
|---|---|---|---|
| 농림어업 | 0.9 | 1.4 | 0.8 |
| 에너지자원업 | 30.7 | 33.1 | 50.1 |
| 제조업 | 46.1 | 19.0 | 14.8 |
| 건설 | 0.9 | 2.0 | 3.2 |
| 도소매업 | 5.9 | 6.1 | 11.7 |
| 부동산업 | 7.1 | 23.5 | 11.8 |
| 기타 | 8.4 | 14.9 | 7.6 |

자료 : Financial Times(2008). The World's Lagest Companies FT500.; 러시아 연방통계청 (2008). Russia in Figures.

이러한 러시아의 에너지 산업에 대한 의존성은 러시아의 성장 잠재력으로 평가됨과 동시에 리스크 요인으로 지적된다. 소위 네덜란드 병이라

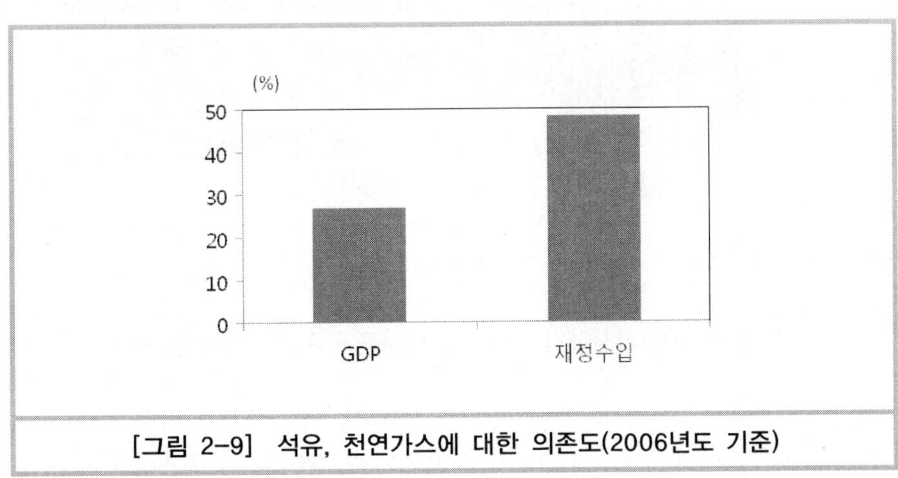


[그림 2-9] 석유, 천연가스에 대한 의존도(2006년도 기준)

는 것이다.

### (2) 취약한 금융시스템

러시아는 아직 튼튼한 금융 시스템이 구축되지 않았다. 1998년 모라토리엄 이후 국민들에게는 은행에 대한 불신이 생겨났고, 국민들은 저축보다는 외환보유를 더욱 선호하였으며, 때문에 러시아는 낮은 저축률을 보이고 있다 그로 인해 금융 산업은 발전할 수가 없었다.

국영은행을 중심으로 자본금이 미약한 1000여 개의 소규모 은행들이 난립하고 있으며 이러한 은행들이 1998년 외환위기 이후 2008년 까지 1200개가 넘는 은행들이 파산을 맞았다.[20]

은행거래가 음성적인 경우가 많아 기업으로의 파급이 잘 이루어지지 않고 있으며 예금은 국가가 지급을 보장하는 국영은행인 스베르뱅크로 몰리고 있는 실정이다. 러시아 정부는 이러한 후진적인 은행의 구조를 고치기 위해 지속적으로 개혁을 실시하고 있으나 최근 러시아의 은행들은

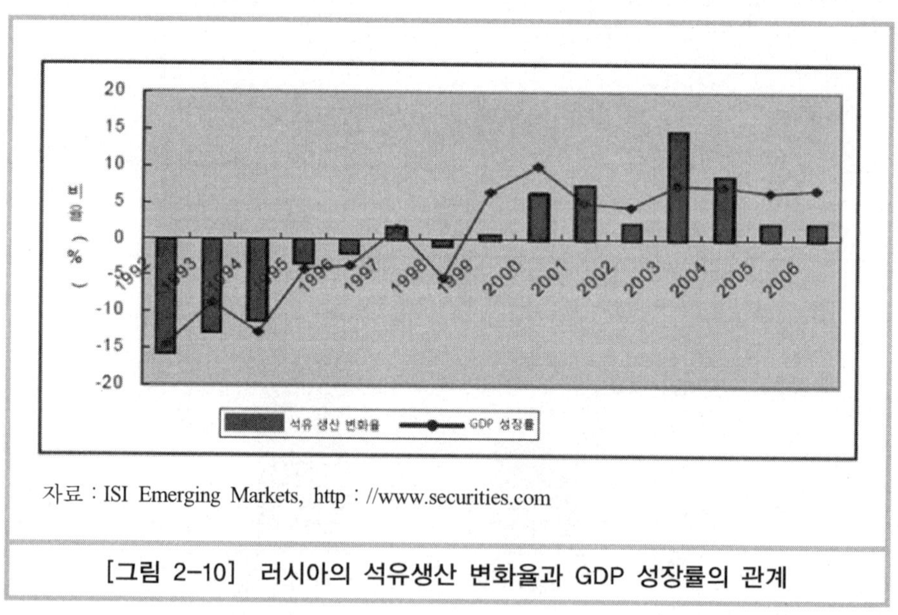


자료 : ISI Emerging Markets, http : //www.securities.com

[그림 2-10] 러시아의 석유생산 변화율과 GDP 성장률의 관계

---

20) 푸틴의 러시아 : 권력과 시장 그리고 비즈니스, 울아카데미 박상남 외(2007).

또 다시 부실을 맞아 위기에 봉착해있다.

최근의 러시아의 경제 침체는 취약한 러시아 금융 시스템에 특히 크게 작용하여 러시아 은행권의 부실자산비율이 점차 증가하고 있다.

러시아 전체 은행의 부실자산비율의 증가 추이를 살펴보면 2008년 9월 1.7%였던 것이 2009년 6월 4.8%로 3배 가까이 증가하였다.

국영 스베르뱅크 역시 2009년 3월 부실자산의 비율이 증가하여 3.5%를 기록하였고, 국영은행 2위인 VTB는 2009년 6월말 6%로 연초에 비하여 약 3배나 상승 하였다.[21)]

이에 러시아 정부는 총 190달러의 자금을 투자할 계획이라고 밝혔고, 러시아경제의 회복 전망에 따라 은행의 미래가 결정될 것으로 보인다.

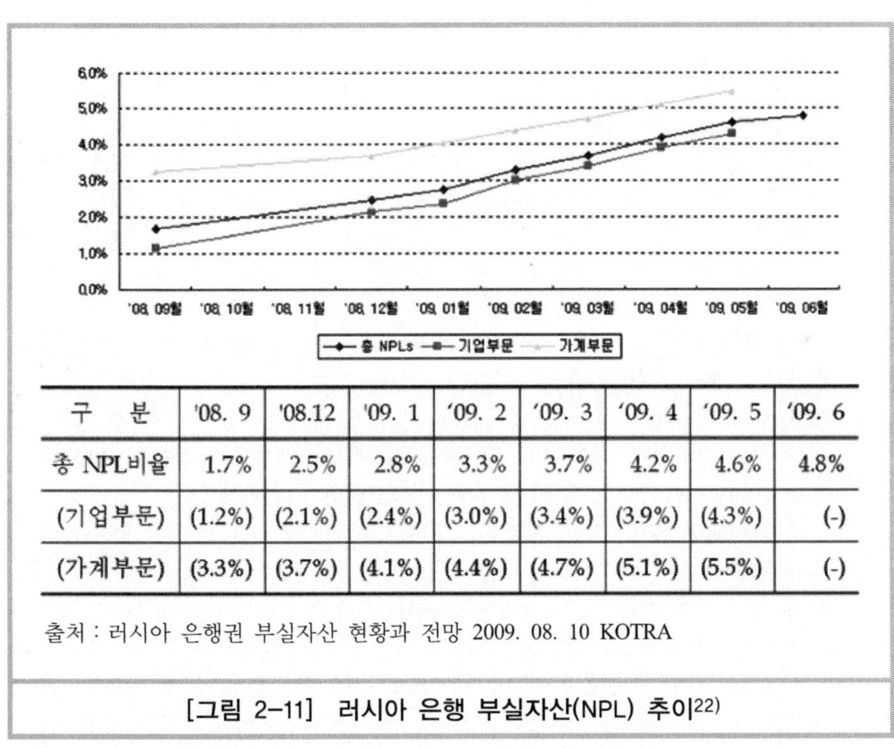


| 구 분 | '08. 9 | '08.12 | '09. 1 | '09. 2 | '09. 3 | '09. 4 | '09. 5 | '09. 6 |
|---|---|---|---|---|---|---|---|---|
| 총 NPL비율 | 1.7% | 2.5% | 2.8% | 3.3% | 3.7% | 4.2% | 4.6% | 4.8% |
| (기업부문) | (1.2%) | (2.1%) | (2.4%) | (3.0%) | (3.4%) | (3.9%) | (4.3%) | (-) |
| (가계부문) | (3.3%) | (3.7%) | (4.1%) | (4.4%) | (4.7%) | (5.1%) | (5.5%) | (-) |

출처 : 러시아 은행권 부실자산 현황과 전망 2009. 08. 10 KOTRA

[그림 2-11] 러시아 은행 부실자산(NPL) 추이[22)]

21) 러시아 은행권 부실자산 현황과 전망 2009. 8. 10. KOTRA.

22) NPL(Non-Performing Loans) 부실채권(不實債權). 부실채권을 판단하는 정의는 각 나라마다 조금씩 차이가 있으나 우리나라에서는 변재가 이행 되지 않는 채권이나 이행되지 않을 것으로 예상되는 채권을 말한다.

### 네덜란드 병

네덜란드는 1959년 그로닝겐 주 앞 북해에서 엄청난 양의 천연가스를 발견했다. 천연가스를 수출하자 매년 수십억 달러가 네덜란드로 유입되어, 자국의 굴덴화 가치는 올라갔다. 이로 인해 해외에서 생산된 물품이나 서비스가 싼값에 수입된 반면 수출업자는 판로를 잃었다. 가스 외의 자국 내 모든 산업이 가격경쟁력을 잃은 것이다.

게다가 네덜란드 정부는 가스로 벌어들인 돈을 비생산적인 부문, 특히 사회보장 등의 재분배에 썼다. 그 결과 임금이 올라갔고 물가도 함께 올랐다. 결국 실업률은 높아지고 재정적자도 늘어나는 등 위기에 빠진 것이다. 경제학자들은 이런 현상을 '네덜란드 병(Dutch Disease)'이라고 불렀다.

20년 동안 97개국의 경제성장을 조사한 연구결과에 의하면, 가장 빠르게 성장한 18개국 중에서 광물자원이 풍부한 나라는 2개에 불과했다. 풍부한 자원 수출을 제외하면, 제조와 무역 같은 다른 수출산업들이 어려워진다. 자원이 풍부한 경제는 현물 가격의 급격한 변동에 훨씬 더 취약하다. 결국, 천연자원이 풍부한 나라는 부자가 될 수 있는데도 실제로 그렇게 되지 못한다.

달리 '자원의 저주'라고 부르기도 하는 네덜란드 병은, 나이지리아(원유) 러시아(원유) 볼리비아(은) 앙골라(다이아몬드) 등 자원 부국에 닥쳤다.

앙골라는 정부군과 반군 모두 다이아몬드를 판 돈으로 무장하며, 그 군사력으로 다시 다이아몬드 광산을 차지하기 위한 전투를 벌인다. 국민의 생명이나 인권은 뒷전이다. '피의 다이아몬드'라고 불리는 이유다.

세계은행 보고서에 따르면 자원 부족국의 내전 위험은 0.5%인 반면 자원만으로 먹고 사는 나라는 23%라고 한다. 중동 산유국들도 일부 계층에 의한 부(富)의 독식 문제가 심각하다. 미국 경제학자 제프리 색스와 앤드루 워너는 긴 연구 끝에 이렇게 결론을 내렸다. "자원이 풍부한 나라는 그렇지 못한 나라보다 대개 아주 낮은 성장률을 기록한다."

물론 자원이 꼭 저주인 것만은 아니다. 두바이는 원유로 벌어들인 돈으로 사막을 초원으로 바꿔 금융과 관광 중심지로 전환함으로써 새로운 성장 동력을 키우고 있다. 다이아몬드 최대 수출국인 보츠와나는 과거 식민지였던 나라도 자원의 저주에서 충분히 벗어날 수 있음을 보여주었다.

노르웨이도 1970년대 북해 원유 개발로 네덜란드와 비슷한 상황을 맞았지만 네덜란드를 반면교사로 삼았다. 노르웨이는 대규모 석유기금을 만들어 달러 유입이 국내 경제에 미치는 영향을 완충했고 수익금을 쓸 때도 교육과 연구개발, 보건위생, 사회간접자본 등 생산적 부문에 지출했다.

<출처 : 찰스 윌런의 '벌거벗은 경제학'에서>

## 참고서적

1. 박상남 외 (2007) 푸틴의 러시아: 권력과 시장 그리고 비즈니스 울아카데미
2. 유철종 (2008) 두 개의 권력, 러시아의 미래: 메드베데프, 푸틴의 이중권력 그 운명은 플래닛미디어
3. 이재기 (2008) 현내러시아경제론= Modern Russian economy 형지사
4. 정여천 (2004) 현대 러시아 정치·경제의 이해 대외경제정책연구원
5. 찰스윌런 (2004) 벌거벗은 경제학 황금가지
6. Kiriyanov, Oleg (2008) 러시아: 다시 깨어나는 거인= Russia 김&정
7. KOTRA (2007) 황금시장 러시아를 잡아라: 러시아 진출을 위한 현장보고서 = Russia ivestement business 삼성경제 연구소

## 참고연구자료

1. <가즈프롬의 에너지시장 확대 전략과 전망> 수출입은행 해외경제연구소 2008
2. <러시아연방 개황> 외교통상부 2004
3. <러시아 경제 리스크 요인 점검> 삼성경제연구소 2008
4. <러시아 국가 신용도 평가 리포트> 수출입은행 해외경제연구소 2009
5. <러시아 메드베데프 대통령 당선과 향후 전망> 수출입은행 해외경제연구소 2008
6. <러시아 산업정보> 수출입은행 2009
7. <러시아聯邦 便覽,> 대외경제정책연구원 북방지역센터 1992
8. <러시아聯邦 便覽,> 대외경제정책연구원 지역정보센터 1993
9. <러시아聯邦 便覽,> 대외경제정책연구원 지역정보센터 1994
10. <러시아 은행권 부실자산 현황과 전망> KOTRA 2009
11. <러시아 자원 민족주의 동향과 전망> 산은 경제 연구소 2008
12. <러시아의 잠재력과 리스크 요인 평가> 삼성경제 연구소 2005
13. <러시아 便覽,> 대외경제정책연구원 지역정보센터 1996
14. <러시아現況, > 국가안전기획부 1997
15. <러시아現況 > 국가정보원 2002
16. <반부패지수> 국제투명성기구 2009
17. <주목 받는 러시아의 성장잠재력> 삼성경제연구소 2005

18. <지금 러시아를 주목해야 하는 5가지 이유> LG주간경제 2005
19. <에너지 · 자원 : 러시아> 외교통상부 2008
20. <푸틴러시아 대통령의 방한과 한러 관계> 삼성경제 연구소 2001
21. <푸틴정부의 경제성장 분석 및 메드베데프 신정부의 과제> 수출입은행 해외경제연구소 2008
22. <노동제도> 수출입은행 2007
23. <푸틴 러시아의 정치권력과 석유가스> 수출입은행 해외 경제 연구소 2007
24. <푸틴이후 러시아 경제의 미래> LG경제연구소 2000
25. <해외경제 포커스 제2008 - 16호> 한국은행 2008
26. 2006 BBC News Control Risks, "Facing Up to Corruption : A practical Business Guide"

## 참고웹주소

1. 네이버 백과사전 www.naver.com
2. 대외경제정책연구원 www.kiep.go.kr
3. 대한무역투자진흥공사 www.kotra.or.kr
4. 삼성경제연구소 www.seri.org
5. 위키피디아 www.wikipedia.org
6. 한국은행 www.bok.or.kr

# Ⅲ. 러시아경제 현황과 전망

## 1. 경제현황과 전망

### (1) 경제성장

러시아의 경제성장률은 고유가와 해외에서의 자본유입을 통하여 2000년 들어 2007년까지 연평균 7%의 고성장을 지속하였다. 그러나 2008년 하반기 이후 전 세계적인 경제 위기와 유가하락의 영향으로 성장이 크게 둔화 되었다.

〈표 2-11〉 주요지표

(단위 : %)

| 구 분 (전년동기 대비) | '05 | '06 | '07 | '08 | '08.1~4 | '09.1~4 |
|---|---|---|---|---|---|---|
| GDP 성장률 | 6.4 | 7.4 | 8.1 | 5.6 | 8.3 | -9.8 |
| 고정자본투자 증가율 | 10.7 | 13.5 | 21.1 | 9.8 | 20.3 | -15.8 |
| 실업률(기말) | 7.7 | 6.9 | 6.1 | 7.7 | 6.6 | 10.2 |
| 실질가처분소득 증가율 | 11.1 | 10.0 | 10.4 | 2.7 | 11.8 | -1.0 |
| 임금상승률(명목) | 26.9 | 24.5 | 26.7 | 25.2 | 28.0 | 12.0 |
| 임금상승률(실질) | 12.6 | 13.5 | 16.2 | 9.7 | 13.1 | -1.4 |

출처 : 한국은행 <러시아 경제 동향> 2009. 9. 4.

러시아의 경제 성장률은 2009년 1월~4월 전년 같은 기간 대비 -9.8%로 잠정 집계되어 15년 만에 최악의 불황을 겪고 있는 것으로 나타났다. 2009년 4월 성장률이 -10.5%를 기록함에 따라, 1분기(-9.5%)에 이어 경기하강이 지속 되고 있는 실정이다. 게다가 2009년에 국제 유가가 다시 상승세로 돌아섰는데도 불구하고 경기 침체의 여파로 수요와 투자가 감소하여 이러한 현상은 당분간 계속 될 것으로 보인다.

〈표 2-12〉 연간 GDP 성장률 전망치 (단위 : %)

| | 러시아 경제개발부 ('09.5) | IMF ('09.6) | EIU ('09.5) | World Bank ('09.3) | OECD ('09.3) |
|---|---|---|---|---|---|
| '09 | -6.0 ~ -8.0 | -6.5 | -5.0 | -4.5 | -5.6 |
| '10 | - | 0.5 | 2.0 | 0.0 | 0.7 |

출처 : 한국은행

산업생산량은 ('09.1) -19.9% → ('09.2) 6.4% → ('09.3) 11.1% → ('09.4) -8.1%로 변화하였다. 2009년 2월과 3월에 산업생산량이 증가 하면서 회복되는 듯이 보였으나 4월 다시 급감함에 따라 아직은 실물 부분에서 회복세가 나타나고 있지는 않은 것으로 보인다.

고정자본투자는 2009년 4월에 전년 같은 기간 대비로 -16.2%의 큰 감소폭을 보이고 있다. 러시아 경제 개발부는 이러한 고정자본투자가 급격하게 감소된 것을 경기하강의 주요 원인으로 지적하였고, 향후 경기 회복에 가장 큰 장애가 될 것이라고 분석하였다. 뿐만 아니라 소매거래량 역시 감소를 보이고 있는데, 전년 동기 대비 1분기 소매거래량이 2.2% 감소하였고 감소폭이 커지고 있어 GDP의 45% 가량을 차지하는 내수경기가 위축되어 경기불황은 더욱 악화되고 있는 것으로 판단된다.

2009년 4월 말까지의 I실업률

은 10.2%로 실제 실업자의 수는 770만 명, 실질가처분소득은 전년 같은 기간 대비 1%감소하였다.

경제 활동 지표에서는 전년 동기대비로 건설물량과 수송물량이 각각 18.4% 17.7%씩 감소하여, 불황에 따른 경기 침체 수준이 심각한 것으로 나타나고 있다.

산업부문별 생산 성장률을 살펴보면 전년 같은 기간 대비로 전반적으로 감소하고 있는 것을 살펴볼 수 있으며 제조업은 22%, 전기·가스·수자원생산 4.6% 가 감소하였다.

제조업 중에서는 전기·광학 부문에서 40%, 기계 운송장비, 기타 비금속광물제품에서 30% 목재가공・금속・섬유・화학 생산에서 20%이상 감소한 것으로 나타났다.

이에 비하여 천연자원과 관련한 부분에서는 감소폭이 적을 것을 살펴볼 수 있다.

(단위 : %)

| 구 분 (전년 같은 기간 대비) | '06 | '07 | '08 | '08.1 ~ 4 | '09.1 ~ 4 |
|---|---|---|---|---|---|
| 건설물량 증가율 | 15.7 | 18.2 | 12.8 | 26.7 | -18.4 |
| 수송량 증가율 | 2.2 | 2.2 | 0.7 | 5.5 | -17.7 |

출처 : 러시아 통계청, 한국은행 재인용

(단위 : %)

| 구 분 (전년동기 대비, %) | '05 | '06 | '07 | '08 | '08.1~4 | '09.1~4 |
|---|---|---|---|---|---|---|
| 산업생산 성장률 | 4.0 | 3.9 | 6.3 | 2.1 | 6.9 | -14.9 |
| 광업 | 1.3 | 2.3 | 1.9 | 0.2 | 0.6 | -3.5 |
| 에너지 | 1.8 | 2.5 | 1.9 | -0.2 | 0.3 | -3.2 |
| 비 에너지 | -3.2 | 1.8 | 1.6 | 1.5 | 3.1 | -7.2 |
| 제조업 | 5.7 | 4.4 | 9.5 | 3.2 | 10.2 | -22.0 |
| 펄프・제지 | 1.2 | 6.4 | 9.1 | 0.8 | 7.5 | -16.6 |
| 석유제품 | 5.4 | 6.1 | 2.9 | 2.7 | 3.6 | -2.9 |
| 금속 | 5.7 | 8.8 | 2.1 | -0.2 | 9.8 | -27.4 |
| 기계 | -0.1 | 3.3 | 19.1 | 4.0 | 24.3 | -34.3 |
| 전기・광학 | 20.7 | -5.5 | 11.8 | -7.9 | -6.8 | -42.0 |
| 전기・가스・수자원생산 | 1.2 | 4.2 | -0.2 | 1.4 | 4.5 | -4.6 |
| 농업생산 성장률 | 2.0 | 2.8 | 3.3 | 10.8 | 5.9 | 1.5 |

출처 : 러시아 통계청, 한국은행 재인용

### (2) 물 가

큰 규모의 오일 달러 유입과 외국인 투자의 증가 등으로 통화량이 증가하고 재정지출의 꾸준한 확대에 힘입어 러시아의 물가는 05년부터 연평균 약 11%의 높은 상승률을 보였다. 2007년 하반기 이후에는 세계적인 원자재 가격의 급등으로 2008년 러시아의 물가상승률이 14.1%를 기록하여 러시아의 사회 문제가 되기도 했다. 하지만 2009년에는 경기 침체에 따른 내수의 감소와 해외의 자본 유입이 감소하여 물가 상승률이 완화되고 있는 움직임을 보였다. 2009년 4월 말까지 6.2% 상승하여 전년 같은 기간 대비 0.1% 낮은 물가 상승률을 기록하였다.

생산자물가의 경우 2009년 들어 지속적으로 상승하여 4월말까지 7.0% 상승한 것으로 나타났다. 특히 제조업의 경우에는 1.5% 정도 상승하는데 그쳤으나, 광업 및 에너지관련 분야에서 큰 상승률을 보였다.

| 구 분 (전년 말 대비) | '05 | '06 | '07 | '08.1 ~ 4 | '09.1 ~ 4 |
|---|---|---|---|---|---|
| 소비자물가 | 10.9 | 9.0 | 11.9 | 6.3 | 6.2 |
| 생산자물가 | 13.4 | 10.4 | 25.1 | 7.7 | 7.0 |

출처 : 러시아 통계청, 한국은행 재인용

### (3) 수출, 수입 현황

러시아의 무역수지를 살펴보면 '09.1 ~ 3월 197.5억 달러의 흑자를 달성했으나, 수출은 크게 감소하여 전년 같은 기간 대비 47.4%가 감소하였고, 수입의 경우에도 36.7% 감소한 것으로 나타나 수출 578.8억 달러, 수입 381.3억 달러를 기록하였다.

러시아는 총수출의 약 60% 이상을 차지하는 석유 및 가스 가격의 지속적 상승으로 매년 20 ~ 30%의 높은 수출 증가율을 보였다. 하지만 세계적인 에너지 수요의 감소로 인한 석유생산량감소가 수출 저하의 가장 큰 요인이라고 할 수 있다.

2008년까지 서비스수지와 소득수지가 적자였음에도 불구하고 상품수지의 흑자규모가 확대되어 경상수지가 지속적으로 흑자를 기록해 왔다. 하지만 2009년 이후에는 세계 경기 침체에 따른 에너지 수출의 감소로 인하여 상품수지의 흑자규모가 대폭 감소 할 것으로 예상되며 따라서 경상수지의 흑자 규모 역시 감소할 것으로 예상된다.

〈표 2-13〉 러시아 수출입

(단위 : 억 달러, %)

| 구 분 | '05 | '06 | '07 | '08 | '09.1 ~ 3월 |
|---|---|---|---|---|---|
| 무역수지 | 1,182.7 | 1,392.3 | 1,321.2 | 1,797.4 | 197.5 |
| 수출 | 2,435.7 | 3,039.3 | 3,544.0 | 4,716.0 | 578.8 |
| (증가율) | (32.9) | (24.7) | (16.8) | (33.1) | (-47.4) |
| 수입 | 1,253.0 | 1,646.9 | 2,234.9 | 2,918.6 | 381.3 |
| (증가율) | (28.7) | (31.3) | (36.0) | (30.6) | (-36.7) |

출처 : 러시아 통계청 한국은행에서 재인용

### (4) 외환 시장

(단위 : 억 달러)

| 구 분 | '07 | '08 | '09.1 | '09.2 | '09.3 | '09.4 |
|---|---|---|---|---|---|---|
| 외환보유고(연말기준) (금 포함) | 4,763.9 | 4,270.8 | 3,868.9 | 3,840.7 | 3,838.9 | 3,839.0 |

출처 : 러시아 통계청 한국은행에서 재인용

러시아는 08년 9월부터 점진적인 루블화의 평가절하를 위해 러시아 중앙은행이 외환시장에 개입하였다. 이것은 09년 2월 종료되었고, 이 후 외환 보유고는 3,839억 달러 수준을 계속해서 유지하고 있다.

또한 러시아는 외환보유고 다변화를 꾀함과 동시에 지난 G-20 런던정상회담에서 합의된 IMF 재원 확충에 기여하기 위하여, 외환 보유고 중 최대 100억 달러를 사용해 IMF가 발행한 채권을 매입할 계획에 있다.[23]

앞서 언급한 바와 같이 러시아 중앙은행의 점진적인 평가절하를 위한 개입에 따라 최고 36.37루블까지 올랐던 루블화의 환율은 지속적으로 하락하였고, 우랄 산 유가가 상승함에 따라[24] 09년 12월의 달러대비 평균 명목환율은 29.17루블을 기록하였다.

23) 2009. 5. 1. 외환보유고 3,839억 달러 중 채권은 최대 287억 달러로 추정(외환 3,386, SDR 0.02, IMF reserve 12억 달러 등)

24) 우랄산 유가 추이($/배럴) : ('09.1 평균) 41.9 → ('09.2) 42.2 → ('09.3) 45.4 → ('09.4) 48.7 → ('09.10. 26 현재) 79.8

① 루블화 가격과 증감률

출처 : Bloomberg

② 루블화 가격과 증감률

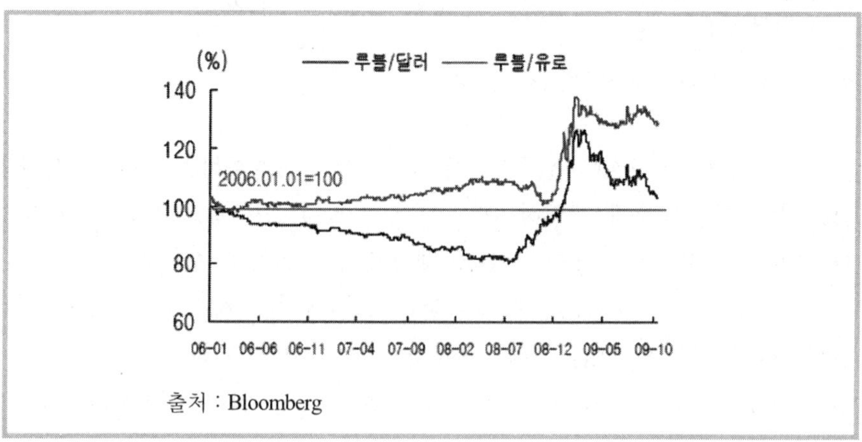

출처 : Bloomberg

### (5) 금융시장

러시아의 기준금리는 09년 들어 지속되는 물가상승율의 저하로 러시아 중앙은행은 경기 부양을 위하여 4월 5월 두 차례에 걸쳐 인하를 단행, 12%가 되었다. 이에 따라 은행 간의 금리 및 대출금리 역시 하락하고 있다.

09년 4월말 러시아의 주식시장은 RTS(러시아 증권거래소) 지수가 전월 대비 20.77% 상승하여 832.87 포인트를 기록 상승세를 보이고 있다. 이는 08년 5월 19일 RTS 지수가 최고치를 기록한 이후, 연말까지 549.43

포인트까지 하락하였다가 3월말 전년 말의 주가를 상회 한 이후에도 계속 상승추세를 보이고 있는 것이다.

| 구 분<br>(연말기준, '95.11.1=100) | '07 | '08 | '09.1 | '09.2 | '09.3 | '09.4 |
|---|---|---|---|---|---|---|
| RTS 지수 | 2,290.5 | 631.89 | 535.04 | 544.58 | 689.63 | 832.87 |

출처 : RTS(러시아 증권거래소) 한국은행에서 재인용

## 2. 주요기관의 러시아 신용 평가

세계적인 금융위기가 발생한 이후 러시아의 외환보유고가 급격히 감소하고, 유가가 하락함과 동시에 러시아 국외로 대규모 자본유출이 발생하여 세계의 신용평가기관들이 러시아의 신용등급을 하향조정하였다. 하지만 여전히 투자적격등급을 유지하고 있다.

> OECD의 러시아 국별신용등급 현황[25)]
>
> OECD : 3등급 ('08. 1) → 4등급 ('09. 10)

**2009년 IMF 정책권고 주요 내용**

- 중대형 은행들에 대한 스트레스 테스트 실시
  - 중대형 은행을 대상으로 스트레스 테스트[26)]를 실시하여 문제 있는 은행들에 대해 자체적인 추가자본 확충을 요구하거나 정부가 공적자금을 투입함으로써 조기에 자본을 확충할 수 있게 해야 함.
- 은행부문에 대한 감독기능 제고
  - 은행들의 자본건전성 악화와 부실자산 규모를 정확하게 파악할 수 있도록 금융감독 행위에 관한 기준을 개발하는 등의 감독 기능을 제고

---

25) 한국 수출입은행의 신용평가 B2

할 필요가 있음.

• 정부당국의 무리한 대출 독려 및 대출금리 인하는 역효과
  - 실물경제에 대한 금융권의 적극적인 자금지원을 위해 정부당국이 무리하게 대출을 독려하거나 금리를 인하할 경우, 이는 은행들의 자본건전성을 악화시킬 수 있는 역효과를 초래할 수 있음.

• 경기부양을 위한 적절한 수준(GDP 7~8% 재정적자)의 재정지출 확대 필요
  - 고유가로 인한 고도성장 기간 중에 진행된 러시아 정부의 신중한 재정관리는 경제위기속 급격한 단기자본 유출에 따른 충격을 상당히 완화시키는 중요한 역할을 하였음.
  - 대규모 경기부양을 위해 현재 정부에서 검토하고 있는 재정적자 규모(GDP의 10%)는 향후 경제회복기에 상당한 부담이 될 수 있으므로 GDP의 7~8% 수준의 재정적자 규모가 적절함.

• 연초 이후 통화정책 완화는 적절한 것으로 보이며, 향후 유동성 확대 리스크에 대비한 신중한 통화정책 필요
  - 연초 이후 통화정책의 완화는 인플레이션 수준 대비 적절한 것으로 보임.
  - 대규모 경기부양을 위해 사용되는 Reserve Fund, 은행부문에 대한 유동성 지원 및 루블화의 평가절상 압력 방어 노력으로 인해 올해 통화량이 급격히 증가할 것으로 예상되므로 중앙은행의 신중한 정책 대응이 요구됨.

• 중기적으로 유연하고 탄력적인 환율정책 필요
  - 급격한 루블화 환율 변동 및 대규모 자본유출입으로 외환시장이 불안해질 경우, 환율방어를 위해 중앙은행은 외환보유액을 단기적으로 사용할 수 있으나, 중기적으로는 환율이 시장변화에 따라 움직일 수 있도록 유연하고 탄력적인 환율정책을 실시할 필요가 있음.

• WTO 조기 가입을 통해 외국인 투자 분위기 향상 필요
  - 최근 러시아 정부의 WTO 가입 연기 움직임은 향후 러시아 경제성장에 부정적인 영향을 끼칠 것으로 우려됨.
  - 지속 가능한 경제성장 기반을 구축하기 위해서는 러시아 기업의 생산성 향상 및 경쟁력 제고 노력이 필요하며, 이를 위해서는 WTO 조기 가입을 통한 외국인 투자자금 유입 촉진과 사회기반시설 강화, 행정 및 법률 장벽 타파 등의 각종 개혁조치들이 필요함.

<한국은행 국별조사실 모스크바 사무소 제공>

## 3. 정치 사회적 동향과 전망

### (1) 정치

2008년 5월 푸틴 전 대통령에 이어 메드베데프가 국민들의 압도적인 지지에 힘입어 대통령으로, 푸틴은 총리로 취임하였다. 이에 따라 정부 정책의 연속성과 안정성이 유지될 전망이다. 새로운 대통령인 메드베데프는 기본적으로 푸틴[27] 플랜의 실행에 중점을 둘 것으로 보이며 여러 가

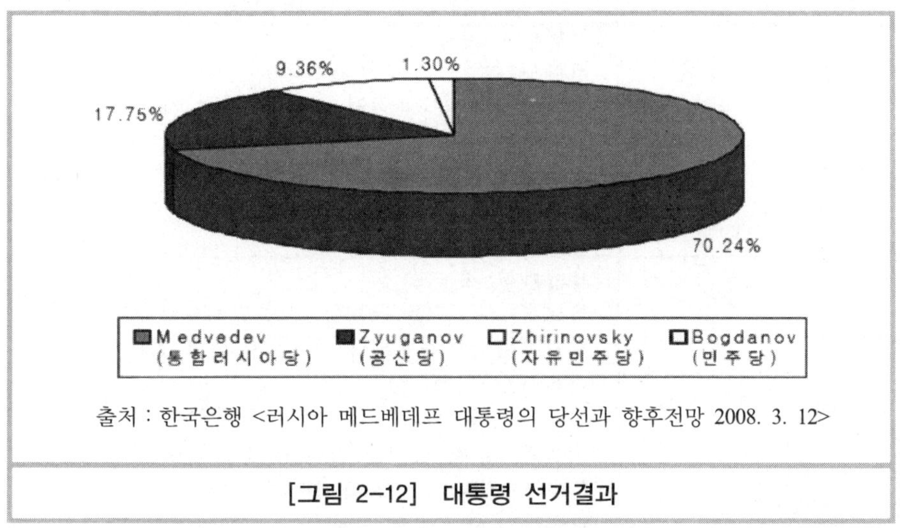


출처 : 한국은행 <러시아 메드베데프 대통령의 당선과 향후전망 2008. 3. 12>

[그림 2-12] 대통령 선거결과

26) 재무 건전성 평가. '금융시스템 스트레스 테스트'의 줄임말로 사용된다. 예외적이지만 일어날 가능성이 있는 시나리오를 가정하여 금융시스템이 받게 되는 잠재적 손실을 측정하고 재무 건전성을 평가하는 것이다. 분석 기법으로는 과거의 위기상황이나 가상의 상황을 설정하여 포트폴리오의 가치변화를 평가하는 '시나리오 분석', 금리나 환율 등 하나의 리스크 요인을 일정한 수준으로 변화시켜 포트폴리오의 가치변화를 평가하는 '민감도 테스트' 등이 있다. <두산 백과 사전> 부분 인용.

27) 2020년까지 세계 5대 경제대국 진입 목표로 '07. 12월 통합러시아당의 총선공약으로 제시된 계획으로 오일머니에 의존하는 산업구조를 다각화하기 위해 산업과 교통기반시설에 10년 동안 1조 달러 투입 계획. 구체적으로 핵발전소 등 전력시설에 4800억 달러, 철도 확장에 4000억 달러, 공항 확충에 300억 달러, 나노기술 개발 국영기업에 30억 달러를 투입하고 필요자금의 80%는 민간과 해외자금으로 유치하겠다는 계획

지 사회개혁안에도 착수 할 것으로 예상된다.

뿐만 아니라 2007. 12월 국회의원 총선에서도 푸틴 대통령이 이끌고 있던 통합러시아당이 압도적으로 승리를 거두어 전체 의석의 70%를 차지하게 되었다. 이로써 정국의 안정성을 더욱 확보 할 수 있게 되었다. 게다가 2008년 12월 개혁업무의 효율적 추진을 목적으로 대통령과 두마(하원) 의원의 임기를 각각 4년에서 6년 4년에서 5년으로 연장하였다.

〈표 2-14〉 메드베데프의 정책과제

| 과 제 | 주요 내용 |
|---|---|
| 법치주의 실현 | - 사법부의 독립<br>- 법의 지배<br>- 개인의 자유, 경제적인 자유, 표현의 자유 실현 |
| 부패 척결 | - 관료주의 청산<br>- 반부패운동 실행계획 수립, 시행<br>- 사유재산권 보장을 위한 법안 마련 (토지의 담보물건 인정 등) |
| 세금 감면 | - 사업관련 세금 축소<br>- 세제개혁(부가세율 단일화, 유가증권 매매이익 면세 등) |
| 금융시스템 개혁 | - 통화안정 및 루블화의 국제통화 추진(원자재 수출시 루블화 대금결제 등)<br>- 강력한 금융시스템 및 글로벌 금융중심 추진<br>- 안정화기금과 연금을 관리할 시스템 구축 |
| 인프라 구축 | - 운송 및 에너지 인프라 현대화<br>- 첨단통신 네트워크 구축 |
| 정부 혁신 | - 공무원 감축<br>- 공무원의 기업 임원 겸직 제한<br>- 기업들의 독립적인 임원 선임 |
| 사회보장프로그램 | - 교육, 보건, 연기금, 주택정책 개혁 등 |

자료 : Interfax, Moscow Times, Russia Today 등

### (2) 사 회

러시아는 불평등과 지역격차를 해소하기 위해 사회보장 프로그램 개혁 및 시베리아 극동 지역 등의 미개발 지역의 장기개발프로그램을 수립하

여 추진하고 있으며 이에 따라 국민들로 인한 사회불안은 야기되지 않을 것으로 예상된다.

러시아 정부는 이에 대해 강한 의지를 보이며 2009년 재정적자 예상에도 불구하고 사회복지에 관한 예산을 삭감하지 않았다. 경제 위기 이후 일부 지역에서 소요사태가 발생하였으나 이것이 사회 불안요인으로 작용할 만큼 크게 발전하지는 않을 것으로 예상된다.

2000년대 초에는 푸틴 전 대통령의 체첸반군에 대한 강제 진압이 있었다. 그 이후 잦은 테러가 발생하였다. 그러나 러시아 정부가 지속적으로 치안 강화에 힘썼고 체첸반군의 테러 위협은 점차 가라앉고 있다. 2008년 8월 그루지야와 전쟁이 있었으나 이는 국지적인 불안에 그치고 말 것으로 예상된다.

오바마 행정부가 들어서면서 러시아와의 관계도 개선이 기대되고 있다. 최근 오바마 대통령의 동유럽 국가들에 대한 전략미사일방어기지 구축 계획에 러시아가 환영의 뜻을 보였고 양국관계에 좋은 영향을 미칠 것으로 판단된다.

유럽과의 관계는 조금씩 악화되는 경향을 보이고 있다. 2006년과 2009년 초에 발생한 우크라이나와의 가스분쟁은 유럽인들로 하여금 러시아에 대한 신뢰를 떨어뜨리게 만들었다. 러시아의 가스 수출은 대부분 유럽에 의존하고 있고 따라서 향후에는 가스공급 중단과 같은 극단적 조치는 행해지지 않을 전망이다.

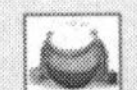 **체첸 전 후 9년 만에 전쟁 나선 러시아**

8일 그루지야에 전쟁 선포 … 안보리, 그루지야 사태 긴급회의

러시아가 지난 1999년 제2차 체첸 전쟁 이후 9년 만에 무력 행동을 감행했다.

러시아가 지난 1991년 소비에트에서 독립한 그루지야를 향해 8일 사실상 전쟁을 선포하고 군대와 탱크를 움직였다.

체첸인들이 구 소련 해체 이후 러시아로부터 독립을 외치면서 러시아

와 충돌한 것이 1994년과 1999년에 일어난 제1,2차 체첸 전쟁이다.

소련 공군 장성 출신인 조하르 두다예프는 1991년 11월 체첸의 독립을 선포하면서 러시아의 영향력에서 벗어나려고 했다.

하지만 체첸 대통령이 된 두다예프에 반대하는 세력들이 1994년 7월 잠정평의회를 구성해 두다예프 측과 무장투쟁에 나섰고 잠정평의회가 러시아의 개입을 요청하면서 같은 해 12월 제1차 체첸 전쟁이 시작됐으며 러시아는 체첸에서 뚜렷한 승기를 잡지 못한 채 1996년 6월 휴전협정을 맺고 전면 철수를 단행했다.

1차 전쟁이 끝난 뒤 체첸은 1997년 1월 아슬란 마스하도프를 대통령으로 선출했다.

하지만 샤밀 바사예프를 위시한 체첸 강경파들이 반군을 형성해 러시아는 물론 체첸 정부를 상대로 각종 테러를 자행했다.

특히 바사예프는 1998년 4월 체첸 의회와 다게스탄 분리주의 세력을 이끌고 인근 다게스탄을 침입해 '체첸-다게스탄 공화국' 건설을 선포했는데 러시아 내에 회교국을 세우겠다는 의도였다.

이후 체첸 반군들은 99년 여름 모스크바, 상트 페테르부르크 등 러시아 주요 도시의 아파트를 대상으로 5차례의 폭탄 테러를 감행했고 이를 응징하고자 1999년 9월 러시아의 대규모 공습이 단행돼 제2차 체첸전이 시작됐다.

해결 기미를 보이지 않던 전쟁은 보리스 옐친 전 대통령의 갑작스런 사임으로 대통령직을 승계한 블라디미르 푸틴 당시 총리가 체첸 반군에 대한 공격을 강화해 같은 해 2월 수도 그로즈니를 최종 점령했다.

체첸은 두 차례 전쟁으로 인해 6만여 명의 사상자와 20만 명의 난민이 발생했다.

이후에도 2002년 모스크바 오페라 극장 인질 사건, 2004년 모스크바 지하철역 폭발 사고 등 체첸 무장세력 잔당들의 테러 행위가 계속되면서 러시아 정부를 자극했다.

러시아가 자신들로부터 벗어나려는 체첸에 대해서는 두 차례나 전쟁을 벌여 수많은 사상자를 내 놓고 자치 영토의 독립을 막으려는 그루지야를 향해 총을 겨눈 것은 어찌 보면 이중적 모습이라고 볼 수 있다.

특히 재미있는 것은 총리에 있으면서 대통령 권한 대행으로 2차 체젠 전쟁을 승리로 이끈 푸틴이 이번에도 실세 총리로서 사실상 군권을 행사하고 있다는 점이다.

이번 러시아의 그루지야 침공은 친러 성향의 자치 공화국을 보호하는 것이 주된 이유라는 점에서 이슬람 반군들의 봉기를 막으려 했던 체첸

전쟁과 비교하면 그 명분이 약하다.

또 1998년 디폴트(채무불이행) 선언을 할 정도로 경제가 나빴던 시기 체첸과 전쟁을 치렀다면 이번에는 '오일 머니' 덕택에 세계 10위의 경제력에, 냉전 시절과는 사뭇 다른 군사력을 갖게 된 상황에서 자국 내 민족 문제가 아닌 주권 국가인 그루지야와 전쟁을 벌이고 있다는 점에서 국제사회의 관심과 우려는 훨씬 높다.

그런가 하면 그루지야 역시 체첸공화국처럼 카프카즈(영어명 코카서스) 산맥을 근거로 하고 있다는 점에서 2번이나 체첸과 전쟁을 치른 러시아로서는 전술상 이익이 될 것이라는 분석도 있다.

<출처 : 연합뉴스 2008년 8월 9일>

 **[러시아-우크라이나 가스분쟁]**

**러시아의 우크라이나 길들이기 … 유럽은 '가스대란' 아우성**

감시단 활동 시작 후 가스 공급 재개하기로

사태 해결 최대 고비 … 발칸국가 등 최악 상황

(부다페스트. 브뤼셀. 모스크바)

가스 가격분쟁 이면에 정치갈등·이권 등 얽혀

러, 감시단 파견 합의거부 … 사태 장기화 우려

러시아와 우크라이나 간 가스분쟁이 해결의 실마리를 찾지 못한 채 가스 공급 중단사태로 번지면서 유럽이 '가스대란' 공포와 추위에 떨고 있다. 유럽연합(EU)은 8일 브뤼셀에서 러시아 국영 가스회사 가즈프롬과 우크라이나 국영 에너지회사 나프토가즈의 최고경영자(CEO)들을 불러 러시아에서 우크라이나를 거쳐 유럽으로 공급되는 천연가스의 흐름을 감시할 EU 감시단 파견에 대해 논의했지만 끝내 합의점을 찾지 못했다. 러시아와 우크라이나가 서로 가스 공급 중단의 책임이 있다고 주장하는 바람에 이를 확인할 EU 감시단을 파견키로 했는데 러시아가 감시단에 자국 전문가들도 포함돼야 한다고 주장하면서 결렬된 것이다. 2006년에 이어 또다시 같은 문제로 가스 공급이 중단되자 유럽 내에선 사태의 조속 해결은 물론 러시아에 대한 에너지 의존을 줄일 수 있는 근본 대책을 모색해야 한다는 목소리가 높아지고 있다.

◇ 가스분쟁 왜 자꾸 일어나나

파이낸셜타임스(FT) 등에 따르면 우크라이나는 1930년대 옛 소련 가스 산업의 태생지였다. 1960년대 소련의 가스산업 중심이 서시베리아로 옮겨졌지만 우크라이나는 이후에도 가스관과 가스저장 시설 등을 갖춘 가스산업의 주요 도시 중 하나였다. 하지만 1991년 옛 소련이 붕괴되고 국경이 갈리면서 문제가 싹트기 시작했다. 가즈프롬의 핵심 자산인 가스관과 가스 저장창고 시설 등이 우크라이나 영토에 속하게 되면서 러시아는 직접적인 통제를 할 수 없게 됐다.

첫 번째 분쟁은 1990년대 초 러시아가 우크라이나로부터 가스 대금을 받으려고 시도하면서 불거졌다. 러시아가 가스 대금 납부를 압박하기 위해 우크라이나로의 가스 공급을 중단하자 우크라이나는 유럽 수출용 가스관에서 천연가스를 빼서 썼다. 유럽이 가스 공급 감소에 항의하자 러시아는 어쩔 수 없이 우크라이나에 가스 공급을 재개했다.

2005년 러시아가 우크라이나로 수출하는 천연가스 가격을 시장가격 수준으로 올리겠다고 밝힌 이후 양측 간의 갈등은 또다시 불거졌다. 급기야 2006년 1월엔 사흘간 유럽으로의 가스 공급이 전면 차단됐다.

이번에도 가즈프롬이 가스가격을 지난해의 1000㎥당 179.5달러에서 250달러로 올리겠다고 하고, 나프토가즈는 200달러 이상은 줄 수 없다고 버티면서 사태가 촉발됐다. 러시아는 유럽으로의 수출가격(지난해 1000㎥당 420달러 수준)에 맞추기 위해 우크라이나로의 공급가격 인상이 불가피하다고 주장하는 반면 우크라이나는 천연가스 수출가격을 올리려면 러시아의 가스관 사용료도 동시에 올려야 한다고 맞서고 있다. 현재 우크라이나가 러시아로부터 수입하는 천연가스의 약 20%는 가스관 사용료로 상계되고 있다.

러시아와 우크라이나의 갈등은 온전히 가격 협상의 문제만은 아니라는 것이 전문가들의 지적이다. 우크라이나 올리가르흐(신흥 재벌)들의 가스 거래 이권을 둘러싼 다툼을 비롯 △우크라이나 정계 친서방파와 친러시아파 간의 내분 △2004년 오렌지 혁명(오렌지색을 내세운 친서방 성향 야당의 선거 승리) 이후 친서방 노선을 걷고 있는 우크라이나와 러시아의 정치적 갈등 △에너지를 무기로 서방국에 대한 영향력을 확대하려는 러시아의 야심 등 복합적인 요인들이 배경에 깔려 있다는 분석이다.

<출처 : 시사 다큐 20091월 10일>

## 참고서적

1. 이재기 (2008) 현대러시아경제론= Modern Russian economy 형지사
2. 유철종 (2008) 두 개의 권력, 러시아의 미래: 메드베데프, 푸틴의 이중권력 그 운명은 플래닛미디어
3. 정여천 (2004) 현대 러시아 정치・경제의 이해 대외경제정책연구원
4. Kiriyanov, Oleg (2008) 러시아: 다시 깨어나는 거인= Russia 김&정
5. KOTRA (2007) 황금시장 러시아를 잡아라: 러시아 진출을 위한 현장보고서 = Russia ivestement business 삼성경제 연구소

## 참고연구자료

1. <가즈프롬의 에너지시장 확대 전략과 전망> 수출입은행 해외경제연구소 2008
2. <러시아 국가 신용도 평가 리포트> 수출입은행 해외경제연구소 2009
3. <러시아 경제동향> 한국은행 2009
4. <러시아 경제의 고성장 지속가능성> 수출입은행 2004
5. <러시아 경제 리스크 요인 점검> 삼성경제연구소 2008
6. <러시아 메드베데프 대통령 당선과 향후 전망> 수출입은행 해외경제연구소 2008
7. <러시아現況, > 국가안전기획부 1997
8. <러시아現況 > 국가정보원 2002
9. <러시아 LNG 산업의 현황과 전망> 수출입은행 해외경제 연구소 2009
10. [시사 다큐] 2009. 1. 10 러시아-우크라이나 가스분쟁
11. [연합뉴스] 2008. 8. 9 체첸 전 후 9년 만에 전쟁 나선 러시아
12. <주목 받는 러시아의 성장잠재력> 삼성경제연구소 2005
13. <지금 러시아를 주목해야 하는 5가지 이유> LG주간경제 2005
14. <푸틴 이후 러시아 경제의 미래> LG경제연구소 2000
15. <韓・러 경제교류 10년의 평가와 러시아 경제의 미래 : 韓・러 수교 10주년 기념논문집> 대외경제정책 연구원 2000
16. <해외경제 포커스 제2008 - 16호> 한국은행 2008
17. <2010 러시아 경제전망>산은 경제연구소 2009
18. <IMF의 러시아 거시경제 진단 및 정책권고 주요 내용> 한국은행 국별조사실 2009

## 참고웹주소

1. 네이버 백과사전 www.naver.com
2. 대외경제정책연구원 www.kiep.go.kr
3. 대한무역투자진흥공사 www.kotra.or.kr
4. 삼성경제연구소 www.seri.org
5. 위키피디아 www.wikipedia.org
6. 한국은행 www.bok.or.kr

# Ⅳ. 한국과의 경제 협력

## 1. 무역현황

러시아와의 교역량은 1990년 국교수립 이후 계속해서 급승하였고 한국이 IMF 금융위기를 맞고 이어 러시아가 모라토리엄을 겪으면서 절반수준으로 감소하였다. 이후에는 다시 지속적으로 증가하는 추세를 보였고, 2003년 이 지나면서 금융위기 이전수준을 기록하며 주요 무역대상국으로 떠올랐다. 하지만 미국발 금융위기 이후 러시아와의 교역량이 급감하였고, 다시 08년 수치를 회복하는 것에는 상당한 시간이 소요될 것으로 예상되고 있다.

〈표 2-15〉 90년대 양국간 연도별 교역추이

(백만달러, %)

| 년도 | 수출 | | 수입 | | 무역수지 |
|---|---|---|---|---|---|
| | 금액 | 증감률 | 금액 | 증감률 | |
| 1992 | 118.1 | - | 74.8 | - | 43.3 |
| 1993 | 601.2 | 409.0 | 974.8 | 1,203.0 | -373.7 |
| 1994 | 961.9 | 60.0 | 1,229.7 | 26.0 | -267.7 |
| 1995 | 1,415.9 | 47.0 | 1,892.9 | 54.0 | -477.0 |
| 1996 | 1,967.5 | 39.0 | 1,810.3 | -4.0 | 157.3 |
| 1997 | 1,767.9 | -10.0 | 1,534.8 | -15.0 | 233.2 |
| 1998 | 1,113.8 | -37.0 | 998.6 | -35.0 | 115.3 |
| 1999 | 637.1 | -43.0 | 1,590.5 | 59.0 | -953.4 |

자료 : KOTIS

1992년 1억 9000만 달러를 시작으로 계속된 러시아와의 교역은 이후 16년 동안 50배 이상의 성장을 하였다. 이것은 1992년부터 한국의 전체 교역량이 약 4배 증가한 것과 비교하여 볼 때 대단히 높은 수치라고 할 수 있겠다.

2008년도 까지 한국 러시아 양국 간의 교역량은 지속적으로 증가 하였고, 2008년 수출은 약97억 달러로 20.5%의 증가를 하였고, 수입은 약83억 달러로 19.5%가 증가하여 총 규모가 약 180억 달러를 기록하면서 러시아는 한국의 10대 교역국이 되었다. 이러한 성장에 힘입어 러시아가 한국의 5대 교역국이 될 것이라는 예상도 있었으나 예상과는 다르게 글로벌 금융위기로 말미암아 09년 1~7월의 양국 간의 교역량은 63.3%의 수출 감소와 44.6%의 수입 감소로 큰 폭의 감소와 함께 10대 교역국 밖으로 벗어나게 되었다.

〈표 2-16〉 양국 간 연도별 교역 추이

(단위 : 천 달러, %)

| 연도 | 수출 | | 수입 | | 수지 |
|---|---|---|---|---|---|
| | 금액 | 증가율 | 금액 | 증가율 | |
| 2002 | 1,065,875 | 13.6 | 2,217,604 | 14.9 | -1,151,729 |
| 2003 | 1,659,119 | 55.7 | 2,521,780 | 13.7 | -862,661 |
| 2004 | 2,339,329 | 41.0 | 3,671,455 | 45.6 | -1,332,126 |
| 2005 | 3,864,170 | 65.2 | 3,936,623 | 7.2 | -72,453 |
| 2006 | 5,179,248 | 34.0 | 4,572,967 | 16.2 | 606,281 |
| 2007 | 8,087,745 | 56.2 | 6,977,477 | 52.6 | 1,110,268 |
| 2008 | 9,747,956 | 20.5 | 8,340,060 | 19.5 | 1,353,473 |
| 2009.1~7월 | 2,298,399 | -63.3 | 2,718,587 | -44.6 | -420,188 |

자료 : KOTIS

한국과 러시아의 교역상의 특징은 크게 두 가지로 나타난다. 첫째는 국내 대기업들이 수출을 함에 있어 핀란드를 통한 우회 수출을 하고 있다는 점이다. 이것은 국내의 대기업들이 핀란드에 물류창고를 운영하기 때문인데, 최근 러시아에 대한 직접 투자가 증가하고 시장이 거대해 지면서 조금씩 직접통관으로 변화하고 있는 추세이다.

둘째는 러시아와의 무역 상품이 거의 완벽하게 일치하지 않는 다는 점이다. 경쟁제품을 서로 교역하지 않으므로 러시아와의 무역은 상호보완적이라고 할 수 있다.

한국이 러시아로 수출하는 주력 상품은 자동차, 합성수지, 자동차 부품,

무선 전화기 가전, 타이어 등이며, 06~07년에는 현대와 삼성에서 해양플랜트와 송유관 건설을 위하여 철제·해양 구조물의 수출이 급증했다.

2009년도에는 승용차가 1위를 차지하였으며 선박이 2위, 그 뒤로는 차례로 합성수지, 자동차 부품, 무선전화기가 차지했다. i주요 품목

중 10위 내에서 선박, 칼라TV, 평판 디스플레이, 커피 등이 전에 비해 증가 하였고, 특히 평판 디스플레이의 수출이 급증하였다.

수입에서는 여전히 원유, 나프타, 알루미늄, 니켈, 고철, 유연탄 등의 천연자원이 주를 이루고 있었으며, 이러한 자원의 가격이 상승하여 수입액이 따라서 증가하고 있다. 또한 비철금속, 선박 부품, 수산물 등의 수입도 대폭 늘어났다.

2009년에도 역시 평년과 같이 원유를 중심으로 천연자원과 해산물이 수입품의 주류를 이루고 있다.

〈표 2-17〉 주요 품목별 대 러시아 수출통계

(단위 : 천 달러, %)

| 순위 | 품목명 | 2008 | | 2009. 1-7월 | |
|---|---|---|---|---|---|
| | | 금액 | 증가율 | 금액 | 증가율 |
| | 총계 | 9,747,957 | 20.5 | 2,298,399 | -63.3 |
| 1 | 승용차 | 3,785,284 | 25.3 | 531,655 | -77.8 |
| 2 | 선박 | 216,164 | 48.6 | 285,895 | 36.3 |
| 3 | 합성수지 | 617,853 | 2.8 | 145,771 | -66.9 |
| 4 | 자동차부품 | 1,061,428 | 61 | 144,971 | -79.9 |
| 5 | 무선전화기 | 854,640 | -17.6 | 141,540 | -67.1 |
| 6 | 칼라 TV | 146,068 | 163.7 | 119,087 | 49.8 |
| 7 | 평판디스플레이 | 8,816 | -0.5 | 60,801 | 887.2 |
| 8 | 기타플라스틱제품 | 119,123 | 12.8 | 38,474 | -46.2 |
| 9 | 진공청소기 | 60,119 | 94.5 | 31,035 | -19.7 |
| 10 | 커피류 | 53,215 | -5.5 | 30,975 | 1.1 |

자료 : KOTIS 통계, MTI4 단위 기준

〈표 2-18〉 주요 품목별 대 러시아 수입 통계

(단위 : 천 달러, %)

| 순위 | 품목명 | 2008 | | 2009.1~7월 | |
|---|---|---|---|---|---|
| | | 금액 | 증가율 | 금액 | 증가율 |
| | 총계 | 8,340,060 | 19.5 | 2,718,587 | -44.6 |
| 1 | 원유 | 2,289,844 | -15.4 | 817,551 | -38.6 |
| 2 | 나프타 | 695,311 | 32.7 | 443,140 | 7.2 |
| 3 | 알루미늄괴 및 스크랩 | 744,762 | 9.1 | 253,582 | -49.2 |
| 4 | 유연탄 | 945,042 | 106.3 | 212,686 | -54.8 |
| 5 | 강반제품 | 976,585 | 157.9 | 134,730 | -76.5 |
| 6 | 명태 | 174,694 | -7.6 | 85,971 | 15.5 |
| 7 | 우라늄 | 289,508 | 110.4 | 73,073 | -49.8 |
| 8 | 합금철 | 124,214 | 121.8 | 72,394 | 21.8 |
| 9 | 고철 | 710,910 | 107.6 | 62,954 | -84.9 |
| 10 | 게 | 84,116 | -25.6 | 43,737 | -22.4 |

자료 : KOTIS 통계, MTI4단위 기준

## 2. 주요 협력 사업

### (1) 한국과의 관계

① 외교관계수립 : 1990. 9. 30 구소련과 국교수립, 1991. 10. 12 러시아가 승계 (북한과는 1948. 10. 12 수교)

② 주요협정체결 : 무역협정('90), 이중과세방지협정, 문화협정(이상 '92), 군사협력협정('97),형사사법공조조약, 원자력협력협정(이상 '99), 에너지분야협력협정('00),관광협정('01), 항공협정('03), 우주기술협력협정('04), 가스산업협력협정('06), 비자협정('08) 등

### (2) 철도 협력

한국과 북한, 러시아는 정상회담을 통하여 남북한 종단철도(TKR)와 시베리아횡단철도(TSR)를 연결하는 사업을 꾸준히 검토하여 왔다. 러시아는 최근 시베리아횡단철도의 역할이 지속적으로 감소함에 따라 남북한 종단

철도와의 연결을 통해 새롭게 자국의 철도산업 부흥과 극동지역개발을 꾀하고 있다. 우리나라 역시 지금껏 해상운송에 의존해 왔던 교역방식에 새롭게 육로를 통한 무역을 더 할 수 있는 장점이 있다.

그러나 이를 위해서는 한국, 북한, 러시아 간의 기술적, 제도적 정비가 선결조건이라고 할 수 있어 문제가 되고 있다.

2003년도와 2005년도의 APEC 정상회의에서는 양국 간의 정상회담에서 남북한 종단철도(TKR)와 시베리아횡단철도(TSR)를 연결하는 사업을 최우선과제로 설정하였고, 해당 사업이 조금씩 구체화 되어가고 있다.

2006년 3월에는 한국, 북한, 러시아의 철도 관계자들이 3자 회담을 통하여, '의장 성명'을 발표했다. 한국철도공사 이철 사장은 "북한과 러시아 간 회의는 지금까지 계속 있어왔지만 한국 대표가 참여한 3국 회의는 철도 역사상 처음 있는 일"이라며, "이번 의장 성명은 TKR-TSR 연계운영의 본격적인 논의를 알리는 신호탄이자 중대한 진전"이라고 밝혔다. 또 2006년 3월 17일에는 국영 러시아철도 야쿠닌 사장과 '한-러 철도운영 양해각서'를 체결하고 KTX 운영 노하우 및 신기술 제공 등 철도운영에 관한 정책과 정보를 체계적으로 공유하기로 약속했다.[28)]

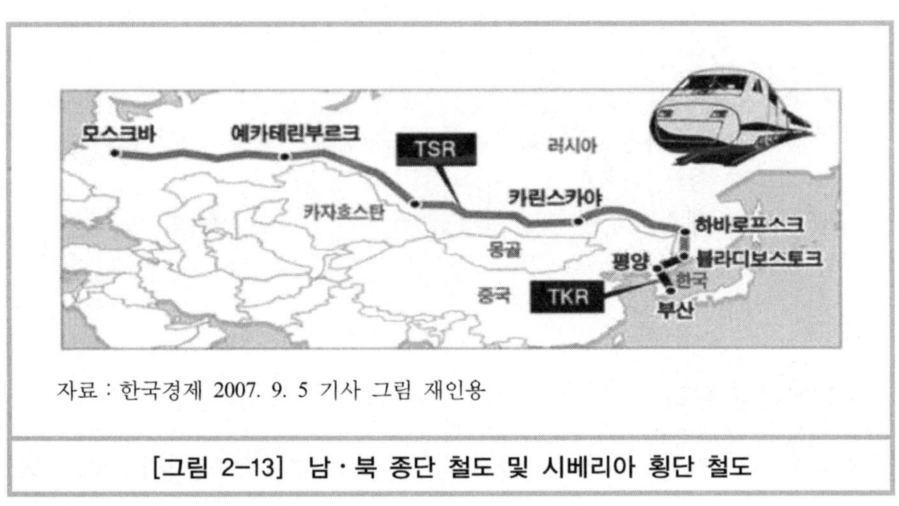


자료 : 한국경제 2007. 9. 5 기사 그림 재인용

**[그림 2-13] 남·북 종단 철도 및 시베리아 횡단 철도**

28) KOTRA <양국간주요현안>

**남북종단철도 연결의 의의와 효과**

- 남북종단철도(TKR) 연결은 남·북한 모두에게 유 무형의 경제적 이익을 제공
  - TKR은 필연적으로 대륙 철도와 연결되기 때문에, 이로 인해 형성되는 동북아 철도 네트워크가 이 지역의 경제 협력 확대에 크게 기여할 것임
- 경의선 연결에 따른 경제적 효과 분석 자료(건교부, 2000년)에 의하면, 남한은 연간 약 1억 달러, 북한은 약 1억 5천만 달러 예상
- TKR은 동북아의 물류난 해소는 물론, 통합 물류망에 직·간접적으로 편입되어 있는 동북아 이해 당사국(러시아, 중국, 일본, 남북한) 간의 다자간 경제 협력을 촉진하는 결정적 계기가 될 것임
- '철의 실크로드' 기종점이 부산·광양항이 될 경우 일본과 중국의 협력 유인 발생·시간 단축 및 물류비 절감 등으로 러시아와 북한, 유럽으로의 화물 물동량이 많은 일본의 이익이 극대화되고, 최근 동북3성에 기대감을 갖고 있는 중국도 동북아 철도망 구축에 협력할 유인이 발생

◇ 동북아 경제 협력을 위한 철도의 역할

- 동북아 주변국들은 철도 중심의 교통 체계를 구축하고 있음
  - 러시아는 철도를 물류 중심축으로 하면서 도로와 해운, 항공 등과 연계한 유라시아의 통합 물류 시스템을 구축하고 있음
  - 중국은 철도 운송량이 전세계의 24%를 차지, 인접 14개국과는 주로 철도 수송
- 철도는 타 교통수단과 달리, 통과 구간의 면과 공간을 선으로 연결하여 교류 효과 증폭은 물론, 환동해권과 환황해권 연결을 통해 '철의 실크로드'를 형성
  - 항공과 해운은 출발지와 목적지를 점과 점으로 연결시키는 데 그침

<출처 : 현대경제 연구원>

### (3) 에너지 협력

세계적으로 에너지 문제가 가시화 되고 이에 따라 에너지의 안정적 확보가 중요해 짐에 따라 한국은 이 문제의 한 방편으로 러시아와의 협력을 진행하고 있다. 2004년 9월 노무현대통령은 러시아를 방문하였고 기

간 중 러시아 국영 석유기업인 로스네프트 사와 한국석유공사의 양해각서를 체결하였다. 이것은 동시베리아 극동지역 유전 공동개발을 위한 것으로 2008년까지 캄차카 반도를 공동 개발 할 수 있게 되었으며, 이것을 통하여 러시아는 자금조달을 하는 대신에 생산되는 원유는 일부를 제외하고 한국이 소유할 수 있게 되었다.

뿐만 아니라 2005년에는 '사할린 에너지'사와 연간 150만 톤의 액화천연가스를 수입하기로 계약을 맺었다. 또한 2009년 4월부터는 사할린에서 연간 150만 톤씩의 LNG를 20년 동안 들여오기로 하였다. 이것을 계기로 가스공사는 파이프라인 방식의 가스 도입을 추진 중이라고 밝혔다.

### (4) 과학 기술 협력

러시아와의 과학기술 협력은 '한-러 산업협력 위원회'를 통하여 항공우주, 신소재, 기계 분야를 중심으로 이루어지고 있다. 특히 2015년까지 총

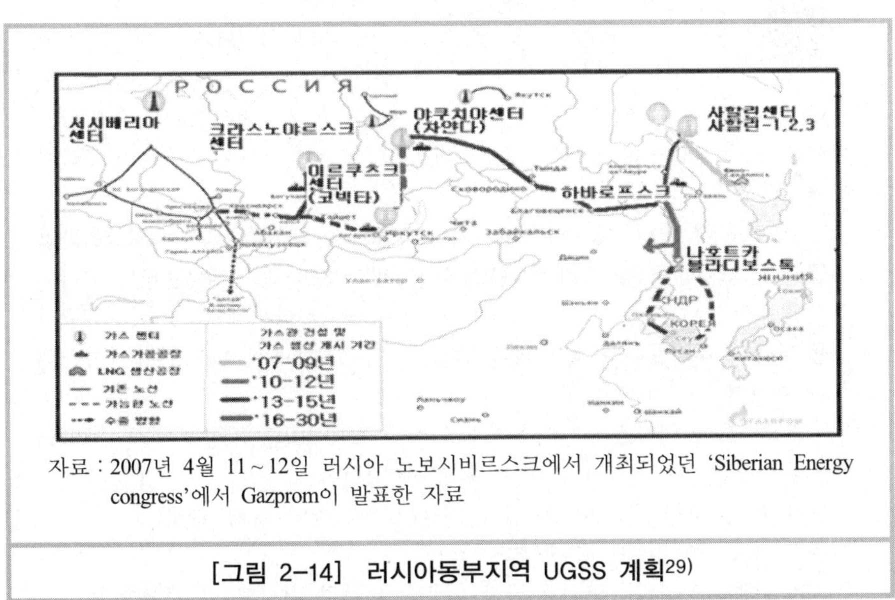


자료 : 2007년 4월 11~12일 러시아 노보시비르스크에서 개최되었던 'Siberian Energy congress'에서 Gazprom이 발표한 자료

**[그림 2-14] 러시아동부지역 UGSS 계획**[29)]

29) UGSS 계획 노선 : Kovykta 가스전 → 사하공화국 차얀다 가스전 → 하바로프스크 → 나호트카 → 한국
<러시아 에너지 사업> 에너지 경제 연구원 심기은 2007. 9. 21

20기의 우주 발사체의 개발을 목표로 하고 있으며, 2001년에는 한-러 우주 협력 기술협력 약정을 전달 2003년 최종안 합의에 이르렀다.

최근 2008년 4월 한국 최초의 우주인 이소연이 성공적인 임무 수행을 하였으며 2009년 8월 나로호 역시 러시아와의 협력의 산물로써 앞으로도 러시아와의 과학 기술협력에 박차를 가하게 될 계기가 되었다.

**이소연 - 한국 첫 우주인 탑승 소유스호 발사 성공**

'코리아의 꿈' 우주로 솟다.

이소연씨 탑승 러 소유스호 발사 성공

내일 밤 우주정거장 도킹 … 19일 귀환

한국 최초의 우주인 이소연(사진) 씨가 8일 우주를 향한 대장정에 올랐다.

이 씨와 러시아 우주인 두 명을 태운 러시아 유인우주선 소유스호는 이날 오후 8시 16분 39초(현지시간 오후 5시 16분 39초) 카자흐스탄 바이코누르 우주기지에서 성공리에 발사됐다.

소유스호가 발사 9분 48초 후 지상 220km에 도달해 우주 궤도에 진입하자 모스크바의 임무통제센터(MCC)는 '발사 성공'을 선언했다.

이로써 한국은 우주인을 배출한 36번째 국가, 아시아에서 여성 우주인을 배출한 두 번째 나라가 됐다. 또 이 씨는 세계에서 475번째, 여성으로는 49번째 우주인이 됐다.

소유스호는 이틀간 지구 주위를 34바퀴 돌아 10일 지상에서 약 350km 상공의 국제우주정거장(ISS)에 도착할 예정이다.

이 씨는 이곳에서 9박 10일간 머물며 초파리와 종자 관찰 등 18가지 우주 과학실험 임무를 수행한다.

12일에는 김치와 된장 등 국산 식품으로 우주 만찬도 열 계획이다.

<출처 : 2008. 4. 9. 07 : 03 로이터/동아닷컴>

## 참고연구자료


1. <교역> 수출입은행 2009
2. <남북 및 동북아 철도 연결과 경제협력> 현대경제 연구소 2006
3. <南北韓-러시아 3자간 철도협력의 논의동향과 정책과제> 정여천 2001
4. <對 러시아 産業協力의 추진동향과 課題> 산업기술연구원 1993
5. <대륙철도를 이용한 국제운송로 발전전략 비교 연구 : 러시아와 중국을 중심으로> 한국교통연구원 성원용 ; 원동욱 ; 임동민 [공저] 2005
6. <동북아물류 기지 건설과 러시아 시장 진출 확대 전략> 산업연구원 2004
7. <동북아 에너지협력 연구 : 러시아 동북아지역 석유수출 시장 확장과 역내 국가의 동 시베리아 석유자원 도입·활용 전략> 산업자원부 에너지경제연구원 [공편] 2006
8. [동아닷컴] 2008. 4. 9 이소연-한국 첫 우주인 탑승 소유스호 발사 성공
9. <러시아 연해주에서의 자원·인프라 개발을 위한 한·러 협력방안> 국토연구원 김원배 외 2003
10. <러시아와의 기초과학 분야 협력 증진방안> 과학기술부 1999
11. <러시아 에너지 사업> 에너지 경제 연구원 2007
12. <러시아의 WTO 가입과 한국의 무역투자 증진방안> 대외경제정책연구원 이재영 외 2007
13. <주요국의 대 러시아 통상전략 및 시사점> 대외경제정책연구원 한종만 2007
14. <주요협력> 수출입은행 2009
15. <푸틴러시아 대통령의 방한과 한러 관계> 삼성경제 연구소 2001
16. <韓·러시아 經濟交流의 現況과 政策課題> 대외경제정책연구원 정여천 1997
17. <韓·러 경제교류 10년의 평가와 러시아 경제의 미래 : 韓·러 수교 10주년 기념논문집> 대외경제정책연구원 정여천 2000
18. <한·중·일 3국의 대 러시아 경제협력과 차별화 전략> 산업연구원 김학기 2008
19. [한국경제] 2007. 9. 5

## 참고웹주소

1. 네이버 백과사전 www.naver.com
2. 대외경제정책연구원 www.kiep.go.kr
3. 대한무역투자진흥공사 www.kotra.or.kr
4. 삼성경제연구소 www.seri.org
5. 위키피디아 www.wikipedia.org
6. 한국은행 www.bok.or.kr

# 일본 Japan 日本

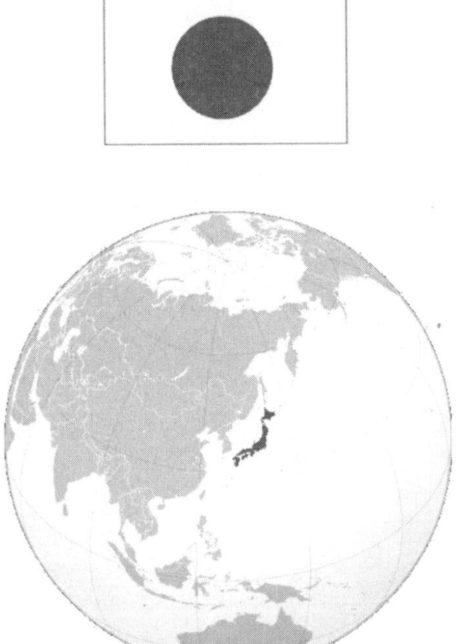

# 일본 Japan 日本

## ◎ 개괄

■ 위 치 : 동북아시아

■ 면 적 : 378천 km²(한반도의 1.7배 남한의 3.7배)

■ 기 후 : 해양성

■ 인 구 : 128백만 명('08)

■ 수 도 : 도쿄Tokyo(8.5백만 명)

■ 민 족 : 일본인(98.5%)

■ 언 어 : 일본어

■ 종 교 : 신도神道(Shintoism), 불교, 기독교

■ 독립일 : 1952. 4. 28(미국군정美軍政)

■ 정치체제 : 입헌군주제(내각책임제)

■ 국가원수 : 아키히토 국왕 (하토야마 총리)

■ 의 회 : 양원제(중의원 480석, 참의원 242석)

■ 주요정당 : 자유민주당(LDP), 민주당(DPJ)

■ 국제기구가입 : UN, IMF, OECD, IBRD, WTO, APEC, ILO, FAO, UNESCO 등

■ 화폐단위 : 엔 Yen (¥)

■ 산업구조 : ('08) 서비스업 72.1%, 제조업 26.4%, 농업 1.4%

■ 주요수출품 : ('08) 운송장비, 기계, 전기기기와 설비, 철강, 화학제품

■ 주요수입품 : ('08) 광물성연료, 전기기기와 설비, 기계, 광물

■ 주요부존자원 : 구리, 아연

■ 경제적강점 : 높은 기술수준

■ 경제적약점 : 부존자원 빈약

---

■ 평균수명 : 83세('07)

■ 1인당 GNI : 37,790달러('07)

■ 1인당 $CO_2$ 방출량 : 9,600kg('05)

■ 이동통신가입자수(백명당) : 84명('07)

■ 도로포장률 : 79%('06)

■ 인터넷사용자수(백명당) : 69명('07)

■ 1인당에너지소비량(석유환산) : 4,129kg('06)

# Ⅰ. 일본경제 발전사

## 1. 전쟁 전 메이지 유신과 일본경제

일본 경제의 출발점인 메이지 유신 전 일본은 에도막부[1] 체제시대로써 그들의 대외 정책의 핵심은 쇄국정책이었다. 그러나 1854년 3월 21일 미국 페리제독과의 "가나가와 조약"[2]의 체결로 인해 시모다 와 하코다테 두 항구를 개항하였다. 1958년 7월 29일 미국은 일본에서 영사재판권 및 조계권을 갖고 협정관세율을 적용받으며 최혜국대우를 누린다는 조항이 포함된 "미일 수호 통상 조약"을 체결 하였고 그 결과 에도막부시대의 쇄국정책은 완전히 철폐되기에 이른다. 하지만이 조약은 불평등 조약으로써 막부의 통치권자 쇼군이 천황의 허가를 받지 않고 독단적으로 체결하였다. 이는 지방의 봉건 번주(지방의 호족)들의 반감을 샀고 "존왕양이"[3] 사상이 더욱 강화되는 계기가 되었다. 결국 막부와 봉건번주 세력들이 전면전에 돌입하게 되고 봉건번주 세력이 승리함에 따라 전근대적인 봉건 막부 시대는 막을 내리고 천황을 중심으로한 중앙집권적 근대국가가 성립되었다. 연호는 메이지. 이것이 바로 일본 근대화의 시작 메이지 유신이다. 메이지 유신으로 근대 일본경제가 태동하였다.

메이지유신의 기본골자는 다섯 가지로 요약할 수 있는데

① 중앙집권적 정부구성

② 법률과 제도의 개선

③ 군제와 경찰제도의 정비

1) 도쿠가와 이에야스가 천하통일을 이루고 에도에 수립한 일본의 부케정권. 출처 : 두산 백과사전

2) 1854년 3월 3일 일본 가나가와에서 미국·일본이 조인한 12개조 조약. 출처 : 두산 백과사전

3) 존왕양이는 왕을 높이고, 오랑캐를 배척한다는 의미를 갖고 있다. 1857년 일본이 미국에 의해 개항한 후 등장한, 천황을 지지하고, 서구 열강은 배척할 것을 주장한 존왕양이 파들의 정견을 가리키는 뜻도 있다. 출처 : 위키 백과사전

④ 의무교육

⑤ 산업화 추진이다.

**일본은 특히 군제정비와 산업화에** 특히 많은 비중을 두었는데 그 중 산업화 추진을 주목할 필요가 있다.

일본은 산업화를 위해 먼저 봉건영주에게 귀속되어 있는 소규모 농제에서 탈피하여 근대적 토지 소유제를 확립하여 농업근대화를 이룩하였다. 이는 식량 생산을 증가시켰고 식량의 가격을 하락시켰다. 이러한 안정된 식량공급은 도시의 산업화를 촉진시켰다.

"국력은 국민의 빈부에 따라 좌우 되며, 국민의 빈부는 물자의 많고 적음에 의해 결정된다. 물자의 많고 적음은 국민들이 산업에 주력하는지의 여부에 따라 결정되지만, 그 바탕에는 정부의 유도와 장려가 매우 중요한 요인으로 깔려 있다" 이 말은 1874년, 식산흥업에 관한 건의서에서 오쿠보 도시미치가 주장한 글로써 일본 내 신정부 지도층들이 얼마나 근대화, 산업화 큰 의미를 두었는지 잘 보여주고 있다.

식산흥업 운동에 따라 일본 내 산업은 급속도로 발전하였다. 서구의 선진기술을 배우기 위해서 1987년 이와쿠라 사절단이 미국과 유럽으로 파견되었고, 서양인 기술자로부터 기술이전이 많이 이루어졌다. 이러한 노력의 결과로 1872년 일본 최초 철도가 개통되었고, 기계 산업이 빠르게 발전하였다. 당시 일본 기업은 대부분 정부로부터 지원을 받는 군수기업이 발달하였고, 민간기업으로는 방직소, 나일론 공장 등 방직공업이 발달하였다.

1881년에 재벌이라는 개념이 생기게 되었는데 이는 일본정부가 민권을 확보하려는 자산 계급 운동의 차원에서 기업에 대한 과도한 지원을 줄이고 관영기업을 민영화시키는 조치를 취하는 과정에서 등장하였다. 일본정부의 이러한 정책은 관영기업이 싼 가격에 시장에 유입되고 이런 관영기업을 몇몇 특정기업들이 매수함에 따라 재벌은 더욱 발달하였다.

일본의 정부의 근대화, 산업화 정책으로 1871년 근대 우편사업이 태동하였고, 1889년 총 1852km에 달하는 공중전화가 개통되었다. 1893년 철도는 1900마일 이상이 되었고 기차는 351대, 화물 및 승객운송능력은 204만톤, 기업은 5,444개, 종업원수는 38만명에 달하였다. 대외무역 수출액과 수입액은 각각 9,111만엔과 7,132만엔으로 무역수지 흑자국으로 변모 하였다.

그러나 일본의 지도층은 자국의 산업을 발전 시켜야 하는 이유로 부국강병을 뽑았고 부국하기 위해선 강병을 양성하여 한국과 중국을 식민지로 삼아야 한다는 제국주의를 표방했다. 그러한 의미에서 일본의 산업발전은 침략전쟁을 행하기 위한 필수 불가결한 조건으로 전락하고 말았다.

〈표 3-1〉 일본과 선진제국의 경제성장률 비교

| 국 명 | 총 액 | |
|---|---|---|
| | 1870 ~ 1913 | 1913 ~ 1938 |
| 미 국 | 4.6 | 1.1 |
| 영 국 | 2.1 | 0.7 |
| 독 일 | 2.7 | 1.8 |
| 이탈리아 | 1.5 | 1.7 |
| 덴마크 | 3.2 | 1.9 |
| 노르웨이 | 2.2 | 3.0 |
| 스웨덴 | 3.0 | 2.4 |
| 일 본 | 3.6 | 4.6 |

출처 : U.S. Dept of commerce, Historical Statistics of United States, 1976.

## 2. 고도성장을 위한 준비기

1945년 8월 15일 일본이 항복을 선언함에 따라 제2차 세계대전은 막을 내리고 일본은 미군정 체제하에 들어갔다. 일본을 점령한 미국의 대통령 트루먼은 "미군정 하 일본은 독일에서의 전철을 밟지 않고 분할 통치나 점령지역 분할을 실시하지 않는 것이다"라고 밝히고 일본을 통치했다. 당초 미국은 일본의 천황을 전범으로 재판에 회부하고 배상금을 물리려 했다. 하지만 천황은 정치에 참여하지 않았고 상징적인 존재이므로 전쟁을 주도한 일본의 총사령관 도조 히데키가 전쟁에 대한 책임을 졌고 천황은 재판에 회부되지 않았다. 대통령 특사 겸 주일 대사였던 토머스 폴리는 보고서에서 "일본의 육해군 공장, 비행기 제조공장, 경금속 공장의 모든 설비와 철강, 조선, 화력 발전, 기계 제조 설비의 절반을 배상금 명목으로 받고, 일본의 철강 생산능력을 250 만톤 이내로 제한해야 한다"라고 주장했다. 하지만 미국의 전후 대일본 정책에 변화가 생기기 전까지 실질적으로 당초 계획의 7%에도 못 미치는 1억 6000만 달러 상당의 기계 5만대만 처분했다. 그 대신 미국은 부흥기금을 통해 일본에 막대한 원조를 하였다. 원조의 배경은 당시의 국제 정세의 영향 이었다. 이 당시 동아시아는 미국과 소련의 힘 싸움 즉 냉전시대가 진행되고 있었다. 하지만 상황은 소련에게 유리하게 진행되고 있었다. 중국에서는 공산당 혁명이 진행되고 있었으며 북한에도 소련군이 진주하여 공산화작업에 착수하고 있었다. 트루먼 대통령의 특사로 미국을 방문한 조지프 도지[4](Joseph Morrell Dodge 1890 ~ 1964)는 "동아시아로의 공산주의 침투를 견제하고 이 지역에서 미국의 지위를 확보할 수 있는 방안은 일본을 지원하는 길뿐" 이라고 주장했고 케네스 로열 육군 장관도 "일본공업이 심각한 타격을 입을 경우, 일본은 독일처럼 미국의 부담이 될 것이다"라고 주장했다. 이 상황이 미국으로 하여금 일본의 상징인 천황을 전쟁을 일으킨 범죄인으로 재판에 회부하지 않게 했으며 배상금을 포기 하고 대신 경제 원조를 실시했던 요인이었다.

---

4) 미국의 은행가, 재정금융 전문가. 독일 점령 미군사령관의 금융고문이 되어 서독의 통화개혁을 입안하였다. 일본점령군 총사령부의 금융고문으로서 새로운 재정경제정책인 '도지 라인'을 실시하는 등, 패전 후 일본의 경제안정과 자립화에 공헌하였다. 출처 : 두산 백과사전

### 일본, 경제안정 9원칙

1948년 12월18일, 미국이 점령지 일본의 경제안정 9원칙을 발표한다. 골자는 긴축. 연간 128%에 이르는 물가상승에 대한 처방이다. 미국은 이듬해 2월 디트로이트 은행장 조셉 닷지(Dodge)를 보내 본격적인 긴축에 들어갔다.

경제안정 9원칙의 숨겨진 목적은 일본의 재건. '호전적인 일본'의 전쟁능력을 제거하기 위해 농업국가로 바꾸겠다던 대일정책과 딴판이다. 소련과의 냉전 심화와 중국 대륙의 공산화로 일본의 역할도 농업국가형에서 산업국가형으로 변한 것이다.

경제안정 9원칙 중 특이한 대목은 수출총력전. 수출용 자재 배급 효율화를 명시한 데 이어 닷지는 엔화 환율을 1달러당 360엔으로 고정시켰다. 일본정부까지 적정환율은 330엔대라고 생각할 무렵 미국의 '엔저' 용인에는 수출로 일본의 힘을 길러주겠다는 의도가 담겨 있다.

닷지라인, 즉 초긴축정책은 효과가 있었다. 세자릿 수였던 물가상승률이 1949년 두자릿수대로 떨어지고 1950년에는 한자릿 수로 내려앉았다. 부작용도 따랐다. 긴축기조와 대출중단으로 기업의 자금난이 심화하고 철도노동자 등이 직업을 잃었다. 인플레를 지나 디플레현상이 발생하고 '안정공황(安定恐慌)'[5]에 빠졌다는 비판도 나왔다.

위기의 일본을 구해준 것은 한국전쟁. 전쟁 특수로 고용이 늘고 수출이 급증했다. 경제안정 9원칙과 닷지 라인으로 고통스런 구조조정을 겪고 내실을 다진 일본경제는 한국전쟁 특수를 기반으로 고도성장가도에 들어섰다.

<출처 : 서울경제신문 2006.12.18>

## (1) 미군 점령하의 일본경제

### 1) 미군점령기 당시의 일본경제 상황

당시의 일본경제는 심각했다. 1946년 당시의 광공업생산은 1934~36년의 평균의 약 31%, 농업생산도 60%까지 감소하여 과거의 축적자산으로 생활하는 것은 가계, 기업, 국가 모두가 마찬가지였다. 이러한 상황이 지속되어 결국 극심한 인플레이션을 초래하였다. 실업문제는 더욱 심각하였

5) 인플레이션 안정기에 일어나는 공황, 두산백과사전

다. 군대가 해체되어 복귀하는 군인 761만명, 군수생산의 정지에 따라 이직하게 된 인원 400만명, 해외로부터의 귀국자 약 150 만명, 합계 약 1,310만명이 일자리를 잃었다.

### 2) 경제 민주화를 통한 전후경제 초석 다지기

맥아더 총사령관은 1945년 9월 6일 워싱턴으로부터 [일본의 항복 후 미국의 초기 대일방침]을 접수한 후 9월 16일에 공포하였다. 이 방침의 핵심은 는 "경제 민주화 추진" 이었다. 경제민주화는

① 산업조직의 민주화

② 농촌의 민주화

③ 노동의 민주화로 구성되어 있다.

① **산업조직의 민주화** : 산업조직의 민주화의 핵심은 재벌해체를 말한다. 당시까지 일본경제에서 재벌이 차지하는 비중은 매우 컸다. 특히 미쓰이, 미쓰비시, 스미토모, 야스다 등 10대 재벌 그룹은 전체기업 총자산에서 35%, 금융에서 53%, 중화학 공업에서 49%의 비중을 차지하고 있었다.

재벌해체란 구체적으로 경제민주화의 관점에서 재벌의 지배력을 약화시켜 독점기업을 지배하는 지주회사 즉 재벌본사를 해체하는 것을 기본으로 하고 있었다. 먼저 재벌본사 소유의 주식을 일반 국민에게 매각했으며, 지주회사의 해체 및 재벌 자회사들을 재조직 했다.

② **농지개혁** : 전쟁 후 일본에는 농가 중 75%가 소작농 또는 부분 소작농이었다. 소작농은 높은 비율의 소작료를 현물로 내고 있었으며 농장의 규모도 작았다. 따라서 소작 농민은 지주적 토지소유의 개혁을 요구해 왔으며 미국의 입장에서도 지주제도의 해체에 의한 자작농 창설은 소작농민의 상태를 개선하고 군국주의의 온상을 제거하는 데에도 필요하다고 생각하였다.

농지개혁의 목적은 자작농을 육성하는 것이었다. 일본정부의 농지개혁안은 부재지주의 농지는 전부 그리고 재촌지주(在村地主)[6]의 경우

에는 1정보(町步)만 남기고 모두를 정부에서 사들이도록 규정하였다. 이로써 개혁 전 50%에 육박하던 소작지의 비율이 개혁 후에는 10%전후까지 하락하였다.

③ **노동개혁** : 미국 점령군의 지시에 의해 노동관계조정법, 노동기준법, 노동조합법 등 노동 3법이 제정되었고 노동조합 운동이 육성되었다. 초기에는 공산당과 연계하여 폭력화 되어가는 모습도 있었지만 노동조합의 가입은 극단적인 공산주의자로 빠질 수도 있는 노동자층을 흡수하여 완충역할을 했다는 측면에서 의의가 크다고 할 수 있다.

### 3) 닷지라인(Dodge-line)에 의한 시장안정화 정책

1949년 트루먼 미국 대통령의 특사이자 디트로이트 은행의 총재인 조지프 도지(Joseph Morrell Dodge)가 일본을 방문해 점령군 본부 최고경제 고문의 신분으로 일본 경제를 안정화 시키기 위한 계획을 수립하였다. 그는 일본경제를 조사한 후 "일본 경제는 죽마[7]와 같다. 두 다리가 높이 떠서 죽마를 밟고 있는데, 한쪽은 미국의 원조이고, 다른 한쪽은 일본정부의 기업에 대한 각종 보조 혜택이다. 이런 '죽마 경제'는 순식간에 무너질 수 있으므로 반드시 잘라내야 한다. 이를 위해서는 첫째, 긴축재정을 실시하고, 둘째, 1달러당 360엔의 고정 환율제를 실시해야 한다. 이 두 가지 처방이 일본 경제로 하여금 미국의 경제원조와 정부 보조금에 의존하는 상황에서 벗어나 경쟁력을 강화할 수 있도록 도와줄 것 이다" 라고 분석했다. 이것이 그 유명한 '일본경제 죽마경제론'이다. 도지의 정책의 핵심 요지는 다음과 같다.

① 국내 총수요의 억제(과잉 구매력의 삭감)

② 시장 메커니즘의 기능 회복(단일 환율제 설정, 보조금 폐지)

③ 민간 투자 자금의 공급력 향상(정부 저축과 대일원조의 증강)에 의한 생산력 확대

---

6) 농지가 있는 곳에서 살고 있는 지주, 네이버 국어사전

7) 2개의 긴 대막대기에 나지막하게 발판을 각각 붙여 발을 올려놓고 위쪽을 붙들고 걸어다닐 수 있게 만든 것. 출처 : 두산 백과사전

④ 초긴축 예산

이러한 경제 안정 정책의 추진 과정을 '닷지 라인(Dodge Line)'이라 한다. 닷지라인의 효과는 즉각적으로 나타났다. 1948년 재정수지 (-)1,419억 엔에서 1949년 (+)1,569억 엔으로 급반전했다. 또한 인플레이션을 안정화 시키는 효과도 나타났다. 당시 시장의 수급 상황을 가장 잘 보여준 암시장 물가는 1949년 2월을 정점으로 생산재가, 4월을 정점으로 소비재가 내려가기 시작해 1949년은 전년대비 각각 32%, 33% 하락을 기록했다.

닷지 라인으로 시장은 안정화 되었지만 국민소비는 억제되었고 산업계는 자금 공급이 끊겨 자금경색에 시달리던 많은 중소기업이 도산했다. 이 과정에서 실업자가 배출되는 등 1950년 한국전쟁특수가 오기 전까지 이러한 디플레이션하의 '안정공황' 상황이 지속되었다.

### (2) 한국전쟁 특수

초 균형 예산에 의한 경제 안정 계획인, 닷지 라인은 1949년에 도입되어 물가안정 등의 효과를 가져왔지만 기업의 자금경색, 실업률 증가, 기

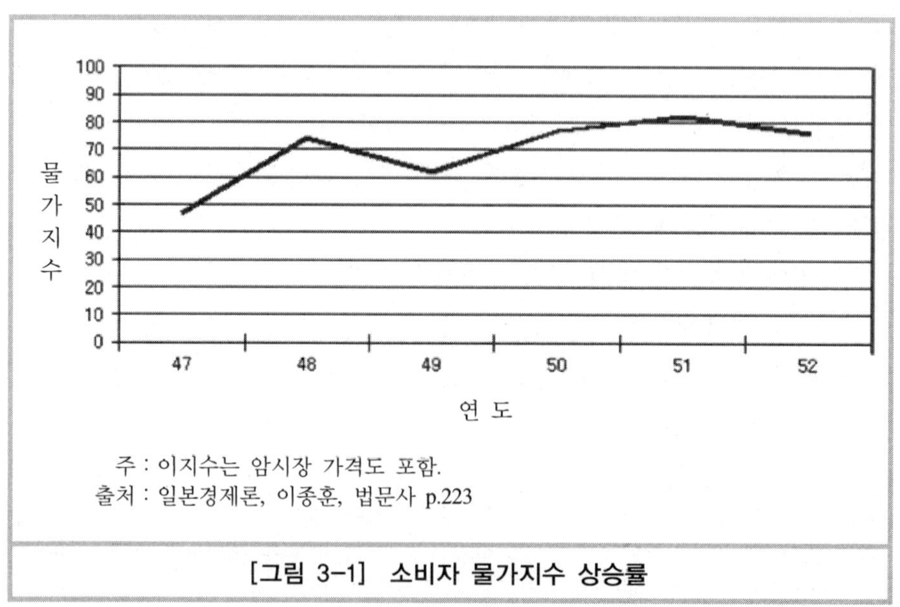


주 : 이지수는 암시장 가격도 포함.
출처 : 일본경제론, 이종훈, 법문사 p.223

[그림 3-1] 소비자 물가지수 상승률

업도산 등의 경기후퇴도 함께 초래했다. 이른바 '안정공황'이라 하여 극심한 인플레이션은 극복했지만 디플레이션 정책효과가 커서 일본경제를 공황에 빠지게 했다. 특히 중소기업을 중심으로 도산과 실업자 증가가 큰 문제점으로 등장했다.

이러한 상황 속에서 한국에서 전쟁이 발발하였다. 1950년 6월 한국전쟁의 발발은 일본기업의 회생과 미국기업의 대일진출을 막는 결정적 계기가 되었다. 전쟁특수로 일본은 중화학공업화에 필요한 자금을 축적하고 공업생산을 확대하여 자국기업 위주로 경제부흥에 성공하였다. 전쟁특수로 인해 면포, 모포 등 섬유류와 트럭, 철강재 수출이 늘어났으며 차후에는 한국 부흥용 자재수요가 늘어났다. 특수계약액은 전쟁 발발 첫해에 3억달러, 2년째 3억달러, 3년째 5억달러였고 전쟁관련 특수의 누계액은 16억 2,000만달러에 이르렀다. 광공업생산지수는 1950년 10월에 이미 전전기 수준을 능가하였으며 실질 국민 총생산도 1951년도에 전전기 최고 수준까지 회복하였다.

〈표 3-2〉 한국전쟁 전전 · 전후 총수요 비교

(단위 : %)

| | 전전기(1934 ~ 36년 평균) | 전후기(1968 ~ 70년 평균) |
|---|---|---|
| 개인소비지출 | 69.8 | 51.9 |
| 민간고정자본형성 | 8.1 | 26.2 |
| 기업설비투자 | - | 19.7 |
| 정부자본형성 | 7.5 | 8.3 |
| 정부최종수요 | 13.8 | 8.1 |
| 재고투자 | - | 4.3 |
| 순수출 | 0.8 | 1.2 |
| 수 출 | 18.4 | 11.3 |
| 수 입 | -17.6 | -10.1 |
| 총수요 | 100.0 | 100.0 |

출처 : 일본경제성장의 분석, 1971

미국은 일본을 보급의 교두보로 활용하였다. 한국 전쟁이 가져온 경제 효과는 대단했다. 특히 광공업생산지수가 엄청나게 증가했는데 1949년을 100으로 볼 때 한국전쟁 시에는 123으로 상승했다. 기업 수익도 비약적으로 상승했다. 제조업의 사용총자본이익률은 1950년 상반기의 2.8%에서 5.1%로 향상되었고, 다음해에는 더 높은 이익률을 보였다.수입 또한 증가하였는데 이는 수출증대 → 외화축적 → 수입원자재 구입 → 생산 확대 → 수출증대라는 확대 재생산의 환경이 성립한 결과이다.

1952년 일본의 외환보유고는 3년 전 보다 5배나 증가했으며, 전쟁특수로 인한 수입이 수출로 벌어들인 전체 외화 가운데 63%를 차지했다. 일본경제는 사실상 제2차 세계대전 이전 수준으로 회복되어 전후 경제회복이 거의 완성되었다.

〈표 3-3〉 한국전쟁시의 특수와 수출

(단위 : 백만 달러)

| | 특수(A) | 수출액(B) | (A) / (B)% |
|---|---|---|---|
| 1950 | 149 | 820 | 18.2 |
| 1951 | 592 | 1,355 | 43.7 |
| 1952 | 842 | 1,273 | 66.1 |
| 1953 | 809 | 1,275 | 63.5 |

출처 : 일본경제론, 이종훈, 법문사 p.267

## 3. 고도 성장기

### (1) 고도성장기의 일본경제

일본의 고도 성장기에는 GNP가 연평균 10%씩 성장했으며 1968년에는 자유진영에서 서독을 앞지르고 미국 다음으로 제2의 경제대국으로서의 위치를 차지하게 되었다. 이와 같은 성장요인은 외적요인은 일본의 수출을 자극한 국제무역을 들 수 있다. 1970년대는 과거보다 일본의 수출이 3배나 증가했다. 내적요인으로는 1951년부터 1973년 기간 중 공장과 시설에 대한 투자가 22% 증가한 것이다. 이것은 낙후된 국내 수요를 유도한 추진력이 되었으며 뒤이어 고도성장을 촉진한 계기가 되었다. 그리고, 풍부한 노동력을 확보할 수 있었던 것도 일본의 설비투자 확대와 고도경제성장을 뒷받침했다. 전후에 방대한 실업자가 존재하였고 이에따라 일본기업은 저렴하고 질이 좋은 노동력을 확보할 수 있었으며 1960년대에는 농촌부문에서 대량 유출되는 노동력을 할 수 있었다. 전후 경제성장률이 높았던 일본·서독에서는 1차 산업에서 2,3차 산업으로의 노동력 이동이 활발하였다. 그러나 이미 노동력 이동이 완성되었던 미국 영국은 상대적으로 낮은 경제성장률을 기록하였다. 이것은 경제성장과 잉여노동력간의 상관관계를 말해 주는 사례라 할 수 있다.

결국 일본에서는 대량의 노동력이 신기술과 결합되어 기업수익, 설비투자를 뒷받침했던 것이다. 노동력은 중화학 공업화에도 뒷받침되었고 일본경제는 1955~70년 기간 중 연평균 10%의 고성장을 계속했다.

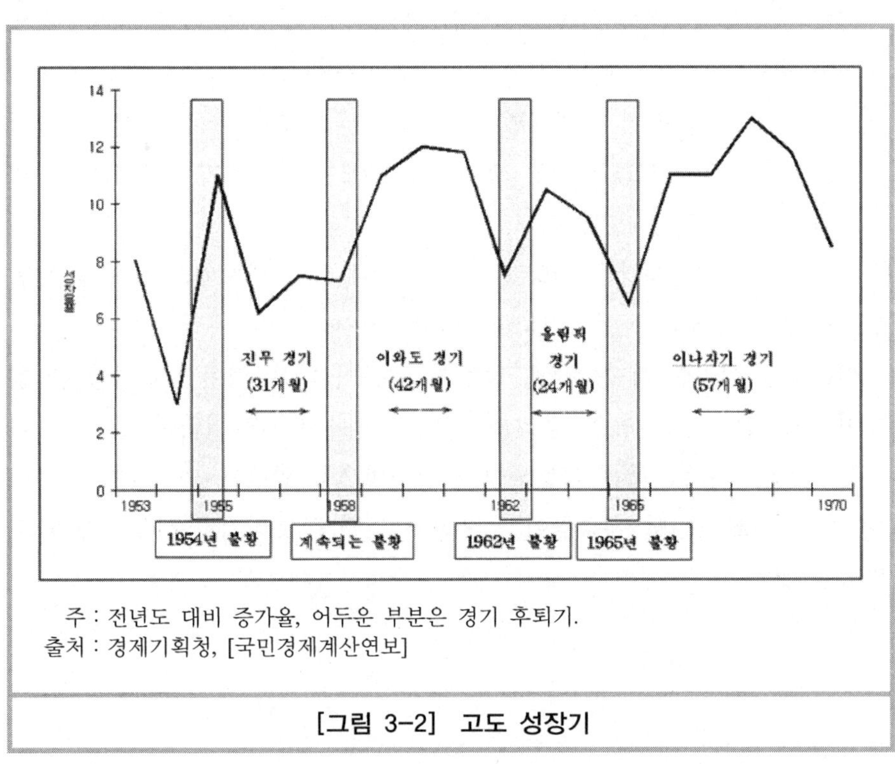


주 : 전년도 대비 증가율, 어두운 부분은 경기 후퇴기.
출처 : 경제기획청, [국민경제계산연보]

[그림 3-2] 고도 성장기

〈표 3-4〉 일본경제성장률 추이

(단위 : %)

| | 명목성장률 | 실질성장률 | GNP디플레이터 상승률 |
|---|---|---|---|
| 1955 ~ 70 | 15.7 | 10.0 | 5.2 |
| 1970 ~ 75 | 16.2 | 4.5 | 8.4 |
| 1975 ~ 80 | 9.9 | 4.7 | 4.4 |
| 1980 ~ 85 | 5.7 | 3.7 | 1.6 |
| 1985 ~ 89 | 5.7 | 4.8 | 0.8 |

출처 : 국민경제계산연보, 1991.

고도성장에 따른 소득수준의 상승은 소비수요를 급증시켰으며 이는 다시 투자로 확대되었다. 1960년대 초의 가정용 전자제품에 대한 수요증가는 가전산업을 비약적으로 발전시켰고 1960년대 후반부터 1970년대에 걸쳐서 컬러TV나 승용차에 대한 수요급증은 가전·자동차공업 등 내구소비재산업의 발전을 촉진시켰다. 이러한 소득수준 상승에 따른 소비구조의 변화는 국민생활을 크게 바꾸었다. 내구소비재가 급속히 보급되고 전국적으로 생활의 균등화가 진행되었다. 소비 지출면에서 도시, 농촌, 계층간 격차가 해소되고 생활의식 및 생활양식 면에서 동질화가 진전되면서 일본의 정치적 안정을 가져왔다.

일본경제의 고도성장을 주도한 것은 설비투자의 확대였으며 이를 뒷받침 한 것은 일본의 높은 저축률이었다. 고저축, 고투자의 자본순환에서 소비수요가 이처럼 계속적으로 증가한 것은 놀라운 일이었다. 이러한 현상이 가능했던 것은 농업 등 1차 산업 부문에서 노동인력이 임금수준이 높은 공업부문으로 계속 이동하여 도시소비생활 인구가 늘어났기 때문이다. 이 결과로 1인당 저축률이 높으면서도 전체 소비지출액이 증대될 수 있었던 것이다.

### (2) 일본의 호황기[8)]

#### 1) 진무경기[9)](1954년 11월 ~ 1957년 6월)

1955년은 전후 일본 경제에 있어서 역사적인 해였다. 1955년 12월 '경제자립 5개년 계획'을 입안하였고 이는 일본의 최초 장기 경제 계획이었다. 1955년부터 1970년대 초반까지의 고도경제성장을 이어간 중요한 계획이었다. 1955년은 일본의 고도성장기의 출발점이라 할 수 있는 해였고 또한 균형 있는 경상수지와 그간 문제가 되어왔던 인플레이션의 안정화를 동시에 이룩한 해였다. 1954년 11월부터 1957년 6월까지 31개월에 걸친 경기확대기간인 진무경기는 전후 일본이 처음으로 경험한 호황기간으로 일본의 초대천황 진무를 따서 진무경기라고 칭한다. 이시기에는 경기회복의 수단으로 수출중심에서 설비투자 중심으로 전환하였다. 설비투자는 대량생산시설과 자동화가 중심을 이루었고 나일론, 비닐론, 등의 화학신소재에 대한 투자가 증가하였다. 제조업 측면에서는 흑백TV, 전기세탁기, 냉장고가 등장하여 전자제품수출의 경쟁력이 향상되는 계기가 되었다. 전후 일본경제의 악영향을 준 인플레이션도 안정화 되었고 과거의 한국전쟁특수와 같은 외부의 행운에 의존하지 않고 자율적인 성장을 실현하였다. 그러나 호경기에 따른 수입의 증가는 경상수지의 적자를 심화시켰고 이러한 악화를 약화시키기 위해 1955년 공정금리 인상을 하면서 금융 긴축정책을 추진하였다. 이러한 정책은 짧은 호황기 진무정책의 종결을 의미하였다.

#### 2) 이와토 경기(1958년 6월 ~ 1961년 12월)

진무경기가 막을 내리면서 일본경제는 1년간의 불황기를 경험하였다.

---

8) 현대 일본경제 참조. 저자 : 강철구

9) 진무 천황(일본어 : 진무 덴노, 기원전 711년 2월 13일(음력 1월 1일) ~ 기원전 585년 4월 9일(음력 3월 11일로 전함)은 일본의 초대 천황(재위 기원전 660년 ~ 기원전 585년)(본명 : 가무야마토이와레비코노미코토.)으로 전하는 인물이다. 출처 : 위키백과사전

이후 다시 찾아오는 호황기는 이와토 경기이다. 이와토 경기는 1958년 6월부터 1961년 12월까지 약 42개월간 지속된 호경기 기간으로서 일본은행은 공격적으로 공정금리를 인하하였고, 공공사업 확대로 인해 민간설비투자가 증가하면서 높은 경제성장률을 기록하였다. 민간기업의 투자는 활기를 띠었고 계속되는 고도성장으로 생산규모를 늘리는 투자가 증가하였다. 이에 따라서 투자가 투자를 부르는 설비투자 붐이 일어났다. 사회자본 확충, 산업구조의 고도화, 과학기술진흥, 농업근대화를 통하여 연평균 10% 이상의 고도성장이 지속되는 계기를 만들었다.

### 3) 올림픽 경기[10](1962년 12월 ~ 1964년 12월)

고도성장을 거치며 개방경제체제로의 전환은 1964년 10월 도쿄올림픽을 개최하며 여타 다른 아시아국가의 선망의 대상이 되었고 국제사회에서도 영향력이 있는 국가가 되었다. 올림픽이라는 세계평화의 축제를 잘 수행하기위한 설비투자가 활성화 되었고 수도고속도로건설과 도카이도 신칸센의 개통 등, 수도권을 중심으로 한 공공투자가 활발히 진행되었다. 올림픽 기간 동안 일본은 경제협력 개발기구(OECD)에 가맹, IMF8조국에의 이행을 시작으로 선진국 대열에 진입하였다. 하지만 이에 따른 노동력의 부족으로 투자자금의 지출상승이 증대되자 1965년 말 금융긴축에 따른 금리인상으로 화려했던 올림픽이 끝나자 불황이 시작되었지만 올림픽의 열기로 인해 국민들이 이를 인식하지 못했다.

### 4) 이나자기경기[11](1965년 10월 ~ 1970년 7월)

이자나기경기는 1965년 10월부터 1970년 7월까지 약 57개월간 지속된 최장의 경기확장기간을 말한다. 이 기간에는 실질성장률이 평균 10.2%였다. 특히 1965년도 4년간은 연속 10%대의 성장을 실현하면서 고도경제성장을 이어간 기간 이다. 1968년 일본의 GNP는 서독을 능가하여 세계

---

10) 1964년 일본의 도쿄[東京]에서 개최된 제18회 하계 올림픽 경기대회. 출처 : 두산백과사전

11) 이자나기는 일본 신화의 창조신이다. 출처 : 위키 백과사전

제2위의 자리를 확보하였고 경제대국으로 급성장하였다. 특히 3C(CAR, COLOR TV, COOLER)수요가 폭발적 이였다. 또한 석유화학 등 대형 설비투자가 잇달았다. 과거 한국전쟁특수에 이어 1965년에 시작된 베트남전쟁으로 일본은 다시 도약할 수 있는 발판을 마련하였고 매년 천억 달러 이상의 경상수지흑자의 기초를 마련하였다. 이에 미국과 일본의 무역 전쟁이 치열해졌고 특히 자동차산업을 시작으로 전자공업이 성공하였고 그 다음 후발주자로는 첨단반도체 칩에서도 성공적인 진출을 이룩했다. 이전까지의 경제호황기는 경기확대 수입증가 → 국제수지의 악화 → 금융긴축으로 인한 금리인상 → 불황기의 시작 이러한 악순환구조였다. 그러나 이자나기 경기는 이러한 패턴에서 변형되어 경기확대와 국제수지흑자 즉 두 마리의 토끼를 잡았다고 할 수 있다. 이러한 요인은 기술혁신과 규모의 경제를 통한 대량생산 시스템의 도입으로 비용감소를 실현했기에 가능했다.

### 5) 경제성장요인

① 설비투자 증가 : 한국전쟁특수는 일본 내 엄청난 구매력 팽창을 가져왔고 이것은 곧 내수시장 확대를 가져왔다. 또한 정부의 긴축재정으로 급격한 인플레이션을 막고 도매물가를 하락시켜 수출품의 경쟁력을 향상시키는 등 55년부터 시작 될 고도 성장기의 초석을 다졌다. 1956년부터 1965년 까지는 세계경제가 호황이었다.

〈표 3-5〉 평균 선진국 경제성장률(GNP)

| 국 가 | 기 간 (년) | 성 장 률 (%) |
|---|---|---|
| 일 본 | 1956 ~ 65 | 10.8 |
| 독 일 | 1956 ~ 65 | 6.5 |
| 이탈리아 | 1956 ~ 65 | 5.7 |
| 프랑스 | 1956 ~ 65 | 4.9 |
| 미 국 | 1956 ~ 65 | 3.7 |

출처 : 국제통화기금(IMF)

이러한 배경 속에서 일본에서도 수출이 급증하고 설비 투자 붐이 일어났다. 이시기의 설비투자의 특징은 합성섬유, 가전제품, 석유화학, 자동차등의 신산업, 신제품 중심의 투자였다는 것이다. 이러한 기업의 설비투자는 고용창출의 효과를 발휘했으며 특히 경제 규모를 급속도로 키우는데 큰 역할을 했다.

"투자가 투자를 부른다."[12]라는 말처럼. 이 말처럼 기업이 새로운 공장을 만들거나 첨단기계를 도입하면 그 설비나 기계를 제조하는 산업의 생산도 확대된다. 그렇게 되면 투자재 관련 기업도 기계와 설비를 새롭게 도입해야 한다. "투자가 투자를 부른다"의 효과를 좀 더 구체적으로 설명해 보면 다음과 같다.

1956년 39.1%, 1957년 21.5%, 1960년 39.6% 등 1955년부터 1965

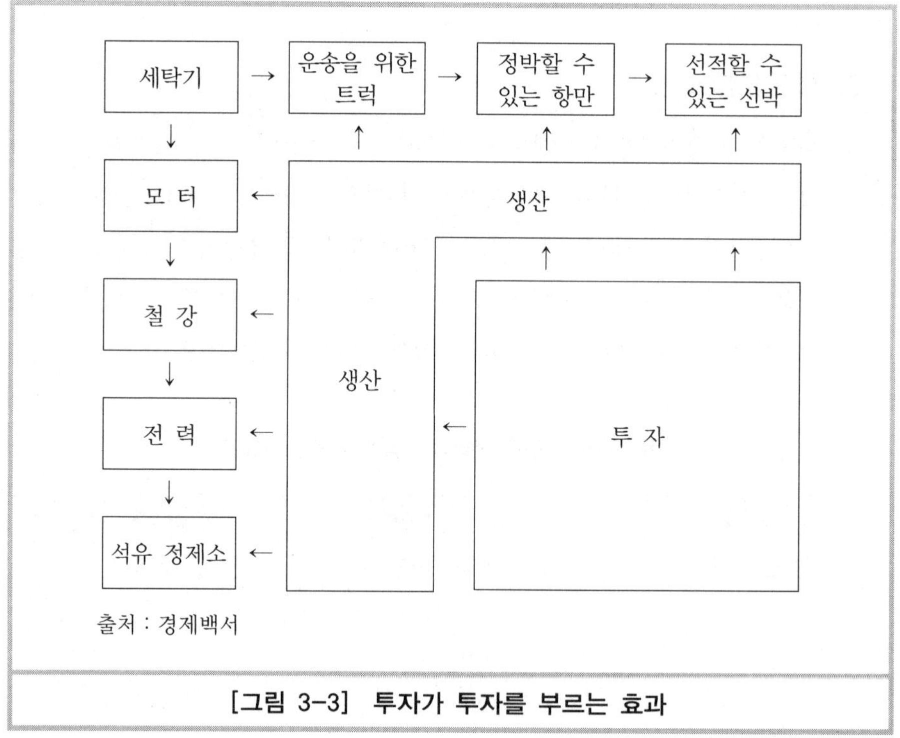


**[그림 3-3] 투자가 투자를 부르는 효과**

12) 경제백서

년 평균 민간 기업 설비투자는 16.7%에 달했다. [경제백서]에는 이를 투자 설비가 주도하는 경기라는 점에서 '투자경기'로 명명하였다.

② 기술혁신 : 1956년 [경제백서]는 이 시기 기술혁신을 경제성장의 주요한 요인으로 꼽았는데 기술혁신이 생산성향상을 가져오고 수출물품의 가격을 크게 떨어뜨려 수출을 증가시켰기 때문이다. 또한 기술혁신에 의한 생산성향상은 고용창출과 구매력 증가를 가져오기도 했다.

기술혁신의 유인으로는 이 시기 대폭적으로 증가한 설비투자와 외국으로부터의 기술도입을 들 수 있다. 설비투자에서의 기술혁신은 설비를 새로 교체 하는 과정에서 발생한다. 이러한 기술혁신은 설비투자와 마찬가지로 기업 간에 경쟁을 부추기는 역할도 했는데 만약 어느 한 기업이 기술혁신에 성공하여 생산성이 향상된다면 다른 기업들도 시장에서의 우위를 위해 경쟁적으로 혁신을 감행 하게 된다. 외국으로부터의 기술 도입도 기술혁신과 밀접한 관계를 가지고 있

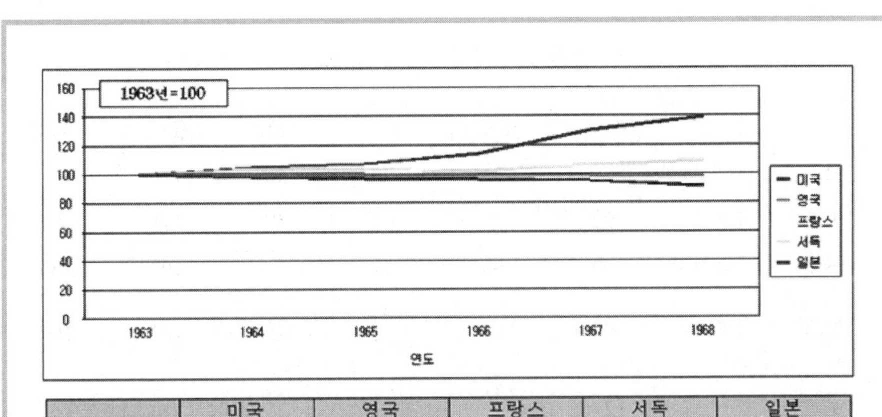


| | 미국 | 영국 | 프랑스 | 서독 | 일본 |
|---|---|---|---|---|---|
| 1963 | 100 | 100 | 100 | 100 | 100 |
| 1964 | 98 | 100 | 102 | 104 | 105 |
| 1965 | 97 | 99.5 | 101 | 103 | 107 |
| 1966 | 96 | 99 | 105 | 102 | 114 |
| 1967 | 95 | 98.5 | 105 | 106 | 130 |
| 1968 | 91 | 98 | 106 | 109 | 139 |

자료 : 경제백서, 1970

**[그림 3-4] 일본과 선진국들의 생산성 상승률**

다. 선진기술의 도입은 당연히 생산성 향상을 가져오기 때문이다.

기술도입은 이시기 기술혁신과 함께 큰 증가를 기록하여 1955년 72건이었던 것이 1964년에는 500건으로 증가했다. 1955년부터 10년동안 해외로부터의 기술도입건수는 2,616건이나 되었다. 그 가운데 87%에 해당하는 2,271건은 중화학공업이었다. 기술도입은 수출에도 큰 영향을 미쳤다. 전기기계 기술의 경우, 생산에서 차지하는 비율은 30%에 지나지 않지만 수출에서는 50%나 차지했다. 일본이 이렇게 기술도입으로 혁신이 가능했던 가장 큰 이유는 기술을 받아들여 그것을 생산현장에서 살린 우수한 인재가 일본 기업에 많았기 때문이다. 일본에서는 2차세계대전 동안 많은 우수한 기술자들이 군수산업에서 병기의 개발과 생산을 맡았다. 전쟁이 끝난 뒤 그들 대다수는 생산현장으로 이동해서 생필품을 개발했다. 그들은 자신들이 갖고 있던 기술에 선진국으로부터 들여온 신기술을 더해 일본의 독자적인 기술혁신을 실현해 나갔던 것이다.

〈표 3-6〉 수출 물가지수 각국 비교(1958년 = 100)

| 년 도 | 일 본 | 미 국 | 영 국 | 서 독 | 프랑스 | 이탈리아 | 세 계 |
|---|---|---|---|---|---|---|---|
| 1950 | 102.2 | 81 | 73 | 72 | 61 | 110 | - |
| 1955 | 109.3 | 92 | 89 | 91 | 71 | 111 | 99 |
| 1960 | 95.9 | 99 | 96 | 94 | 95 | 102 | 100 |
| 1965 | 100.8 | 104 | 104 | 102<br>(107) | 105 | 102 | 103 |
| 1970 | 109.5 | 121 | 131<br>(112) | 104<br>(119) | 126<br>(112) | 110 | 113 |
| 1975 | 151.6<br>(183.9) | 213 | 260<br>(206) | 137<br>(219) | 197<br>(217) | 225<br>(206) | 241 |
| 1977 | 160.3<br>(217) | 242 | 370<br>(228) | 142<br>(257) | 236<br>(240) | 324<br>(231) | 268 |

주 : 괄호 안의 숫자는 각 년으로 하는 대미환율(1963년 기준)지수를 곱하여 시산
출처 : 일본경제론, 이종훈, 법문사, p.305

〈표 3-7〉 국민총생산(GNP) 및 1인당 국민 소득의 추이

(단위 : GNP는 억 달러, 1인당 국민 소득은 달러)

| 년 | GNP순위 | 1 | 2 | 3 | 4 | 5 | 6 | 7 |
|---|---|---|---|---|---|---|---|---|
| 1950 | 국가명 | 미 국 | 영 국 | 프랑스 | 서 독 | 인 도 | 캐나다 | 일 본 |
| | GNP | 2,851 | 370 | 274 | 231 | 219 | 167 | 109 |
| | 1인당 국민소득 | 1,582 | 556 | 499 | 371 | | 969 | 123 |
| 1955 | 국가명 | 미 국 | 영 국 | 프랑스 | 서 독 | 캐나다 | 일 본 | |
| | GNP | 3,917 | 535 | 480 | 418 | 268 | 240 | |
| | 1인당 국민소득 | 1,961 | 839 | 845 | 637 | 1,308 | 198 | |
| 1960 | 국가명 | 미 국 | 서 독 | 영 국 | 프랑스 | 일 본 | | |
| | GNP | 5,038 | 742 | 719 | 604 | 430 | | |
| | 1인당 국민소득 | 2,294 | 1,079 | 1,117 | 1,014 | 356 | | |
| 1965 | 국가명 | 미 국 | 서 독 | 영 국 | 프랑스 | 일 본 | | |
| | GNP | 6,849 | 1,132 | 1,001 | 941 | 883 | | |
| | 1인당 국민소득 | 2,900 | 1,512 | 1,467 | 1,446 | 707 | | |
| 1968 | 국가명 | 미 국 | 일 본 | 서 독 | 영 국 | 프랑스 | | |
| | GNP | 8,606 | 1,419 | 1,322 | 1,176 | 873 | | |
| | 1인당 국민소득 | 3,543 | 1,110 | 1,567 | 1,664 | 1,583 | | |

자료 : 경제백서, 1969

## 4. 구조조정 및 안정 성장기

이 시기는 일본의 고도성장이 종료되고 구조조정과정과 안정 성장을 이룩한 시기였다. 1970년부터 1990년까지의 평균 경제성장률은 5.1%였다. 이 시기에는 일본이 엄청난 무역수지 흑자를 기록한 시기로 미국을 비롯한 유럽 국가들과 통상마찰이 빈번하게 발생한 시기이기도 했다. 결국 1985년 플라자협의를 통해 엔화가 60%나 평가절상 되었다. 플라자협

의 후부터 90년까지는 엄청난 자산거품이 형성되었고 일본경제 불황의 시발점이 되었다.

### (1) 닉슨 쇼크와 엔화의 평가절상

1968~1971년동안 일본은 수출증가율이 27%, 23%, 21%, 24%을 기록할 정도로 엄청난 무역수지 흑자를 기록했다.

〈표 3-8〉 OECD 회원국합계와 비교한 일본의 경상수지

(단위 : 억 달러)

| | 1966 | 1967 | 1968 | 1969 | 1970 | 1971 | 1972 | 1973 |
|---|---|---|---|---|---|---|---|---|
| 일본 | 12.5 | -2 | 10.5 | 21 | 20 | 58 | 66 | -1 |
| OECD | 27 | 38 | 44 | 39 | 39 | 74 | 45 | 25 |

출처 : OECD

위에서 보는 것과 같이 1972년에는 OECD전체 회원국들을 모두 합한 것보다 일본의 경상수지흑자가 더 높다. 이런 상황에서 닉슨쇼크가 닥쳤다. 닉슨쇼크는 미국이 베트남전쟁으로 재정수지, 경상수지가 악화됨에 따라 ① 금과 달러의 교환 정지 ② 10%의 수입과징금 설정을 발표한 것이었다. 이것은 그때까지 1온스당 35달러의 환율로 자유롭게 교환할 수 있었던 금 거래를 중지하고 달러에 대한 금의 보증을 거부한 것으로 브레튼우즈[13] 체제의 종언을 의미하기도 했다. 일본도 기존의 1달러=360엔의 고정환율제에서 어쩔 수 없이 변동환율제로 변경하였다. 이후 1972년 12월 워싱턴 스미소니언 박물관에서 10개국 재무장관 회담이 개최되었고 기존의 1온스당 35달러대신 1온스당 38달러(달러의 평가절하)로 합의하였다. 이 회담에서 미국은 각국 통화의 평가절상을 강하게 요구하였고 일본도 어쩔 수 없이 16.88% 엔화를 평가절상(1달러=308엔)을 단행하였다.

13) 브레튼 우즈 체제(브레튼 우즈 體制, Bretton Woods system)는 국제적인 통화제도 협정으로 2차 세계대전 종전 직전인 1944년 미국 뉴햄프셔 주의 브레튼우즈에서 각국의 대표들이 협의하에 탄생되었다. 브레튼 우즈 협정으로 국제통화기금(IMF)와 국제부흥개발은행(IBRD)이 설립되었다. 출처 : 두산 백과사전

이것은 경상수지 흑자국 책임론에 기반을 둔 미국의 압력이었음은 부인할 수 없는 사실이다. 이런 변화에 일본정부는 과민하고 과장되게 위기의식을 느꼈고 엔 평가절상을 회피하기 위한 재정지출 확대와 공정금리인하로 대처하였다. 특히 공정금리는 1972년 6월 기록적인 초저금리 4.25%로 인하하게 이르렀다. 이 당시 과잉유동성 공급이라는 우려의 목소리가 있었지만 엔고의 공포속에 떨던 일본정부는 이 우려의 목소리를 무시했다.

### (2) 1차 오일쇼크

1973년 10월 6일 제4차 중동전쟁을 계기로 아랍석유수출국기구(OAPEC)이 원유생산을 5% 삭감한다고 발표했다. 뒤이어 미국, 네덜란드에 수출금지를 포함하여 25%를 삭감한다는 내용이 다시 발표되었다. 이와 때를 같이하여 세계석유수출국기구(OPEC)는 원유채굴량, 가격 결정권 등을 서구의 메이저회사로부터 강제 징수하여 국영화시킨다는 방침을 공포했다. 이것이 제1차 오일쇼크이다.

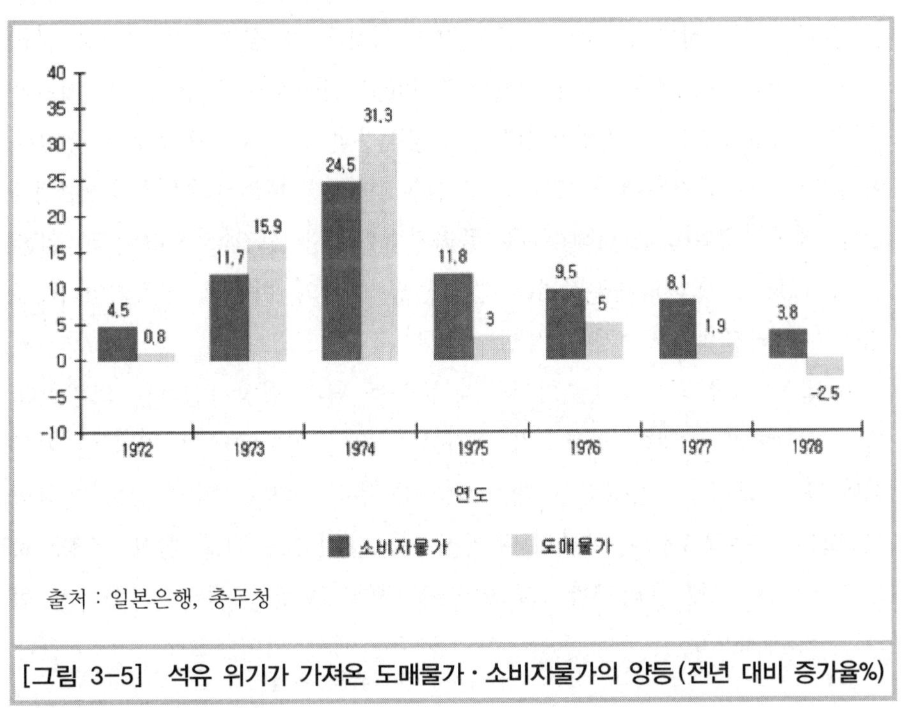


출처 : 일본은행, 총무청

[그림 3-5] 석유 위기가 가져온 도매물가·소비자물가의 양등(전년 대비 증가율%)

일본경제는 닉슨쇼크에 의한 공정금리인하, 일본열도개조계획에 의한 재정지출확대와 부동산 투기 붐으로 인한 인플레이션이라는 이중고에 시달리게 되었다.

일본의 석유수입 의존도는 99.7%로서 사실상 전량수입국이다. 그중 43%가 OAPEC으로 부터의 수입이다. 당연히 일본경제는 큰 타격을 받게 되었다. 먼저 인플레이션이 '광란물가'라는 신조어가 탄생할 정도로 심각해졌다. 1974년 도매물가는 전년대비 31%나 상승했고 소비자물가는 26% 상승했다.

### (3) 플라자 협의와 버블경제

1981년 '강한미국'을 부르짖으며 로널드 레이건(Ronald Wilson Reagan)이 대통령에 취임했다. 그는 대규모 감세정책과 군비확장 정책을 취했다. 그러나 감세정책은 큰 효과를 보지 못해 세수는 감소하고 군비확장으로 인해 재정지출은 늘어나는 위기에 봉착했다. 재정적자와 국가채무를 메꾸어야 했는데 자국내 은행에서의 차입은 한계가 있었다. 그래서 외국의 자본 끌어 들이기위한 유인책이 필요했다. 그것은 곧 실질금리 인상을 불러왔다. 미국의 고금리는 달러강세를 불러왔고 달러강세는 경상수지 적자폭을 증가시켰다. 결국 취임 5년만에 재정적자와 국가채무가 2배 상승했다. 바야흐로 달러폭락위기가 도래한 것이다. 1985년 9월 달러강세기조수정을 위해 레이건정권이 제의해 뉴욕 플라자호텔에서 선진 5개국(미국, 일본, 독일, 프랑스, 영국) 재무장관과 중앙은행 총재의 회합이 개최되었다. 주 내용은 달러강세기조수정이었다.

이 말은 미국 외에 다른 나라들의 통화를 평가 절상시킨다는 의미이다. 특히 미국에게 막대한 경상수지 적자를 남겼던 일본에게 큰 압력이 가해졌다. 1980년대 초 만성적인 재정 적자와 무역 적자를 겪고 있던 미국에선 일본의 무역흑자와 미국의 무역적자를 개선하는 길을 환율 조정으로 보고 1985년 9월 플라자합의를 이끌어 냈다. 1985년 체결된 '플라자 합의'는 경제적으로 수세에 몰린 미국을 위기에서 벗어나도록 도와주었다.

240엔대였던 엔·달러 환율은 130엔대까지 떨어졌고 이 같은 환율조정을 통해 미국 경제는위기를 극복하고 90년대 다시 부활하는 계기를 맞게 되었다. 결국 일본정부는 1985년 1달러=240엔 전후였던 엔 환율을 1달러=130엔까지 평가절상 하기로 합의했다.

이듬해인 1986년은 엔고불황의 시기였다. 수출로는 채산이 맞지 않는 많은 기업들은 해외로 생산기지를 이전하고 설비투자를 급감시켰다. 엔고불황에 대처하기 위해 일본정부는 공점금리 대폭 인하 카드를 집어 들었다. 1986년1월에 이어 3,4,11월 그리고 1987년 2월 잇달아 2.5%까지 공정금리를 인하했다. 2.5%라면 사상 최저 수준의 저금리였다. 기업들의 엔고 부담을 덜어주기 위한 목적이었지만 시장에 과도한 유동성 공급은 필연적이었다. 당시 일본의 금융시스템은 자유화가 되지 않은 상태라 일본은행들의 자금운용에는 한계가 있었다. 그들의 자금운용은 주로 국내의 기업이나 개인에게 대출을 해주고 이자 수익을 얻는 구조라고 할 수 있다. 따라서 풍부한 유동성은 부동산과 주식에 몰리기 시작했다. 1985년 플라자 합의로부터 거품이 꺼지는 1990년 까지의 5년 사이에 주가는 약 3배, 도시의 토지는 약4배나 뛰었다. 부동산, 주식 투기는 기업이고 개인이고 가리지 않고 행해졌다. 기업들은 영업이익을 설비투자로 돌리지 않고 부동산, 주식투자로 돌렸다. 개인들은 꼬리에 꼬리를 무는 대출을 통해 막대한 투기 붐을 조성했다.

엔고불황은 부동산, 주식 투자의 활성화로 대체되는 듯 했다. 또한 엔고현상은 수입원자재 및 제품의 가격을 하락시켜 인플레이션의 우려를 상당 부분 상쇄 시켰다. 즉 이시기는 인플레이션 없는 거품형성기라고 할 수 있다.

거품이 극에 달한 1989년 일본정부는 일본경제가 거품경제로 향하고 있음을 느끼고 공정금리 인상을 시도했다. 1990년 9월까지 다섯 차례 금리를 올려 2.5%였던 금리가 6%로 상승했다. 1990년4월에는 총량규제를 도입해 부동산대출을 축소시켰다. 그 결과 부동산과 주식가격은 무섭게 하락하기 시작했다. 은행에는 부실채권이 넘쳐나게 되었으며 기업은 대차

대조표 불균형을 해소시키기 위한 융자금을 갚는데 바빠졌다.

역사상 유래가 없던 고도성장을 통해 세계2위의 경제 대국을 만들었던 일본인들의 자부심이 한순간에 사라지고 있었다. 그 대신 10년 장기불황의 어두운 터널이 그들을 기다리고 있었다.

## 5. 1990년대 일본 경제의 상황

### (1) 버블 붕괴에 따른 경제 현상

1990년대의 일본경제는 부동산, 주식의 거품이 빠지면서 침체기에 빠졌다. 이른바 "잃어버린 10년"[14]이라는 말이 있듯이 당시 일본의 경제는 거시적인 측면에서 악순환에 빠지게 되었다. 이러한 상황 속에서 사람들의 소비심리는 빠르게 위축되었다. 이는 결국 기업의 수익성의 악화를 초래하였고 이와 더불어 일본정부의 무능력한 정책으로 인해 오랜 기간의 저성장의 시대를 맞이하게 되었다. 당시의 경제성장률을 보면 1996년 상

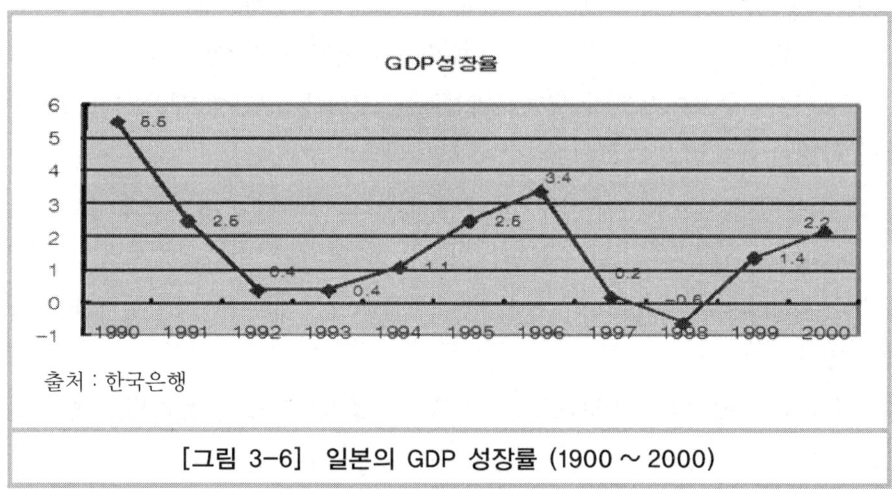


[그림 3-6] 일본의 GDP 성장률 (1900 ~ 2000)

14) 잃어버린 10년은 거품경기 이후인 1991년부터 2002년까지 일본의 극심한 장기침체 기간을 일컫는 말이다. 1990년 주식 가격과 부동산 가격 급락으로 수많은 기업과 은행이 도산하였고 그로 인해 일본은 10년 넘게 0%의 성장률을 기록하였다. 잃어버린 10년은 거품경제 후유증의 대표적이다. 출처 : 위키 백과사전

승국면 외의 다른 해의 성장은 감소하였다.

### 1) 소비심리의 위축

경제 붕괴의 영향으로 인해 사람들의 자산 가격(주식, 부동산) 하락으로 이어지게 되었고 이는 민간소비지출에 악영향을 미쳤다. 기업의 수익성악화로 인해 도산하는 기업이 증가하게 되고 그 기업에서 일하는 사람들은 곧바로 실업으로 이어져 가계전체의 가처분 소득이 감소하였다. 실업의 경우, 1990년 2.1%에서 99년 4.6%로 증가하였고 민간소비지출은 정부의 대규모 경기부양책의 효과를 본 1995년과1996년을 제외한 다른 연도는 마이너스 성장을 하였다. 특히 1998년도의 민간소비지출이 악화된 원인으로는 1997년 대형 증권사의 파산 즉 금융 불안의 요소가 더해지면서 소비심리의 위축이 더욱 심화 되었다.

〈표 3-9〉 민간소비지출 추이

(단위 : %)

| | 1993 | 1994 | 1995 | 1996 | 1997 | 1998 |
|---|---|---|---|---|---|---|
| 소비지출 | -0.2 | -0.6 | 0 | 1.0 | -0.2 | -0.8 |

출처 : 일본경제 신문사

### 2) 기업

1990년 이후 주가와 지가의 큰 폭의 하락으로 인해 경기침체로 일본기업들은 그동안 주식과 금융을 통해서 공급받았던 해외의 저금리 자금대신에 고금리의 보통채를 발행하여 자금을 공급 받을 수밖에 없는 상황에 이르렀다. 해외에서 채권을 발행하는 기업은 소수의 재벌기업에 국한되었고. 이로 인하여 신용도가 낮고 자본 환경의 영향을 많이 받는 약한 중소기업들은 도산에 이르게 되었다.

다음의 표에서 주목 할 점은 9년 사이에 전체 도산건수는 3배 가까이 증가하였고 타 산업에 비하여 건설업이 많은 폭으로 증가하였는데 그 원인으로는 정부의 재정긴축 정책으로 인하여 공공투자의 축소와 신규 주택 건수의 감소 때문이었다.

〈표 3-10〉 기업 도산건수 추이

| | 1990 | 1991 | 1992 | 1993 | 1994 | 1995 | 1996 | 1997 | 1998 |
|---|---|---|---|---|---|---|---|---|---|
| 전체 | 6,468 | 10,723 | 14,167 | 14,041 | 13,963 | 15,086 | 14,544 | 16,365 | 19,171 |
| 제조업 | 932 | 1,477 | 2,308 | 2,591 | 2,740 | 2,818 | 2,670 | 2,666 | 3,325 |
| 건설업 | 1,385 | 2,125 | 2,845 | 2,868 | 3,206 | 3,786 | 3,710 | 4,785 | 5,440 |
| 도소매업 | 2,934 | 4,479 | 5,558 | 5,287 | 5,157 | 5,538 | 5,378 | 5,814 | 6,729 |
| 서비스업 | 627 | 1,133 | 1,150 | 1,698 | 1,537 | 1,552 | 1,532 | 1,715 | 1,953 |

출처 : 총무청, 일본통계연보

### 3) 은행

기업의 수익 급감과 도산은 은행에 큰 타격을 주게 되었다. 1980년대 부동산을 담보로 손쉽게 대출을 하던 은행들은 1990년대 들어서 기업의 수익 급감으로 인한 채산성 악화로 부실채권이 증가하였다. 1992년부터 악화된 은행의 부실채권 누적은 1995년부터 1998년까지 4년간 33조엔까지 달했다. 또한 호송선단식[15] 체제에 의한 타격은 일본금융기관의 상황을 더욱 악화시켰다. 정부에 예속된 있는 금융기관들은 경쟁력이 약했고, 버블 붕괴 이후 일본의 금융기관들은 정부에 더욱 의존할 수밖에 없었다. 그러나 이에 늦장 대응하는 정부의 정책으로 인해 많은 금융기관이 도산하게 되었다.

15) 호송선단식 체제는 일본의 국내자본의 확대를 위해 만들어진 틀로써, 정부가 금융기관의 경쟁을 억제하면서 직·간접적인 개입을 통해 금융 산업을 통제·주도하는 체제를 근간으로 하고 있다. 출처 : 두산 백과사전

## 참고서적

1. 사라진 일본경제의 기적. 다락원, 다카히 조센 2002
2. 일본경영의 힘. 청림 출판사. 제임스 아베글렌 2007
3. 일본경제론. 법문사, 이종훈 1993
4. 일본경제사. 두남, 장세기 2003
5. 일본경제의 위기와 시사점 .한국금융 연구원, 김동환 2002
6. 일본근대경제사. 혜안, 서정익 2003
7. 일본 전후 경제사. 오름사, 강태현 2000
8. 입문 일본경제이롬미디어. 아사코 카즈미2009
9.현대일본경제, 교우사, 강철구 2008
10.현대일본 경제의 이해. 두남, 이승호 2003

## 참고연구자료

1. 일본경제안정 9원칙 서울경제신문 2006.12.18
2. 일본경제의 위기와 시사점 삼성경제 연구소 1998
3. 일본 버블경제의 교훈 삼성경제 연구소 2003
4. 일본, "2000년도 미니 경제백서" 발표 KOTRA 2000
5. 잃어버린 10년 일본의 교훈 삼성경제 연구소 2001
6. 장기 불황에서 탈출하는 일본경제 LG경제 연구소 2004
7. 1972년도 일본경제백서 한국외환은행
8. 1995년도 일본경제백서요지 한국은행 1995

## 참고웹주소

1. 네이버 백과사전 www.naver.com
2. 대외경제정책연구원 www.kiep.go.kr
3. 대한무역투자진흥공사 www.kotra.or.kr
4. 삼성경제연구소 www.seri.org
5. 위키피디아 www.wikipedia.org
6. 한국은행 www.bok.or.kr

# Ⅱ. 일본경제특성과 문제점

## 1. 특 성

### (1)주은행제도(Mein Bank System)

#### 1) 주은행제도의 특징

일본경제의 고속성장에는 여러 가지의 요소가 있지만 그 중에서 주은행제도(Main Bank System)가 큰 역할을 하였다. 과거 금융의 발달이 미비했던 시기에 대기업들에게 자금을 지원하여 경제발전에 있어서 크게 영향을 주었다. 주은행제도의 특징으로는 기업의 차입총액에서 차지하는 은행의 비율이 타 은행보다 크다는 것이다. 주요 서비스로는 자금을 지원해주는 것이며 부수적인 서비스는 결제, 금융, 예금 등이다.

**기업과 주은행의 관계**

① 기업은 다수의 은행으로부터 자금을 지원받지만, 그중에서도 주은행이 차지하는 비율이 가장 크며 이러한 비율은 안정적으로 유지된다.
② 주은행은 해당 기업의 핵심주주가 될 경우 법정비율에 따라 각 기업의 발행주식에서 은행이 차지하는 비율이 5%를 넘을 수 없도록 규제하고 있지만, 주은행의 대부분은 거의 5%이상의 발행주식을 차지할 수 있다.
③ 기업과 주은행의 관계는 일회성이 아니라, 오랜 기간 유지하며 고정적인 경우가 대부분이다.
④ 주은행은 해당기업에 자금을 대부할 뿐만 아니라, 결제서비스 및 기업의 경영컨설턴트 지원 등 종합적인 관계를 유지하고 있다.
⑤ 기업이 경영위기에 빠지는 경우 긴급융자 및 핵심인재파견 등 모든 수단을 활용하며 보험적기능을 갖고 있다.

<현대일본 경제의 이해 최승호 저 출판사 두남-참고>

### 2) 주은행제도의 변화

주은행제도는 1970년대까지 제 역할을 다해왔다. 그러나 금융의 자유화 물결과 금융의 국제화 흐름 속에서 주은행제도의 문제점이 노출되었다. 이 제도의 방식은 호송선단방식으로써 정부의 개입으로 보호받아왔다. 예를 들어 회사채 발행에 있어서의 규제와 주식시장에 의한 증자에 관해서는 시가발행이 인정되지 않았다. 즉 '국내용 구조'의 한계를 갖고 있었다. 이러한 정부의 규제로 대부분의 기업들은 주은행(메인뱅크)로부터 자금을 공급 받아야 했다. 하지만 금융자유화의 물결 속에서 기업들은 선택의 폭이 넓어지게 되었다. 가령 금리규제의 완화 및 철폐, 시가주식 발행의 자유화, 해외로부터 사채발행의 자유 등 자금공급의 수단이 많아지게 되었다. 이러한 환경변화로 인해 정부의 개입으로부터 보호받던 주은행제도의 특수성 유지가 어렵게 되었다. 1980년대는 금융의 국제화와 금융의 자유화가 빠르게 진전되는 가운데, 신용능력이 우수한 대기업들은 주은행제도에서 벗어났다.

**일본 은행들의 장수기업 사랑하기**

**지분 소유한 후 평생 지원**

일본 은행들의 경영실적은 충격적이다. 일본 금융을 대표하는 대형 그룹 중에서 리소나 그룹만 제외하고는 대부분 큰 적자를 냈다. 그동안 일본 당국은 금융위기에도 불구하고, '일본 금융기관은 증권화 상품을 소규모만 보유하고 있어 피해규모는 크지 않을 것'이라고 밝혀왔기 때문에 대형 금융그룹의 적자 발생은 이해할 수 없는 측면이 많다. 6대 금융그룹의 적자액은 약 1조2000억엔에 달한다. 원인은 첫째 부실채권 처리비용이 2조2000억엔으로 전년보다 크게 늘어났기 때문이다. 이는 실물경기가 악화되면서 부실기업이 증가한 데 따른 불가피한 비용으로 보인다. 그 다음으로는 은행이 보유하고 있는 주식 가격의 하락으로 1조3000억엔에 상당하는 손실이 발생했다. 일본의 은행들은 손해가 크게 날 수도 있는 주식을 왜 많이 보유하고 있을까. 이는 일본의 오랜 금융관행 주거래은행(Main bank) 제도를 알아야만 이해가 가능하다. 일반적으로 주거래은행은 거래기업과 대출거래를 할 뿐 아니라 거래기업의 주식을 보유함으로써 자금제공자 및 주주로서 거래기업과 매우 밀접한 관계를 유지해오고 있다. 이를 통해 은행은 주주 입장에서 거래기업의 경영상태를 살펴볼 수 있고, 기업은 대주주인 은행으로부터 장기간 안정적으로 자금을 지원받을 수 있는 이점이 있다. 이 같은 관행에 따라 일본 대형 은행들은 2001년 말에는 자산액의 10%에 해당하는 30조엔 이상의 주식을 보유한 적도 있을 정도다.

이후 금융불황으로 은행의 주식 보유액은 계속 감소했지만, 2007년부터 은행들이 기업과 거래관계를 유지하기 위해서 주식을 다시 늘림에 따라 이번에 적자폭이 커졌다. 이렇게 은행은 경영부담이 되고, 기업 입장에서는 경영간섭의 소지가 있는 주식을 상호이해 아래 보유하는 금융관행이 왜 생겼을까. 여기에는 장기간에 걸쳐 형성된 신뢰를 기초로 끈끈한 거래관계를 지속하는 일본 특유의 기업문화가 영향을 끼친 것으로도 볼 수 있다.

일본 금융기관들은 오랫동안 거래관계에 있는 기업들에 대해 안정적인 자금지원뿐 아니라, 기업경영에서 나타나는 여러 가지 애로사항까지도 해결해 준다. 그중 하나가 장수기업의 사업승계 문제다. 장수기업 천국인 일본에는 5만개 이상의 100년 기업이 있는 것으로 추정되는데, 대부분 '청주 제조', '여관', '과자 제조·판매'와 같은 가업을 대대로 잇는 업종들이다. 그러나 가족 전통을 중시하는 일본에서도 최근에는 가업을 잇지 않으려는 젊은 세대가 많아지면서 사업계승에 많은 어려움을 겪고 있다.

주거래은행들은 이 같은 경영권 승계문제까지도 조언하는 역할을 할 정도로 신뢰관계를 유지하고 있다. 한편 일본의 중앙은행인 일본은행은 2000년대 초 금융불안기에 거래기업 주식을 대량 보유하고 있는 은행들이 어려움에 처하자, 2002~2006년 중에 2조엔 이상의 주식을 매입해 금융기관의 부담을 덜어줬다. 이번 금융위기 와중에 손실 발생 가능성에도 불구하고, 기업 주식 1조엔 매입 이외에도 위험자산인 기업어음(CP), 회사채 매입을 발표하는 등 기업에 대한 지원의지를 확실히 하기도 했다. 일본 정부도 어려움에 처한 중소기업들을 위해 긴급 신용보증한도를 6조엔에서 20조엔으로 확대하고, 정책금융기관을 통해 3조엔의 기업어음을 긴급 매입하거나, 12조엔의 공적자금을 조성하는 등 중소기업 지원에 최선을 다하고 있다. 이번 금융위기에 따른 불황으로 대부분 국가의 금융기관들은 기업 실적 악화를 이유로 자금지원을 축소하거나 중단해 금융중개기능을 위축시켰다는 비난을 받고 있다. 반면 일본의 은행들은 장기 거래기업에 대해서는 기업의 경영상태를 지켜보고, 자금조달 방안을 조언하는 등 차별적인 모습을 보이고 있다. 물론, 이런 일본적인 금융관행이 90년대에는 구조조정을 지연시키는 원인으로 지목받아 비판의 대상이 됐으나, 이번에는 오히려 I금융안정성

을 강화하고 안정적인 기업경영을 가능하게 하는 요인으로 재인식되고 있어 국내 금융기관이나 기업에도 시사하는 바가 크다고 하겠다.

조군현 한국은행 도쿄사무소 차장

<출처 : 매경이코노미 제1512호 2009년 7월 1일>

## (2) 종신고용과 연공서열제도

### 1) 종신고용과 연공서열제도의 특징

일본의 고용제도는 안정지향적인 성격이 짙으며 이러한 성격은 일본경제에 근간이 되었다. 이 제도는 대학교 또는 고등학교 졸업과 동시에 채용된 종업원을 기업은 경영의 위기가 없는 한 정년까지 고용을 보장하는 관행이다. 이러한 고용방식이 명문화 되어 있지는 않지만 노사 간에 암묵적으로 행해진 일본고유의 관행이라 할 수 있다. 이러한 특징은 인사관리에도 영향을 주는데 이는 조직의 미래 회수의 가능성이 높기 때문에 갓 들어온 신입사원에게도 멀리 내다 볼 수 있는 장기적이고 많은 투자를 할 수가 있다. 예를 들어 장기적인 교육훈련을 통해서 그 기업 특유의 문화, 지식, 기술을 배우는데 집중할 수 있다. 이러한 장점이 있는 반면에 단점으로는 노동력의 조절방식에 있어서 경직적인 요소가 있다. 예를 들어 경기가 침체되는 불황에도 직원을 쉽게 해고할 수가 없고, 반대로 경기가 활발한 활황이라고 해도 채용을 확대하기가 어렵다. 이러한 경직적인 요소를 해결하기 위해서는 다른 부분에서의 유연성을 찾아야하며 노동 투입량을 절절히 조절 하기위해서 아르바이트, 임시, 위탁, 파트타임 형태의 고용방식을 활용하게 된다.

연공서열제도의 특징으로는 근속년수, 연령을 기준으로 급여나 직급을 결정하는 제도이며 이러한 제도의 시행 이유는 숙련형의 노동이나 비전문적인 업무를 하는 경우, 근속과 연령에 따라 경험, 기능 및 그 외의 포

괄적인 지식이 축적되어(knowhow) 전체적인 업무수행 능력이 향상되기 때문이다. 그러므로 직급이나 급여 역시 그것에 따라 맞추어 나가는 것이 타당하다고 인식한다. 또한 연령과 더불어서 생활비의 지출이 증가하는 추세이기 때문에 이러한 연공서열제도는 이러한 추세를 보장해주는 역할을 해주고 있다.

### 2) 위협받는 종신고용제도

버블붕괴 이후에 오랜 기간 경기침체 속에서 일본형 고용관행시스템에 대한 붕괴 또는 변질에 대한 의견이 나오고 있다. 2%를 유지하던 실업률은 1998년을 기점으로 급속히 상승하였고 이러한 내부적 문제 외에도 외부적으로 글로벌 경쟁의 심화로 인해 제품시장의 변화와 정보화 변화 속도의 증가로 인하여 향후 미래에 대한 위험성이 높아짐에 따라서 고용시스템의 변화가 촉진되었다. 1990년대 들어서 일본의 기업들은 기존의 일본식 관행 이였던 종신고용과 연공서열식 임금제도를 실력위주의 인사관리와 연봉제 도입으로 개혁을 진행했다. 그럼에도 불구하고 기업들은 종신고용 관행을 존중해왔지만 최근 들어 1만명 단위로 인원삭감을 추진하고 있는 것은 종신고용제의 종말이 가속화 되고 있음을 보여준다. 일본의 많은 산업이 저성장화 되고 성숙기에 접어들면서 취약한 사업을 축소 또는 청산하는 구조조정을 거치게 되면서 근로자의 감축이 불가피하다. 이러한 배경은 인력채용의 변화를 주었다. 최근에는 고용의 유연성을 중시하여 정규직 보다는 임시직의 채용하는 경향으로 변하고 있다. 하지만 일본의 기업들이 종신고용제도에 대해서 전면적으로 부정하고 있는 단계는 아니다. 사업의 연속적인 발전과 노하우 축적이 필요한 분야가 있기 때문에 종신고용과 같은 중추적인 장기고용 인력의 파급효과의 필요성을 인식하는 기업들이 많다.

### 종신고용의 위기와 '살아남은 자의 슬픔'

세계가 깊은 불황에 빠져들면서 도처에서 들리는 것은 우울한 소식뿐이다. 한번 회사에 취직하면 그 회사에 뼈를 묻는 '종신고용'의 전통을 가진 일본에서조차 대량 해고 뉴스가 들려온다. 캐논은 경쟁 업체 소니가 대량 감원을 하던 1990년대 소위 '잃어버린 10년' 기간에도 한 명도 해고를 하지 않고 버틴 회사인데, 이번에는 드디어 해고의 칼을 뽑아들었다. 도요타자동차는 10년 전에 신용평가회사 무디스가 "종신고용 제도를 유지하는 한 도요타의 장래는 어둡다"면서 신용등급을 낮출 때에도 종신고용 관행을 고수했지만 이번에는 국내외에서 6천명을 해고하기로 결정했다. 세계적 경제위기를 맞아 일본 고유의 경영 관행인 '종신고용'이 위기를 맞은 것으로 보인다.

한때 일본 경제가 고도성장을 구가하고 있을 때는 일본의 종신고용 관행이 그 바탕이라는 주장도 있었다. 그러던 종신고용이 지금은 위기에 빠졌으니 금석지감이 있다. 종신고용이라 하지만 대상자는 일본 대기업의 남자 노동자만 해당이 되었다. 또한 문자 그대로 종신고용은 아니고, 50대 중반까지 고용을 보장해주되 이후는 방계 중소기업으로 옮겨 낮은 보수를 받고 몇 년 더 일하는 것이 관행이었다. 그렇다 하더라도 서구의 관점에서 보면 일본의 고용 안정성은 매우 높음에 틀림없다.

장기 고용이 보장되면 노동자들이 장기적 시야를 갖고 회사에 필요한 기술을 연마하므로 생산성 향상이 빠르다는 장점이 있다. 일본 경제의 고생산성의 비결이 종신고용에 있다고 보는 것도 무리가 아니다. 반대로 해고를 남발하는 회사에서는 노사 간에 신뢰가 깨지고, 노동자들은 살아남기 위한 단기적, 전략적 행동에 몰두하므로 장기적으로 생산성에 해로운 경우가 많다. 더구나 해고의 칼날에서 살아남은 노동자들은 쫓겨난 동료에 대한 미안함과 죄책감, 즉, '살아남은 자의 슬픔'에 빠져 인간관계가 나빠지며, 생산성이 지체되니 해고는 결코 능사가 아니다. 그래서 감원과 구조조정을 남발하는 회사는 심각한 내부 갈등에 시달리는 경우가 비일비재하다. 어려운 때일수록 인간존중의 경영철학이 긴요하다.

<출처 : 한겨레 경제신문 2009년 2월 8일,
<열려라 경제> 이종우의 경제 이야기>

### (3) 자이바쯔 (Zaibatsu, 財閥)

#### 1) 자이바쯔의 특성

일본 경제의 중요한 특성중 하나인 자이바쯔는 2차 세계대전 이전의 일본 재벌을 의미하는 말로써 정부의 경제 정책적 지원에 힘입어 완전한 경쟁 없이 성장한 소수 대재벌을 의미한다. 자이 자이바쯔는 거대 자본을 가지고 동족으로 이루어진 혈연적 기업체 군을 의미하며 1900년 전후로 해서 등장한 단어이다. 대표적인 기업으로는 미쓰비시, 미쓰이, 스미토모가 있다. 이들 기업의 규모는 당시 거대 했다. 미쓰비시, 스미모토, 미쓰이, 야스다 등 10대 재벌 그룹 들이 전체기업 총 금융에서 53%, 총 자산에서 35%, 중화학 공업에서 49%의 비중을 차지하며 금융, 상업, 공업, 농업의 주요부문에서 막강한 영향력을 가지고 있었으며 정치적인 권력을 앞세워 제국주의적 침략의 지도자가 되었다. 세계 2차대전 기간 중 일본 군국주의에 경제적 지원을 하였다. 그러나 일본이 패전국이 되면서 미국의 정책 참여 하에 자이바쯔는 해체하게 되었다. 이렇게 해체된 재벌 기업은 재벌 본사의 소유주식을 국민들에게 매각을 하여 지배력을 잃었다.

#### 2) 자이바쯔 해체 후 모습

자이바쯔는 미군정에 의해 해체되었다. 그 결과 대표적인 자이바쯔인 미쓰이는 170여개 미쓰비시는 약120개의 회사로 분할이 되어 재출발하게 되었다. 그러나 한국전쟁 특수로 인해 대호황을 맞은 후에 과거 규모가 큰 자이바츠(미쓰이, 미쓰비시, 스미토모, 야스타, 아사노, 아유카와)는 기업집단을 설립하게 되었고 이는 곧 게이레츠[16]로 사장회(社長會)를 조직하여 정보교환 및 사업협력을 논하였다.

---

16) 일본의 재벌은 2차 세계대전을 기준으로 재벌과 기업집단으로 나눠지는데 게이레츠는 이 중 기업집단을 가리키는 말로 '그룹(group)'이라는 단어를 사용하기도 한다. 게이레츠는 사장회(會)를 중심으로 상호주식보유제도를 갖고 있고 실질적인 대주주는 없다는 특징을 갖는다. 출처 : 네이버 백과사전

### 3) 자이바쯔의 사례

① **미쓰이** : 본래에는 에도막부 시대의 어용상인[17]이었던 미쓰이 가문은 포목, 환전 등을 하면서 대상인으로 성장했다. 이들이 다양한 산업 분야에서 독점적 지위를 확보 하게 된 계기는 1894년 6월~1895년 4월 동안 일어난 청일전쟁 이였다. 미쓰이 가문은 이 전쟁을 통해서 자이바츠의 기초를 마련하였고 가헌[18]을 제정함에 따라 미쓰이 가문의 수익과 재산운용은 모두 미쓰이 가문의 동족회로 집중이 되었다. 미쓰이 가문은 미쓰이 은행, 미쓰이 광산, 미쓰이 물산 등의 직계사업을 비롯해 미쓰이가 사업을 지배하는 자본금 5,000만엔 규모의 미쓰이 합병을 설립하여 이를 주식회사로 전환하였다. 1차대전 전쟁특수로 인해 미쓰이는 비약적인 발전을 이룩하였고 1916년 6,000만엔이였던 미쓰이의 자본금은 1919년 2억엔으로 늘어나 이를 바탕으로 새로운 기업들이 미쓰이의 산하로 들어왔다. 특히 광산업을 중점을 두어 화학 콤비나트(Kombinat)[19]형성을 통해 중화학 공업으로 사업진출을 하게 되었다.

② **미쯔비시** : 미쯔비시는 토사번지역 출신의 이와사키 야타로가 해운업을 축으로 기반을 다져나가기 시작했다. 당시 유신정부가 식산흥업의 일환으로 육성하고자 한 사업이 해운업이었다. 1872년 정부는 미쓰비시와 손잡고 일본국 우편증기선 회사를 새로 설립한다. 정부와 손을 잡은 사업이었기에 많은 해운회사들이 문을 닫았지만 이와시키의 미쓰비시만큼은 반대로 일본국우편증기선회사의 관료적 운영이 가지는 약점을 찌르며 승승장구 하였다. 이후 사가의 난과 대

---

17) 자신의 이익을 위하여 권력자나 권력 기관에 영합하여 권력자의 비호를 받으며 궁중이나 관청 따위에 물건을 대는 상인. 출처 : 네이버 백과사전

18) 한 집안의 법도나 규율. 출처 : 네이버 백과사전

19) 석유 따위를 원료로 한 화학제품을 만드는 과정에서, 제품의 종류와 생산 수단이 다른 몇 가지 생산 부문과 기업이 기술적으로 결합된 생산 체계. 처리 자동화에 의한 자동 조업, 중간 제품이나 부산물의 완전 이용, 수송의 합리화 등에 의한 효과와 대규모 생산의 이익이 크다.

만침략을 계기로 정부와 손을 잡으면서 전쟁 후 정부가 구입한 기선 13척을 무상으로 불하받고 수송에 관한 사무를 독점하게 되었다. 일본정부의 보호 속에서 미쓰비시는 미국의 태평양우선, 영국의PO 기선등과 경쟁하며 대기업으로 성장, 이후 해운과 연계해 광산, 조선은행, 보험 등에 진출하며 성장해나간다. 바다에서 육지로의 전환을 주장하며 비철금속, 석탄 차고 등에 진출하였으며 1893년 미쓰비시합자회사를 설립하면서 자이바츠의 형태를 갖추게 되었다.

## 2. 문제점

### (1) 인구감소

현재의 일본경제는 인구감소와 더불어 고령화 사회의 문제점에 직면하고 있다. 이러한 문제는 경제적인 타격과 사회 전체에 악영향을 주고 있다.

2005년 말 인구감소의 시대가 시작되었고 이에 관하여 정부는 근본적인 대책을 수립하고 있다. 현재 일본은 타 국가에 비해서 인구감소의 속도가 가파르며 이러한 현상에는 사회적인 배경에서 원인을 찾을 수 있다.

〈표 3-11〉 일본인구 합계출산율

(단위 : %)

| 국 가 | 1985 | 1990 | 1995 | 2000 | 2005 | 2010* |
|---|---|---|---|---|---|---|
| 일 본 | 1.75 | 1.66 | 1.48 | 1.37 | 1.30 | 1.27 |
| 미 국 | 1.83 | 1.92 | 2.03 | 1.99 | 2.04 | 2.09 |
| 영 국 | 1.80 | 1.81 | 1.78 | 1.70 | 1.70 | 1.84 |

출처 : 국가 통계 포털(KOSIS), 합계출산율, 2010년은 추정

2009년을 기준으로 보면 가임여성 1인당 평균자녀의 수는 일본이 1.30이다. 위에 표에서 볼 수 있듯이 타 선진 국가에 비해서 상당히 낮은 것을 볼 수 있다. 이러한 감소의 원인으로는 만혼화, 미혼화가 크게 작용을 하였다.

일본은 최근 30년 동안 전 세대에 걸쳐서 여성의 미혼의 비율이 높아졌고 20대 초반의 미혼비율은 90%대, 20대 후반의 여성의 경우도 미혼비율이 50%를 넘어섰다고 한다. 이에 따라 30대 여성들의 출산율이 가장 높은 것으로 집계되었다.[20]

젊은 세대들의 결혼을 미루는 풍조에 따라 미혼비율이 높아지며 아예 결혼을 포기하는 '비혼율'이 함께 증가하고 있다. 이러한 배경은 남자와 여자 간에 임금의 차이가 줄어들게 됨에 따라서 결혼에 따른 '분업의 장점'이 줄어들게 되었다. 그리고 교육비등 양육비 부담의 증가가 결혼을 막는 또다른 이유이다.[21] 특히 일본은 자녀의 양육비 증가가 소득증가율보다 높고 아이를 갖게 되는 이점보다 아이를 키우는데 드는 비용이 높아서 출산율이 감소하게 되었다.

### (2) 고령화 사회

일본의 고령화는 급속하게 진행 되고 있으며 이러한 배경은 근본적으로 현대 의학의 발달과 식생활의 개선 등에 힘입어 인간의 평균수명이 연장되고 사망률이 감소하여 자연스럽게 진행되는 전 세계의 공통된 현상이라 할 수 있다.

일본의 경우는 2차 세계대전 후 고령화가 급속히 진행되었으며 이는 과거의 고도성장을 바탕으로 복리 후생이 발전됨에 따라 평균수명 대폭 향상되었다.

| | 남 자 | 여 자 |
|---|---|---|
| 1947년 | 50.1세 | 54.0세 |
| 1970년 | 69.3세 | 74.7세 |
| 2009년 | 79.3세 | 86세 |

출처 : 인구감소경제 도래에 따른 일본의 정택대응과 시사점 2005.2 한국은행 동경사무소.

20) 마츠타니(송곡명언) "인구감소경제"(일본경제신문사 P-12)

21) 이코노미 코스트" 2005. 8.

최근 일본인의 평균수명(2009년 기준)은 남자79.29세 여자86.05로 24년 동안 세계1위를 기록하고 있다.22)

### 1) 인구감소와 고령화 경제에 미치는 악영향

인구 감소와 고령화가 진행됨에 따라서 노동공급이 감소하는 데다 저축률의 하락으로 인해 투자가 위축되어 경제성장이 크게 둔화 될 수 있다.

**일본경제의 축소 전망**

• 마츠타니 교수는 일본이 인구감소사회에 진입하여 노동력인구 및 노동시간이 점차 감소한다는 전제 하에 2009년부터 경제규모가 축소될 것으로 예측

- 일본의 국민소득(NI)은 2000년 376조엔에서 2008년 391조엔을 정점으로 감소하기 시작하여 2030년 315조엔까지 축소(2000년 대비 16% 축소)
- 전제를 완화하더라도 2015년경부터는 일본경제가 축소되기 시작
  * 세계적인 노동시간 감소추세에도 불구하고 노동시간이 줄어들지 않는다고 가정하는 경우에도 2015년부터 축소

외국인노동자를 활용하여 노동력인구 감소에 대처하는 경우(주요 선진국중 외국인노동자 비율이 가장 높은 독일의 8.5% 수준이 되도록 2030년까지 외국인노동자 유입을 촉진할 경우)에도 2014년부터 축소

<출처 : 인구감소경제 도래에 따른 일본의 정책대응과 시사점 2005. 2. 한국은행 동경사무소>

인구감소와 고령화에 따라 생산가능인구(15세에서 54세)가 전체인구에서 차지하는 비중이 점차 줄어들게 되고 고령자 취업률을 높인다 할지라도 전체적으로는 경제활동 참여도는 하락한다.

---

22) 일본후생노동성

**〈표 3-12〉 일본의 장래 생산 가능인구 추계(중위추계)**

(단위 : 만명)

| | 2004 | 2010 | 2015 | 2020 | 2030 |
|---|---|---|---|---|---|
| 총인구 | 12,769 | 12,747 | 12,627 | 12,411 | 11,758 |
| | | (-0.2%) | (-1.1%) | (-2.8%) | (-7.9%) |
| 생산가능인구 | 8,508 | 8,167 | 7,730 | 7,445 | 6,958 |
| | | (-4.0%) | (-9.1%) | (-12.5%) | (-18.2%) |

주 : (　　)내는 2004년 대비 증가율
출처 : 국립사회보장・인구문제연구소의 '일본의 장래추계인구

 **늙어가는 일본의 고민**

**[ THE WALL STREET JOURNAL 본사 독점전재 ]**

◇ 브래드 글로서먼

일본의 고령화와 저 출산 문제가 갈수록 심각해지고 있다는 사실은 오래 전부터 누구나 잘 알고 있다. 현재 일본 내 65세 이상 고령자 비율은 전체 인구의 21.5%에 달하고 있으며 2050년엔 39%까지 오를 것으로 예상된다. 또 일본인 평균 수명이 81.25세에 이르는 반면 출산율은 점점 낮아지고 있다. 이런 추세가 지속된다면 현재 1억2700만명인 일본 인구가 2055년엔 30% 넘게 감소한 8900만명대까지로 줄어들 것이란 우울한 전망도 나온다.

일본이 인구감소로 인해 입을 경제적 타격은 엄청나다. 우선 당장 예산 부족에 시달릴 위험이 커진다. 노동인구의 감소는 곧 경제성장 부진으로 이어지고, 이는 정부의 세수 급감과 직결되기 때문이다. 일본이 아무리 선진부국의 지위를 지켜나간다 해도 그 국부는 결국 자국 내 고령 인구들을 먹여 살리기 위한 복지정책 실행에 다 빠져나가 새로운 부를 창출하는 방향으로 쓰이지 못하게 될 것이다.

일본의 인구구조 변화는 비단 경제학적 측면에서뿐만 아니라 지정학적으로도 매우 중요한 변수로 작용하기 시작했다. 일본 정부에 마치 단두대와 같은 위협적 존재로 부각된 고령화와 인구 감소 문제가 결국 일본의 아시아 내 위상을 약화시킬 것으로 우려되기 때문이다. 가장 급박한 과제는 국방력을 어떻게 강화시킬 수 있느냐는 것이다. 예산 삭감은 막대한 투자가 필수적인 국방 산업을 위기로 몰아넣을 것이다. (중략)

현재까지 활발하게 진행 중인 일본의 아시아 신흥국가 투자도 수년 뒤

엔 난관에 부딪치게 될 것으로 예측된다. 인구문제로 일본의 국내 경기가 부진해짐에 따라 해외 투자를 위한 자금 여력이 날이 갈수록 떨어질 수 있어서다. 만일 동남아시아를 중심으로 한 일본의 투자가 위축된다면 일본이 아시아 내에서 갖는 권력은 한층 더 약해질 것이다.

이 같은 전망이 현실화된다면 중국과 한국 등 동아시아 인근 국가들의 일본에 대한 도전은 매우 거세질 것이다. 과연 중국이 일본을 예전처럼 존중하는 태도를 갖고 협력 관계를 유지하자고 할까, 아니면 일본을 위협하며 아시아의 새로운 주인은 바로 중국이라고 선언하게 될까.(중략)

◇ 이 글은 미국 국제전략문제연구소(CSIS) 태평양포럼의 브래드 글로서먼 이사가 최근 월스트리트저널에 '늙어가는 일본에 대한 새로운 정책들'이란 제목으로 기고한 글을 정리한 것입니다.

<출처 : 한국경제 세계 2009년 7월 23일>

### (3) 일본의 소득 양극화

일본의 자산붕괴가 된 이후로 소득 양극화가 급진전됨으로써 기존의 '일억총중류'[23] 개념이 해체되었다. 1990년대 이후 벌어지기 시작한 소득격차가 1998년부터 급격히 확대되었고 경상 소득의 지니계수[24]가 1990년 0.433에서 2002년 0.498로 크게 상승[25]하였다.

이러한 상황의 주요원인으로는 장기불황으로 인한 실업률의 지속적인 증가로 인한 빈곤층을 형성이다. 경기 침체 시절인 1995년부터3% 2009년까지 5.4%로 실업률은 꾸준히 증가하고 있다. 또한 임금의 격차가 소득의 양극화를 부추기고 있다. 일본의 기업들은 "잃어버린 10년"을 극복하기 위해서 기업의 구조조정과 시장주의의 정부의 노동 유연화 정책에 의거 저임금의 비정규직 노동자들을 양산하였다.

---

23) 일억총중류(一億總中流, 일본어 : 一億総中流(いちおくそうちゅうりゅう)) 사고는 일본에서 1970년대와 1980년대에 걸쳐 나타난 국민의식 내지는 사회적 현상이다. 종신고용에 의하여 국민의 90 퍼센트 이상이 자신이 중류층이라고 생각하여 약간 무리를 해서라도 자기 집, 자가용, 가전제품 등 내구소비재를 구매하던 시기

24) 소득이 어느 정도 균등하게 분배되는가를 나타내는 소득분배의 불균형 수치.

25) world bank Report

소득 양극화로 인하여 패전 후의 일본 사회를 유지해 오던 거대 중산층이 해체되었다. 이러한 문제는 경제적 문제에서 벗어나 사회문제로 번지고 있다. 일본 사회의 새 고민으로 떠오른 경제협력개발기구 보고서는 일본의 빈곤률이 13.5%로 회원국 중 미국에 이어 두 번째로 높다. 일본의 청년층 중 3명중 1명이 비정규직 노동자이며 매년 급증하고 있는 추세이다.

후생노동성 통계에 따르면 95년부터 2006년 3월까지 정규직은 4백39만명이 줄어든 반면 비정규직은 6백62만명이나 늘었다. 이에 따라 전체 고용자수(약 5천만명) 중 비정규직 비율도 95년 20.9%에 올해는 33.2%까지 늘어 1천6백여만명에 달했다. 특히 15~24세의 경우 비정규직은 48%에 달했다. 비정규직의 임금수준은 정규직의 64%에 불과한 데다 정규직처럼 승급분 등이 없기 때문에 소득 격차는 시간이 지날수록 고착화할 수밖에 없는 형편이다.

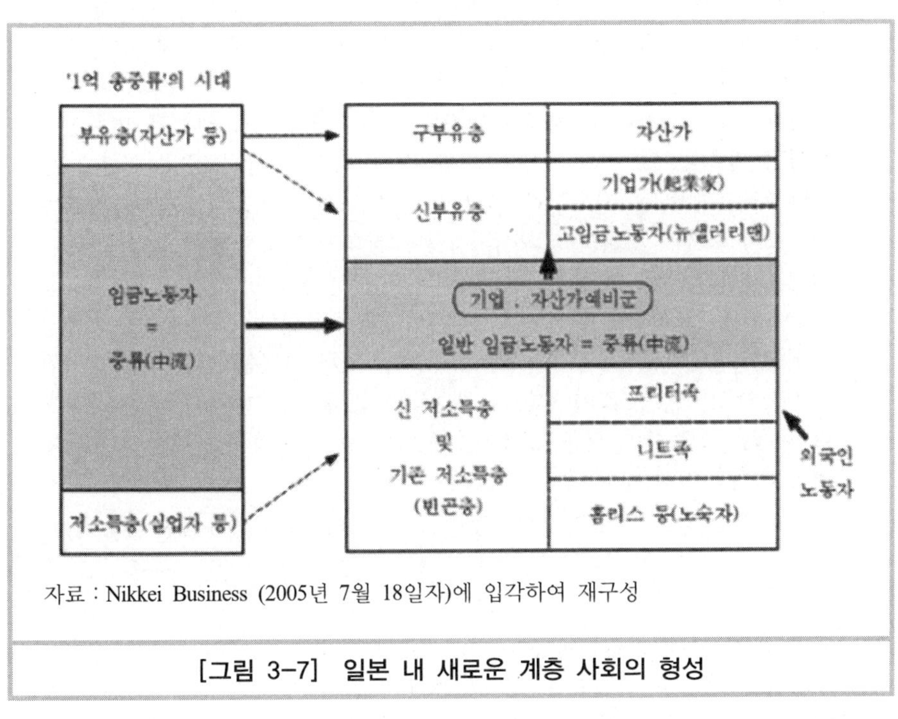

자료 : Nikkei Business (2005년 7월 18일자)에 입각하여 재구성

**[그림 3-7] 일본 내 새로운 계층 사회의 형성**

### 니트(Neet)[26)]나 프리터(Freeter)[27)]가 될지도 모르겠다.

일본 최고대학인 도쿄(東京)대 재학생 가운데 3명 중 1명이 이같은 생각을 하고 있다는 설문조사 결과가 나와 열도가 충격에 빠졌다. 졸업장만으로 출세가도가 보장됐던 명문 대학생들이 이같이 장래를 어둡게 볼 정도로 일본 사회도 양극화의 골이 깊어지면서 미래에 대한 불안감이 확산되고 있다. 니트는 취업 의욕도 없고, 교육도 받지 않는 이른바 무업자(無業者)를 의미하며, 프리터는 아르바이트를 전전하며 생활하는 비정규직을 가리키는 일본식 조어다.

18일 일본 언론에 따르면 도쿄대학이 학부생 1,367명을 대상으로 설문조사를 실시한 결과 '니트나 프리터가 될 것 같다', '니트는 되지 않겠지만 프리터가 될지도 모르겠다'는 응답이 각각 7.4%, 20.9%로 조사돼 합계 28.3%가 미래에 대한 불안감을 나타냈다. 장래 진로나 삶에 대해서도 83.3%가 고민하고 있다고 응답했다. 불안감이 심화된 만큼 학습에는 더욱 정진하는 분위기였다.

하루 평균 학습시간은 8시간38분. 2000년 조사때에 비해 26분, 1997년에 비해서는 1시간2분이나 늘었다. 반면 수면시간은 줄었다. 이번 조사에서 하루 수면시간은 6시간34분으로, 2000년과 97년에 비해 각각 11분, 26분 줄었다. 도쿄대생들의 고민의 밑바닥에 깔린 것은 양극화 사회에 대한 불안감이다.

한때 '국민 총 중류(中流)'로 상징되던 일본인의 평등 개념은 거품경제 붕괴뒤 미국식 정글 자본주의가 도입되면서 붕괴된 지 오래다. 일본 노동자단체연합회인 렌고(連合)가 지난 13일 발표한 설문조사 결과에 따르면 근로자의 92%가 양극화가 확대되거나 고착화되고 있다고 응답했다. 대표적인 양극화로는 '시간제 근로자나 파견직 등 비정규직 노동자 증가'(52.4%), '프리터나 니트 증가'(47.4%) 등이 꼽혔다.

최근의 일본 실업률은 4.0%를 유지하고 있다. 3년반 전인 2003년 4월 5.5%까지 치솟았던 것에 비하면 외견상 고용 환경은 나아진 셈이다. 그러나 내실을 살펴보면 정규직 고용은 줄어든 반면 비정규직 고용이 확대되면서 오히려 모순이 확대되고 있다.

<출처 : 경향신문, 2006년 12월 18일>

---

26) Not in Education, Employment or Training 일하지 않고 일할 의지도 없는 청년 무직자를 뜻하는 신조어. 출처 : 네이버 백과사전

27) Free Arbeiter 필요한 돈이 모일 때까지만 아르바이트로 일하는 사람들.

지역 간 격차도 심화되고 있다. 도쿄를 비롯해 일본 최대기업인 도요타 자동차 등이 있는 아이치(愛知)현, 전자업체 공장이 몰려있는 미에(三重)현 등은 유효구인비율이 1.5 안팎을 기록하고 있지만 아오모리(青森), 고치(高知)현 등은 0.50 수준에도 미치지 못하고 있다. 사정이 이렇다 보니 젊은층의 불안감은 더욱 확산되고 있다. 젊은층의 고용에 대한 불안감은 장래설계에도 영향을 미치고 있다. 일본정부가 최근 20~34세를 대상으로 실시한 조사에서는 정규직 남성은 40%가 결혼한 상태지만 비정규직은 10%에도 미치지 못했다. 이 때문에 비정규직 증가가 저 출산을 부추기는 요인으로 부각되고 있다. 일본 정부도 이런 점들을 들어 양극화 문제 해결에 나서고 있지만 상황은 여의치 않다.

아베 신조(安倍晋三) 정권 들어 신설된 '재도전 추진회의'는 최근 비정규직의 정규직 전환 및 연금 가입 확충, 30~40대 프리터의 공무원 채용폭 확대, 재취업을 위한 교육 지원 등 잇달아 대책을 쏟아내고 있다. 다만 상황을 바꾸기는 쉽지 않은 게 현실이다.

## 참고서적


1. 사라진 일본경제의 기적. 다락원, 다카하시 조센 2002
2. 일본경영의 힘. 청림 출판사. 제임스 아베글렌 2007
3. 일본경제론. 법문사, 이종훈 1993
4. 일본경제사. 두남, 장세기 2003
5. 일본경제의 위기와 시사점 .한국금융 연구원, 김동환 2002
6. 일본근대경제사. 혜안, 서정익 2003
7. 일본 전후 경제사. 오름사, 강태현 2000
8. 입문 일본경제이롬미디어. 아사코 카즈미 2009
9. 현대일본경제, 교우사, 강철구 2008
10. 현대일본 경제의 이해. 두남, 이승호 2003

## 참고연구자료

1. 일본감소경제 도래에 따른 일본의 정책대응과 시사점 한국은행동경사무소 2005
2. 일본 금융기관의 구조재편 현황과 전망 대외경제정책연구원 1999
3. 일본 금융위기 극복을 위한 대책과 시사점 산업 연구원 2009
4. 일본기업 지배구조에 대한 사례연구와 향후 전망 대외경제정책연구원 2005
5. 일본에서 배우는 고령화 시대의 국토 삼성 경제 연구소 2006
6. 일본 은행부분의 효율성 평가와 경영과제 대외경제정책연구원 2002
7. 일본의 기업지배구조 개선현황과 시사점 대외경제정책연구원 2003
8. 일본 정부의 고령화 사회 대책 추진현황과 한국에의 시사점 대외경제정책연구원 2003
9. 2015 일본 대 예측 노무라 종합 연구소 2009

## 참고웹주소

1. 네이버 백과사전 www.naver.com
2. 대외경제정책연구원 www.kiep.go.kr
3. 대한무역투자진흥공사 www.kotra.or.kr
4. 삼성경제연구소 www.seri.org
5. 위키피디아 www.wikipedia.org
6. 한국은행 www.bok.or.kr

# Ⅲ. 일본경제 현황과 전망

## 1. 경제현황

### (1) 경제성장

일본의 경제는 2007년을 기점으로 경기침체의 국면에 접어들고 있다. 이러한 악재 속에서 2008년 미국의 서브프라임 모기지 사태 즉 미국 발 금융위기에 의한 세계경제의 침체가 지속되면서 2008년도 실질GDP의 성장률은 -3.7%(전년동기 대비)를 기록하였다. 이러한 대외경제의 악재의 영향은 생산, 소비, 투자, 수출 등의 경기지표를 악화시켰다.

〈표 3-13〉 주요지표

(단위 : %)

| 구분<br>(전년동기 대비) | 2007실적 | 2008실적 | 2009 | | |
|---|---|---|---|---|---|
| | | | 09년 1분기 | 09년2분기 | 09년3분기 |
| 실질GDP | 1.8 | -3.7 | -3.1 | 0.7 | 0.3 |
| 민간소비 | 1.4 | -1.8 | -1.2 | 1.2 | 0.9 |
| 주택투자 | -13.5 | -3.7 | -6.4 | -9.4 | -7.9 |
| 기업설비투자 | 1.3 | -6.8 | -8.4 | -4.6 | -2.8 |
| 정부소비 | 1.5 | -0.1 | 0.7 | 0.3 | -0.1 |
| 공적고정 자본 | -6.4 | -6.6 | 3.7 | 6.3 | -1.6 |
| 수 출 | 9.2 | -10.4 | -21.3 | 6.5 | 6.5 |
| 수 입 | 1.8 | -4.4 | -15.0 | -3.4 | 3.3 |

출처 : 일본 내각부, 2009.12.9.

과거와 달리 수출의존도가 높아진 일본경제는 세계경제의 경기침체로 인해 세계수요가 감소하였고 이는 일본경제에도 큰 영향을 주었다. 2008년 글로벌 금융위기 이후 일본의 정부의 경제위기대책에 따라 2009년 2분기 이후 민간소비는 소폭의 회복세를 보여주었다. 2009년 2분기 수출

실적의 회복세는 아시아에 대한 수출증가가 원인이 되었으며 반면 기업 설비투자는 마이너스 성장세가 지속되었다.

2009년의 경제지표가 전반적으로 회복국면의 양상을 보인 것은 세계적인 경기침체에 대응되는 급격한 생산, 재고 조정을 마무리 지었고 아시아 경제의 회복에 힘입어 수출증가의 지속, 끝으로 일본정부의 대대적인 경기부양책의 효과라 할 수 있겠다. 하지만 기업투자의 부진과 민간의 소비가 활성화 되지 않는 이상 근본적인 문제의 해결은 어렵다.

이러한 근본적인 원인에 2009년 11월 20일 일본 내각부는 2006년 8월 이후 처음으로 일본 경제가 "완만한 디플레 상황"에 있다고 선언하였다.[28]

이러한 디플레이션의 국내적 배경으로는 내수소비의 침체를 들 수 있고 대외적 배경으로는 엔고현상이다. 내수소비 침체의 원인으로는 일본의 기업들이 기존의 고용방식에서 탈피 하는 추세 속에서 파트타임과 비정규직의 증가로 인해 실질가처분소득의 감소이다. 즉 고용 환경이 나빠지면서 내수가 침체된 것이다.

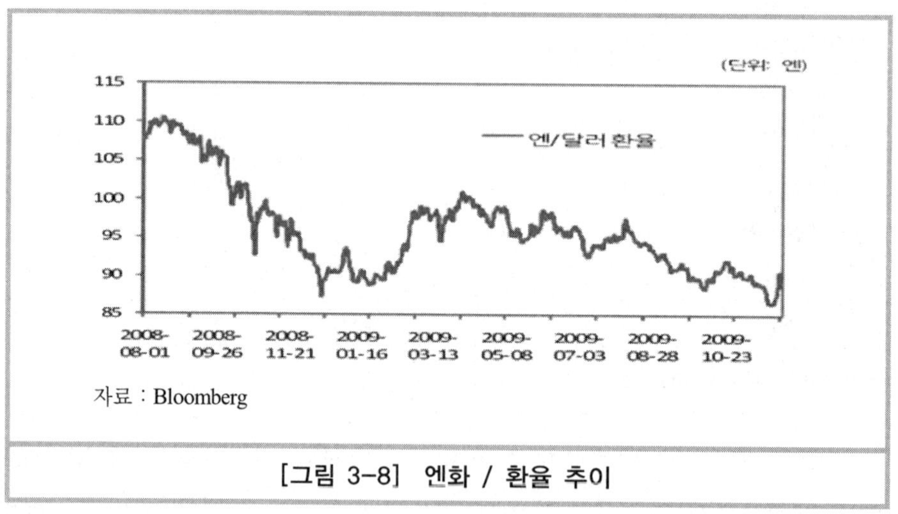


자료 : Bloomberg

[그림 3-8] 엔화 / 환율 추이

28) Recent price development show that the japanese economy is in a mild deflationary (Monthly Economy Report, 2009. 11).

일본의 실업률의 추세는 2007년 3.9%, 2008년 4%, 2009년 3분기에는 5.7%로 최악의 실업률을 기록하였다.

〈표 3-14〉 일본의 고용지표 추이

| 연 도 | 2007년 | 2008년 | 2009년 7월 | 2009년 8월 | 2009년 9월 | 2009년 10월 |
|---|---|---|---|---|---|---|
| 실업률(%) | 3.9 | 4.0 | 5.7 | 5.5 | 5.3 | 5.1 |

출처 : 일본 총무성

윗글에서 언급했듯이 대외적인 배경에는 엔고현상이 디플레이션을 초래하였다. 엔화의 강세 기조는 2008년 하반기부터 진행 되었으며 이는 곧 수출경쟁력 심각한 타격을 입혔다. 이러한 엔고의 원인으로는 달러화의 약세가 원인이 되며 그 배경에는 미국 연방 준비 위원회(FRB)의 저금리 기조의 정책, 오바마 정부의 달러화의 약세와 용인(수출확대로 인한 고용창출 도모) 등이 있다.[29]

이러한 상황을 반영, 2010년에도 저성장이 예측이 된다. 일본경제 25개 민간연구소에서는 저성장을 전망하였다. 일본은행 또한 2010년의 일본경제는 1.2% 정도 성장할 것으로 전망하였다.[30]

〈표 3-15〉 일본 25개 민간연구소의 GDP 성장률 전망

| 실질GDP | 1.1 | 정부소비 | 0.8 |
|---|---|---|---|
| 민간소비 | 0.7 | 공적고정자본 | -10.1 |
| 민간주택투자 | -0.2 | 수출 | 9.0 |
| 민간건설투자 | 2.3 | 수입 | 5.6 |

주 : 1. 예측치는 일본 25개 민간연구소의 정망치를 평균한 것임.
2. 내각부자료 2009.12.9.

29) 대외 정책 연구원 2010 세계경제전망 : 세계지역경제 2009. 12. 24.

30) 2009년 10월 30일 경제, 물가정세의 전망

### (2) 물가

소비자물가지수(신선식품 제외)는 일본경제의 국내수급의 악화로 2009년 3월부터 급감하여 지속적으로 마이너스를 기록하였다. 이에 일본은행[31]은 2011년도 하락 기조를 전망하고 있다. 10월 30일 경제, 물가정세의 전망 이러한 지속적인 물가 하락세는 기업의 채산성 악화를 불러오고 이는 곧 임금의 하락을 불러와 소비심리를 위축시키고 있다.[32]

### (3) 수출입 현황

과거에 비해 수출의존도가 높아진 일본은 8월을 기점으로 하향곡선을 그렸으며 특히 자동차 산업과 일반 기계 및 철강 등 주요 수출품목의 수요 감소로 인해 큰 폭의 감소가 지속되었다. 이러한 수요 감소로 인해 일본의 광공업 생산이 빠르게 악화 되고 있으며 대표적인 업종으로는 일반 기계, IT분야, 전자부품 분야는 2008년부터 부진하였다. 2010년 수출 전망으로는 엔/달러 환율의 강세예측 속에서 국제가격이 많이 불리하지만 미국과 유럽의 경기가 활성화 되면 점진적인 회복세를 그릴 전망이다.

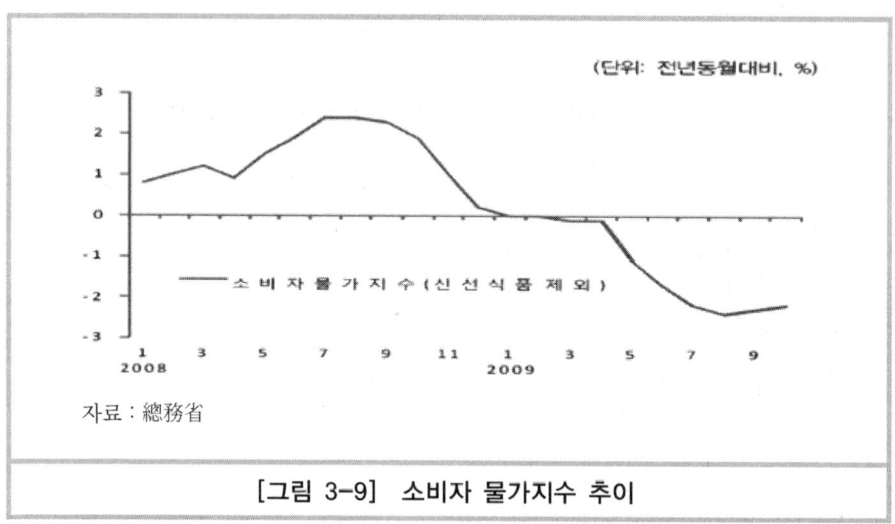


[그림 3-9] 소비자 물가지수 추이

31) 10월 30일 경제, 물가정세의 전망

32) KIEP 오늘의 세계경제 2009. 12. 24.

최근 일본 경제의 디플레이션의 심화로 인해 일본의 내수시장의 침체로 인해 수입의 수요는 전년대비 큰 폭으로 감소하였으며 윗글에서 언급되었듯이 광공업 생산의 악화 속에 에너지와 원자재의 수입 또한 급감하였으며 수출동향과 비슷한 추이로 나타나고 있다.

### (4) 외환시장

2007년 이후 엔화의 강세현상이 지속적으로 진행되고 있다. 2009년 7

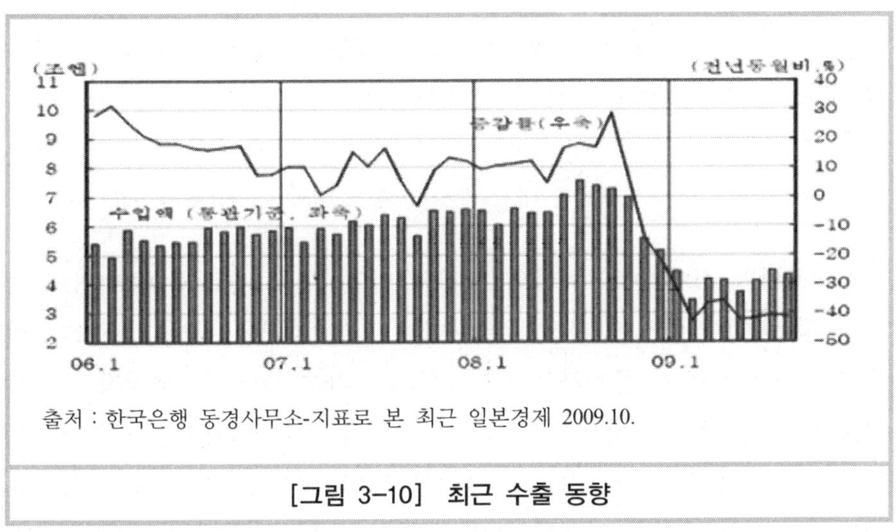


출처 : 한국은행 동경사무소-지표로 본 최근 일본경제 2009.10.

[그림 3-10] 최근 수출 동향

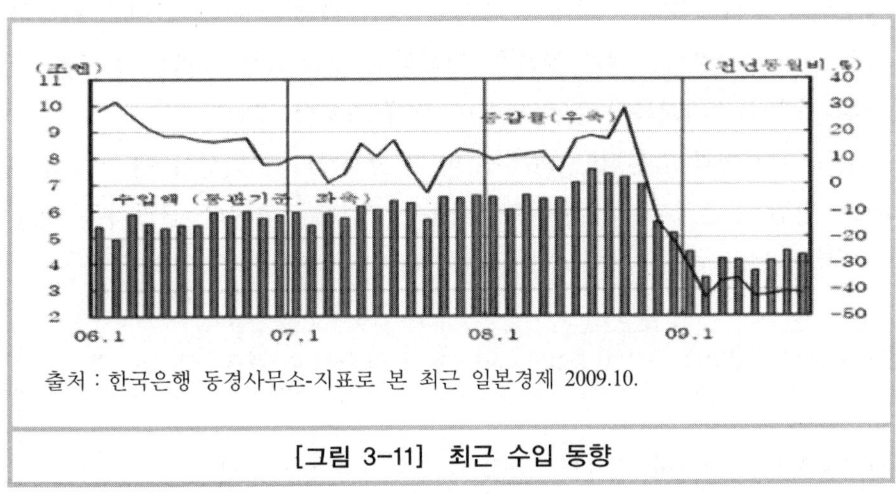


출처 : 한국은행 동경사무소-지표로 본 최근 일본경제 2009.10.

[그림 3-11] 최근 수입 동향

월 미국의 고용환경이 개선된다는 전망과 함께 경기회복의 기대요인 등이 발생함에 따라 엔/달러는 95엔대에서 변동을 하였다. 엔/유로는 전반적인 경기회복이 예측되던 7월 아시아 각국의 중앙은행은 외화자산의 다변화를 통해 달러에서 유로화로 전환 가능성의 분석이 늘어나 유로화 강세가 지속되었다. 이러한 엔화 강세의 원인은 무엇일까?

〈표 3-16〉 엔/달러 및 엔/유로 환율 추이

(기말기준,%)

| 구분 | 2007년 | 2008년 | 2009년 | | | | | |
|---|---|---|---|---|---|---|---|---|
| | | | 6월 | 7월 | 8월 | 9월 | 10월 | 11월 |
| 엔/달러 | 111.68 | 90.21 | 95.97 | 95.66 | 93.06 | 89.49 | 90.99 | 83.36 |
| 엔/유로 | 162.89 | 126.84 | 135.52 | 135.20 | 132.89 | 131.28 | 135.07 | 130.02 |

출처 : 한국은행 동경사무소 일본의 금융, 외환시장 동향 2009.8 ~ 12월 자료 수집

서브프라임 사태 이후 미국의 달러의 안전성은 급감하게 되었다. 이러한 상황 속에서 안전한 자산을 추구하게 되고 달러에 비해 리스크가 적은 엔화매입 수요가 증가하고 있다. 이후 2008년, 2009년 세계적인 주식시장의 침체 상황 하에서 상대적으로 안전한 엔화 매입수요가 증가하고 있다. 또한 이와 맞물려 오바마 행정부의 미국의 저금리 정책의 장기화 가능성의 시사는 엔화 강세의 원인이 되었다. 11월 엔/달러 환율은 두바이월드의 모라토리엄[33] 사태를 계기로 지난 11월 하순 84엔대로 하락하였고 이는 14년만의 엔화 강세를 기록하였다. 이러한 추이를 지켜볼 때 향후 세계의 경기회복이 일본 엔화에 크게 작용할 것이다.

주요 국가들의 점진적인 회복에 따라 정책금리는 인상이 될 가능성이 있는 반면 일본정부는 금융완화기조를 유지하여 국내외 금리차를 통해 점진적인 엔화약세를 보일 가능성이 있다.[34]

---

33) 두바이를 상업과 무역의 중심지로 홍보하는 프로젝트와 관련된 두바이 정부의 비즈니스와 프로젝트 포트폴리오를 관리하고 감독하는 투자 회사이다. 출처 : 위키 백과사전

34) KCIF issue analysis “2010년 일본경제 전망과 리스크 요인 참고”

### (5) 금융시장

일본의 평균주가(NIKKEI)는 7월 월초 세계 경기의 조기 회복설에 탄력을 받았으나 중국에서 발생한 위구르 자치구 유혈사태의 영향으로 하락 추세로 돌아섰다. 9월말 엔화 강세로 기업의 수익 악화가 전반적으로 진행되었고 그 중 자동차, 전기 등의 수출관련주식을 중심으로 빠르게 매각현상이 일어났고 엔화 강세가 잠시 누그러지면서 주가의 하락세도 안정을 되찾았다. 11월의 디플레선언(24일), 두바이 월드의 모라토리엄 선언 등 악재가 겹치면서 주식시장은 큰 폭으로 하락하였다.

〈표 3-17〉 일경평균주가

(기말기준 : %)

| 구분 | 2007년 | 2008년 | 2009년 | | | | | |
|---|---|---|---|---|---|---|---|---|
| | | | 6월 | 7월 | 8월 | 9월 | 10월 | 11월 |
| NIKKEI | 15,308 | 8,860 | 9,958 | 10,357 | 10,493 | 89.49 | 10,133 | 9,345 |

출처 : 한국은행 동경사무소

## 2. 사 회

### (1) 사회

2009년 8월30일에 실시된 일본 총선(중의원 선거)에서 민주당의 대승으로 54년만의 정권교체에 성공하였다. 하토야마 신정부는 기존 자민당의 문제점을 비판하며 새로운 일본을 외쳤고 많은 국민들이 기대를 하였지만 경제상황의 악화 속에서 내각에 대한 지지율이 지속적으로 하락하고 있다.

요미우리신문이 조사한 여론조사에서 일본정부의 엔고와 디플레 대처능력에 대해 적절히 대응하지 못하고 있다는 답변이 68%로 나타났고 이는 정부의 정책에 대한 불만이 점차 지속되고 있음을 의미한다.

이러한 상황 속에서 2009년 4월에 이어 2009년 12월8일 추가 경기부양책을 결정하였다. 하토야마 내각 출범 후 처음으로 시도된 경기부양책으로서 규모는 7.2조엔(GDP대비 1.4%)이다. 경기침체의 주된 원인으로 고용여건 악화, 디플레 압력에 의한 수요위축, 장기금리의 상승이 있다. 경기부양책의 명칭으로는 긴급경제대책이라 명명하고 주 내용은 고용증대, 친환경지원 등의 내용을 포함하고 있다.[35)]

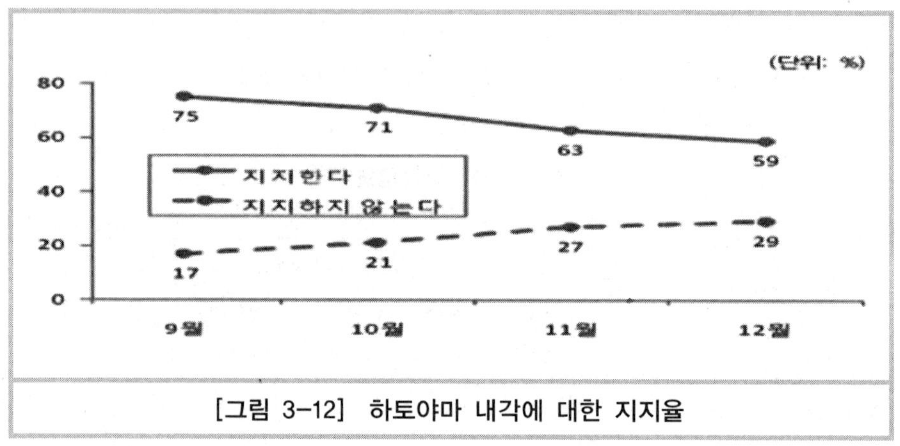


[그림 3-12] 하토야마 내각에 대한 지지율

## 참고서적


1. 사라진 일본경제의 기적. 다락원, 다카히 조센 2002
2. 일본경영의 힘. 청림 출판사. 제임스 아베글렌 2007
3. 일본경제론. 법문사, 이종훈 1993
4. 일본경제사. 두남, 장세기 2003
5. 일본경제의 위기와 시사점 .한국금융 연구원, 김동환 2002
6. 일본근대경제사. 혜안, 서정익 2003
7. 일본 전후 경제사. 오름사, 강태현 2000
8. 입문 일본경제이롬미디어. 아사코 카즈미 2009
9. 현대일본경제, 교우사, 강철구 2008
10. 현대일본 경제의 이해. 두남, 이승호 2003


35) KCIP 보고서. 일본, 재정지출 7조엔 규모의 추가 경기부양책 결정 참고. 2009. 12. 9.

## 참고연구자료


1. 고용악화와 물가하락 속 디플레 선언한 일본정부 전국경제인연합회 2009
2. 일본 민주당 정권의 경제정책 한국조세연구원 2009
3. 일본의 금융 외환시장 동향한국은행 동경사무소 2009
4. 일본의 잠재성장율 하락원인과 전망 한국은행 2010
5. 일본의 디플레이션 극복대책 및 향후 정책방향 한국금융연구원 2009
6. 일본 재정지출 7조엔 규모의 추가 경기부양책결정대외경제정책연구원 2009
7. 지표로 본 최근 일본경제 한국은행 동경사무소 2009
8. 최근 일본 정부의 디플레이션 선언 배경과 전망 한국은행 2009
9. 2010년 일본경제 전망과 리스크 요인 대외경제정책연구원 2009
10. 2010 세계경제전망: 세계지역경제 대외경제정책연구원 2010


## 참고웹주소


1. 네이버 백과사전 www.naver.com
2. 대외경제정책연구원 www.kiep.go.kr
3. 대한무역투자진흥공사 www.kotra.or.kr
4. 삼성경제연구소 www.seri.org
5. 위키피디아 www.wikipedia.org
6. 한국은행 www.bok.or.kr

# Ⅳ. 한국과의 경제 협력

〈표 3-18〉 무역추이

(단위 : 억불 / %)

| | 2004 | 2005 | 2006 | 2007 | 2008 |
|---|---|---|---|---|---|
| 對日수출<br>(전년대비증감률) | 217.0<br>(25.6) | 240.3<br>(10.7) | 265.3<br>(10.4) | 263.7<br>(△0.6) | 282.5<br>(7.1) |
| 對日수입<br>(전년대비증감률) | 461.4<br>(27.1) | 484.0<br>(4.9) | 519.3<br>(7.3) | 562.5<br>(8.3) | 609.6<br>(8.4) |
| 對日수지 | △244.4 | △243.8 | △254.0 | △298.8 | △327.1 |
| 총교역액 | 678.4 | 724.3 | 784.6 | 826.2 | 892.1 |

출처 : 무역협회

위의 추이에서 볼 수 있듯이 한국은 일본과의 무역에서 역조 현상이 점차 심화되고 있다. 이러한 현상의 원인으로는 수출 분야와 수입 분야로 나누어 분석이 되는데 수출 분야는 자동차 산업과 IT산업 등 산업의 전반적인 구조가 일본가 유사하여 일본 시장진출 및 확장의 어려움이 있다. 쉽게 설명하면 대일본 수출 시 한국무역의 특수성이 결여되어 있다. 또한 일본과의 무역에 있어서 일본의 규제가 다른 타 국가 유럽이나 미국보다 엄격하여 중소기업의 진출이 부진하며 소비측면에서 분석 하였을 때는 일본국민의 재팬 프리미엄의 인식이 강하여 한국의 기업이 일본시장에 진출을 하더라도 시장진입에 있어서 어려움이 있다.

수입 분야로는 대일수입의 60% 이상이 부품이 완제품이 아닌 부품분야 소재 분야이므로 이러한 소재들의 원천 기술이 일본에 있는 이상 일본으로부터 수입에 많이 의존 할 수밖에 없다. 이는 한국의 완제품 수출이 증가함에 따라서 일본과의 무역역조 현상이 심화되고 있다.

〈표 3-19〉 주요 교역품목, 對日수출

| 순위 | 2004 | 2005 | 2006 | 2007 | 2008 |
|---|---|---|---|---|---|
| 1 | 반도체 | 석유제품 | 석유제품 | 반도체 | 석유제품 |
| 2 | 석유제품 | 반도체 | 반도체 | 석유제품 | 반도체 |
| 3 | 철강판 | 철강판 | 평판디스플레이 및 센서 | 평판디스플레이 및 센서 | 철강판 |
| 4 | 컴퓨터 | 평판디스플레이 및 센서 | 철강판 | 철강판 | 평판디스플레이 및 센서 |
| 5 | 영상기기 | 컴퓨터 | 무선통신기기 | 무선통신기기 | 무선통신기기 |
| 6 | 플라스틱제품 | 전자응용기기 | 컴퓨터 | 컴퓨터 | 플라스틱제품 |
| 7 | 기초유분 | 플라스틱제품 | 플라스틱제품 | 플라스틱제품 | 컴퓨터 |
| 8 | 의류 | 기초유분 | 합성수지 | 주단조품 | 합성수지 |
| 9 | 전자응용기기 | 금형 | 주단조품 | 자동차부품 | 자동차부품 |
| 10 | 어류 | 의류 | 자동차부품 | 합성수지 | 주단조품 |

출처 : 무역협회

한국의 주력 수출 품목은 석유제품으로 기초유분, 합섬원료, 합성수지, 합성고무, 기타 등으로 구성(MTI 코드 21)되어 있으며 석유화학 제품 중에서도 비중이 높은 품목은 합성수지 분야로서 대표적인 제품은 폴리에틸렌(PE), 폴리프로필렌(PP), 폴리스티렌(PS), ABS수지, PVC 등을 들 수 있음. 동 제품들은 주로 기계·전자·자동차·섬유·농업 등 타 산업 분야에 소재·중간재로서 광범위하게 사용되는 특성이 있다. 하지만 2009년도에 들어서 베트남과 중국의 석유제품의 개발과 수출의 증강에 따라 하반기 전년대비 46.3% 감소하였다.

〈표 3-20〉 주요 교역품목, 對日수입

| 순위 | 2004 | 2005 | 2006 | 2007 | 2008 |
|---|---|---|---|---|---|
| 1 | 반도체 | 반도체 | 반도체 | 반도체 | 철강판 |
| 2 | 철강판 | 철강판 | 철강판 | 철강판 | 반도체 |
| 3 | 반도체제조용 장비 | 반도체제조용 장비 | 반도체제조용 장비 | 반도체제조용 장비 | 플라스틱제품 |
| 4 | 전자응용기기 | 플라스틱제품 | 플라스틱제품 | 플라스틱제품 | 평판디스플레이 제조용장비 |
| 5 | 기타잡제품 | 기타잡제품 | 합금철선철 및 고철 | 합금철선철 및 고철 | 반도체제조용 장비 |
| 6 | 플라스틱제품 | 전자응용기기 | 기초유분 | 광학기기 | 합금철선철 및 고철 |
| 7 | 합금철선철 및 고철 | 합금철선철 및 고철 | 유리제품 | 선박해양구조물 및 부품 | 강반제품 및 기타철강제품 |
| 8 | 무선통신기기 | 계측제어분석기 | 자동차부품 | 유리제품 | 선박해양구조물 및 부품 |
| 9 | 계측제어분석기 | 자동차부품 | 정밀화학원료 | 기초유분 | 유리제품 |
| 10 | 자동차부품 | 기구부품 | 기구부품 | 기타화학공업 제품 | 기초유분 |

출처 : 무역협회

대일 수입품목을 살펴보면 반도체와 철강판 수입이 차지하는 품목이 많다. 이는 한국의 원천기술의 부재에 따른 원자재 수입에 기인하였으며 일본과의 무역역조현상에 주요원인이 된다. 위에서도 언급했듯이 한국 무역의 특수성을 살리기 위해서는 일본시장에 대한 적극적인 진출노력을 강화 하는 한편 차세대 성장동력 제품의 발굴과 부품소재산업의 경쟁력 강화정책의 지속적 추진을 해야 한다.

## 참고서적

1. 사라진 일본경제의 기적. 다락원, 다카히 조센 2002
2. 일본경영의 힘. 청림 출판사. 제임스 아베글렌  2007
3. 일본경제론. 법문사, 이종훈 1993
4. 일본경제사. 두남, 장세기 2003
5. 일본경제의 위기와 시사점 .한국금융 연구원, 김동환 2002
6. 일본근대경제사. 혜안, 서정익 2003
7. 일본 전후 경제사. 오름사, 강태현 2000
8. 입문 일본경제이름미디어. 아사코 카즈미 2009
9. 현대일본경제, 교우사, 강철구 2008
10. 현대일본 경제의 이해. 두남, 이승호 2003

## 참고연구자료

1. 대일역조 개선 실천이 필요하다. 무역협회 2008
2. 일본 소비재 유망상품 및 수출방안. KOTRA 2009
3. 일본 제조업 경쟁력의 원천 및 시사점 한국은행 2009
4. 부품·소재 대일무역 역조 개선 방안. 한국부품소재산업 진흥원 2008
5. 최근 대일역조 확대의 원인과 전망 산업연구원 2007
6. 2004년부터 2008년 무역추이 현황 무역협회 2008

## 참고웹주소

1. 네이버 백과사전 www.naver.com
2. 대외경제정책연구원 www.kiep.go.kr
3. 대한무역투자진흥공사 www.kotra.or.kr
4. 삼성경제연구소 www.seri.org
5. 위키피디아 www.wikipedia.org
6. 한국은행 www.bok.or.kr

# 찾아보기

**ㄱ**

▮ㄴ▮



▮ㄷ▮

**ㄹ**



**ㅁ**

**▌ㅂ▐**

## ▌ㅅ▐

■ ㅇ ■

▮ㅈ▮

**▌ㅊ▌**



**▌ㅋ▌**

## ▮숫자▮



## ▮영문▮

## 저자 약력

■ 이용희

- 서강대학교 경제학과 졸업
- 서강대학교 정치외교학과 졸업
- 워싱턴 대학원(University of Washington) 경제학 석사
- 예일대학원(Yale University) 국제개발경제학 석사
- 영국 그린드레이즈 은행 (Grindlays Bank) 서울지점 근무
- UN(유엔 개발계획)DP 내셔널 컨설턴트(National Consultant) 역임

(현) 경원대학교 무역학과 교수
국제교류협력기구 이사장

〈저서 및 논문〉

- 「남북한 경제」
- 「북한경제의 중국 예속화 현상에 대한 이해와 대응」
- 「The Korea-EU FTA and its Effects on the KOR-US/Korea-Japan/Korea-China FTAs」 외 다수

인 지


**동북아경제**

초 판 1쇄 인쇄――2010년 2월 20일
초 판 1쇄 발행――2010년 2월 27일
지은이――이 용 희
펴낸이――전 두 표
펴낸데――도서출판 **두남**
서울시 강동구 성내 1동 455-12 두남빌딩
신고 : 제25100-1988-9호
(구 제2-624호, 1988. 7. 21)
TEL : (02) 478-2065~7, 478-2311
FAX : (02) 478-2068
E-mail : dunam1@unitel.co.kr
http://www.dunam.co.kr

**정가 14,000원**

ISBN 978-89-6414-070-3 93320